DE QUELQUES

AMÉLIORATIONS

A INTRODUIRE

DANS L'INSTRUCTION PUBLIQUE.

IMPRIMÉ CHEZ PAUL RENOUARD,
RUE DE L'HIRONDELLE, N° 22.

DE QUELQUES

AMÉLIORATIONS

A INTRODUIRE

DANS L'INSTRUCTION PUBLIQUE,

PAR LOUIS-GABRIEL TAILLEFER,

EX-PROVISEUR DES COLLÉGES ROYAUX DE *VERSAILLES*
ET DE *LOUIS-LE-GRAND*,

INSPECTEUR DE L'ACADÉMIE DE PARIS.

> Quæ honesta sunt, inquit Laco, jucunda pueris efficio.
> PLUT.

A PARIS,

CHEZ ANTOINE-AUGUSTIN RENOUARD,

RUE DE TOURNON, N° 6.

M DCCC XXIV.

TABLE

DES CHAPITRES,

SECTIONS ET NOTES.

	Pages
DÉDICACE.	ix
AVANT-PROPOS.	xj
CHAP. Ier. Observations préliminaires.	1
CHAP. II. Instruction religieuse	13

NOTES. — N° 1. Circulaire relative aux Livres qui doivent être mis entre les mains des Élèves pour l'Enseignement religieux. (13 oct. 1815). 32

N° 2. Renseignemens publiés en 1816, au sujet des Développemens qui ont été présentés à la Chambre des Députés, dans la séance du 31 janvier même année, relativement à l'Instruction publique et à l'Éducation 34

N° 3. Questions sur l'Abrégé de l'Histoire sainte 50

N° 4. Réglemens, 1° pour les Maîtres surveillans des Colléges; 2° pour les Maîtres d'Étude; 3° pour les Élèves ayant le titre de Chefs. 62

a

	Pages
CHAP. III. Enseignement élémentaire des Langues anciennes.	93
Sect. 1re. Écriture	95
Sect. 2e. Emploi du Tableau noir	98
Sect. 3e. Lecture et récitation des Leçons	102
Sect. 4e. Nécessité d'apprendre le Français avant le Latin	107
Sect. 5e. Enseignement élémentaire des Langues anciennes	113
Sect. 6e. Méthode de M. Ordinaire	116
Notes. — N° 1. Extrait d'un Rapport concernant la Méthode de Madame Vanderbruck, pour apprendre à Lire et à Écrire aux Enfans	126
N° 2. Sur ces mots (page 102) : *Donner le ton à la plupart des Langues de l'Europe*	127
N° 3. Premier Rapport concernant la Méthode de M. Ordinaire	129
N° 4. Second Rapport concernant la Méthode de M. Ordinaire	144
N° 5. Troisième Rapport concernant la Méthode de M. Ordinaire	158
N° 6. Extrait d'un Rapport concernant la situation des Écoles primaires, en 1818	166
CHAP. IV. Classes des Humanités	182
CHAP. V. Rhétorique	191

vij
Pages

CHAP. VI. Sect. 1re. Philosophie. 201

    Sect. 2e. Prix d'Honneur. 212

    Sect. 3e. Cours de Mathématiques et de Physique. 216

    Sect. 4e. Cartes et Tableaux à mettre dans les salles d'Étude. 220

Notes. — N° 1. Travail pour l'Enseignement supplémentaire des Mathématiques . 225

CHAP. VII. Enseignement de l'Histoire.. 230

Notes. — N° 1. Travail présenté en 1815, sur l'Enseignement de l'Histoire et de la Géographie dans les Colléges . 239

CHAP. VIII. Étude des Langues vivantes . . . 247

CHAP. IX. Emploi de la Méthode comparative dans toutes les Classes. 254

Notes. — N° 1. Passage de Bossuet sur Térence. . 273

    N° 2. Inconvéniens de la dictée des Versions grecques et latines dans les Classes. 274

CHAP. X. De l'Éducation proprement dite. . . 287

CHAP. XI. Sect. 1re. Éducation physique . . . 287

    Sect. 2e. De la Gymnastique 294

CHAP. XII. De l'Étude de la Musique. 307

CHAP. XIII. Concours général pour la Distribution des Prix 325

Pages

Notes. — N° 1. Extrait de l'Écrit d'un Professeur de l'ancienne Université. . . 363

Discours sur l'emploi de la Douceur dans l'Instruction publique 372

Discours sur les avantages de la Gaîté dans l'Enseignement 400

FIN DE LA TABLE.

A MESSIEURS

LES MEMBRES DU CONSEIL

DE

L'ACADÉMIE DE PARIS.

Messieurs,

C'est à vous que je dédie cet Ouvrage. Tandis que parmi vous, les uns se dévouent tout entiers à nos obscurs mais importans travaux, les autres viennent y consacrer les instans que leur laisse l'exercice des fonctions les plus honorables de l'Ordre social. Je ne pouvais donc adresser ces observations sur quelques parties de l'Instruction publique, à des hommes plus capables de les apprécier, et plus intéressés aux progrès des bonnes

x

Études. Si cet Écrit attire votre attention, je croirai avoir fait quelque chose d'utile; s'il m'assure votre Estime, j'aurai reçu ma première et ma plus belle récompense.

Agréez, Messieurs, l'expression des sentimens de respect et d'attachement avec lesquels

J'ai l'honneur d'être,

Votre très humble
et très dévoué Serviteur,

L. G. TAILLEFER.

AVANT-PROPOS.

T. J'ai pensé que cet écrit sur l'Instruction publique pourrait être de quelque utilité. Après tant de systèmes, tant de plans, tant d'essais sur l'Enseignement et sur l'Éducation, qui tous ont eu si peu de résultats, et que chaque année a vus naître et s'évanouir, j'ai cru pouvoir aussi offrir quelques vues fondées sur de graves autorités, et, à côté d'opinions et de théories souvent aussi vagues que chimériques, faire entendre le simple langage de l'expérience.

F. Mais était-il nécessaire d'imprimer ces réflexions? Ne pouviez-vous par des moyens plus simples et plus modestes, les faire parvenir jusqu'aux dépositaires de l'autorité? Vous connaissez le zèle qui les anime, vous deviez compter sur un accueil favorable. Ne voyez-vous pas quel risque vous courez? Vous choquerez nécessairement plus d'un préjugé; vous blesserez plus d'un intérêt; vos intentions seront dénaturées; dans votre desir d'être utile, on ne verra qu'un mouvement de présomption, et peut-être, quelque chose de pis encore.

T. Ce que vous dites est très possible; mais j'ai pu reconnaître que les moyens dont vous parlez réussissaient bien rarement. Il se fait tant de bruit autour des hommes en place !... Peuvent-ils entendre tout le monde ?..... D'ailleurs quand il s'agit d'attirer l'attention sur des sujets d'un intérêt général, de signaler des inconvéniens graves, de contrarier des habitudes prises, de combattre des idées reçues, de proposer des améliorations importantes, quel effet produirait la communication de simples mémoires qu'on lit à peine, et qui bientôt vont se perdre dans la profondeur de quelque carton d'où ils ne sortent plus !... Ici, plusieurs avantages me paraissent attachés à la publicité : elle appelle les discussions franches et raisonnées, et souvent, du choc et de la diversité des jugemens, jaillit une plus vive lumière. Elle éclaire mieux alors les Chefs qui ont à prononcer. D'abord simple stimulant pour eux, elle devient bientôt leur appui, quand leurs décisions semblent n'être plus que l'expression de la raison universelle et de l'opinion publique.

F. Et vous pensez apparemment que votre écrit va diriger et fixer cette opinion sur les matières que vous traitez.

T. C'est là ce que se persuadent assez ordinairement ceux qui se mêlent d'écrire. Je me crois pourtant exempt de cette illusion. Je sais trop ce qui me manque pour que j'ose me flatter d'un tel succès. Quand je lis Rollin, quand je vois combien peu de fruits a porté son immortel ouvrage, que puis-je espérer de mes efforts et des informes essais que j'ose produire? Mais son exemple même est un remède contre le découragement. Car enfin, s'il n'eût pas publié ses précieux avis, que de moyens on aurait de moins, pour s'inscrire contre les fausses doctrines et contre les mauvaises méthodes; au lieu qu'on pourra toujours profiter de ses vues en revenant aux sages principes qu'il a établis sur des bases indestructibles.

C'est là tout le but que je me propose. J'ai beaucoup *vu*, beaucoup *observé* et surtout beaucoup *pratiqué* dans l'Instruction publique. Il m'a semblé que dans quelques parties elle réclamait de promptes rectifications, et je m'empresse de le dire. D'autres, peut-être, le feront mieux sentir.

Combien de personnes, au sortir du Collège, en faisant l'inventaire des connaissances qu'elles avaient pu y acquérir, ont été surprises de se voir dépourvues de tant de choses nécessaires dans le commerce de la vie! Aussi, que de regrets, sur l'emploi malheureux de ce temps qui compose la sixième partie au moins de la plus longue vie!.... Et souvent que d'efforts impuissans pour ressaisir ces notions qui n'eussent point échappé, si elles avaient été bien présentées d'abord!.... Or, me blâmerait-on, parce que j'essaie d'épargner à ceux qui viendront après nous, et ces peines et ces regrets ?

F. Non assurément. Mais je remarque qu'à travers vos observations toutes critiques, vous dites du bien de beaucoup de monde.... et du mal...... vous n'en dites de personne. Pauvre moyen d'éveiller l'attention du bon Public!......

T. Le bien, je le dis parce que je le pense. J'ai vu de près la plupart des hommes dont je parle; j'ai connu la pureté de leurs sentimens, la droiture de leurs intentions, pourquoi ne me plairais-je pas à en rendre témoignage? Le mal, à quoi bon le rappeler ?..... Qui n'a pas commis d'erreurs ? Qui n'a pas fait de fautes ?..... Oublions-les, et occupons-nous seulement des remèdes.

J'ai trouvé que dans ces derniers temps, on avait vu avec trop d'indifférence les résultats de plusieurs mesures qui depuis peu, ont singulièrement amélioré le sort de l'Instruction publique et particulièrement la situation de l'Académie de Paris. Ne devais-je pas commencer par faire remarquer ces salutaires améliorations ? Quant à ce Public malin qui ne se repait que de scandales, et que sans doute vous voulez désigner; certainement ce n'est point à lui que je prétends m'adresser. Les vrais amis de la monarchie légitime, et par conséquent ceux de la patrie, les amis sincères de la Jeunesse, des mœurs, de l'ordre et de la Religion, les Pères et les Mères de famille raisonnables, les Instituteurs sages et désintéressés, voilà le Public qui seul peut prendre quelqu'intérêt à mes réflexions. C'est aussi le seul dont j'ambitionne le suffrage, dont je réclame l'indulgence : s'il m'approuve, j'aurai bien fait ; s'il me blâme, j'aurai eu tort.

Au reste, vous aurez reconnu sur quelle autorité je me fonde dans tout ce que j'écris ; c'est toujours celle de Rollin. Ces réflexions lui appartiennent pour la plupart. Je n'apporte donc ici, ni les sentimens d'un frondeur présomptueux, ni les projets d'un imprudent novateur. Les rectifications que j'indique, sont le résultat ou d'une pratique suivie et constante, ou de mes observations sur les essais des autres ; aussi me vois-je souvent dans la nécessité de me citer moi-même, et j'ai usé de cette liberté. Je m'étais même proposé d'abord d'extraire de mes divers travaux sur l'Éducation, ceux qui se rapportent le plus aux questions que je traite, et de les produire à la suite de cet ouvrage. Mais j'ai trouvé que le volume en serait trop considérable. J'ai dû craindre de fatiguer mes lecteurs, et je me suis borné à un choix de pièces qui m'ont paru nécessaires pour compléter le plan que je m'étais tracé.

F. La précaution que vous avez prise me paraît sage, et je l'approuve. Un nom comme celui de Rollin est un puissant appui. D'une autre part je ne pense pas qu'on puisse trouver mauvais que vous citiez des travaux qui sont le fruit de votre expérience. Néanmoins ne vous attendez pas à de grands résultats ; comptez plutôt sur bien des contradictions.

T. J'y suis tout préparé. Je dis des vérités ; je le fais avec franchise ; il peut arriver que cela déplaise à beaucoup de personnes. Mais quand je me permets de donner mon avis, ne pensez pas que j'aie la présomption de le croire le meilleur. Je le présente non comme *bon*, mais comme *mien*. (1) Toutefois, ce n'est pas sans avoir long-temps réfléchi que je me suis décidé à le mettre au grand jour. Je suis resté profondément convaincu que beaucoup de bien pourrait résulter des améliorations que je propose, tandis qu'un grand mal continuerait de subsister, si elles étaient rejetées ; dès-lors, je n'ai plus hésité : comme fonctionnaire, comme citoyen, j'ai pensé que publier ces réflexions, c'était remplir un devoir.

F. Puisqu'il en est ainsi, je n'ai plus rien à dire. Vous parlez de devoir ; que pourrais-je objecter ? Il ne me reste plus qu'à faire des vœux pour que vos efforts ne soient pas entièrement perdus.

(1) Expression de Montaigne.

ENSEIGNEMENT

DE L'HISTOIRE ET DE LA GÉOGRAPHIE.

CLASSES.	OBJETS DES ÉTUDES.	CARTES A METTRE DANS LES CLASSES.	LIVRES OBLIGÉS.	LIVRES DONT LA LECTURE EST RECOMMANDÉE.
SEPTIÈME.	Étude des notions générales de la Géographie. Histoire Sacrée. Notions élémentaires de Mythologie.	La Mappemonde de Brué, chez Goujon. Carte de la Terre-Sainte. Carte de France. Théâtre Historique, en français, de Delille.	Leçons de Géographie de M. Letronne. Histoire abrégée par Mésenguy. Dictionnaire de Chompré, ou Abrégé de Noël. Abrégé de l'Histoire de France de Ragois, revu par M. Mousalon. *(Servira pour la 6e.)*	Géographie de Lacroix. Abrégé de la Géographie de Pinkerton, 2 vol. Chez Langlois. Tableau de l'Histoire de France, 2 vol. *(Servira dans les Classes suivantes.)*
SIXIÈME.	Géographie ancienne et Géographie moderne comparées. Histoire Sacrée. Notions élémentaires de Chronologie et d'Histoire Ancienne. Mythologie.	Theatrum Historicum de Delille. Terre-Sainte. Les quatre Parties du Monde, par Brué (4 feuilles). Tableau Chronométriques de M. Goflaux (France). Arbre Chronologique.	Leçons de Géographie de M. Letronne. Histoire abrégée de l'Ancien Testament, par Mésenguy (*). Élémens de Chronologie, par Schœll, rue Notre-Dame-des-Victoires. Élémens de l'Histoire Ancienne. Cours de l'École Militaire. (*) L'usage a fait reconnaître que l'Abrégé de Mésenguy était plus facile à apprendre pour les Enfans que l'ouvrage de Lhomond. Mésenguy en 7e, 6e et 5e. Lhomond en 4e et 3e.	La Géographie comparée de Danville. Pinkerton. Chronologie de Lenglet-Dufresnoy. Connaissance de la Mythologie. Tableau de l'Histoire de France, 2 vol.
CINQUIÈME.	Géographie ancienne et moderne. Histoire Sacrée. Étude des Élémens de l'Histoire ancienne jusqu'à la bataille d'Actium.	Theatrum Historicum de Delille. Græcia, id. Italia antiqua, id. Gallia antiqua, id.	Abrégé de l'Ancien Testament, par Mésenguy. Abrégé de l'Histoire ancienne de Rollin, 1 vol., ou celui de l'École Militaire. Abrégé de l'Histoire Romaine. Abrégé de Goldsmith, en anglais. Cours de l'École Militaire.	Mœurs des Israélites et des Chrétiens, par Fleury. Révolutions Romaines, de Vertot. Histoire Ancienne, de Rollin. Abrégé Idem, par Royou. Dictionnaire de Mythologie, par Noël. Tableau de l'Histoire de France, 2 vol.
QUATRIÈME.	Géographie ancienne et moderne. Histoire Sacrée. Histoire Romaine et celle du Moyen Age jusqu'à Charlemagne.	Carte du Moyen Age. Gallia antiqua. Carte d'Europe. Carte de France.	LHOMOND. Abrégé de l'Histoire Romaine. Cours de l'École Militaire. Abrégé de l'Histoire du moyen âge. Cours de l'École Militaire. *(Tous ces Livres serviront en 3e.)*	Les mêmes qu'en 5e. De plus : Abrégé chronologique de l'Hist. de la Grèce, par Schœll. *Ouvrage très court, dont l'étude seule serait un cours excellent sur la manière d'étudier l'Histoire.* L'Ouvrage de Kock sur les Révolutions de l'Europe. Abrégé de l'Hist. Universelle, par Anquetil. Tableau de l'Histoire de France, 2 vol. L'Ouvrage de M. de Tressan sur la Mythologie. Histoire des Empereurs, par Crevier. *(Ces ouvrages serviront en 3e.)*
TROISIÈME.	Géographie moderne. Histoire Sacrée. Histoire moderne depuis Charlemagne jusqu'à nos jours.	Les mêmes Cartes qu'en 4e. De plus, celle d'Allemagne.	LHOMOND. Les mêmes Livres qu'en 4e. De plus : Discours de Bossuet sur l'Histoire Universelle.	Les mêmes livres qu'en 4e. De plus : Abrégé de l'Histoire Ecclésiastique. Révolutions de Suède } Id. de Portugal } de Vertot. Histoire abrégée de l'Allemagne, 2 vol. Esprit de la Ligue, par Anquetil. Histoire de Charles XII. Grandeur et Décadence des Romains.
SECONDE.	Géographie moderne. Histoire Sacrée. Histoire de France.	Les mêmes Cartes qu'en 3e. De plus : Celles d'Angleterre, d'Italie, d'Espagne.	ROYAUMONT. Les mêmes Livres qu'en 3e. De plus : Abrégé pour l'Histoire de France, soit celui de l'École Militaire, soit le Tableau de l'Histoire de France, 2 vol. ; soit l'Abrégé Chronologique du Président Hénault (devenu un peu cher), soit Anquetil.	Les mêmes Livres qu'en 3e. De plus : Histoire de France de Velly. Id. par Anquetil. L'Honneur Français, de M. de Sacy. Abrégé Chronologique du P. Hénault. Révolutions d'Angleterre, par le Père D'Orléans. Révolutions d'Espagne, par le même. Histoire du Traité de Westphalie, par le Père Bougeant. Histoire abrégée d'Italie, traduite de Davila.

NOTA. — On observera que, dans les Auteurs indiqués, on a été obligé d'avoir égard à la modicité des prix plus qu'à la perfection des Ouvrages, afin que les Élèves pussent se procurer ceux qui entraîneraient le moins de frais.

On voudra bien remarquer aussi qu'à l'époque où a été dressé ce Tableau (1815) on n'avait point encore annoncé les Ouvrages composés depuis pour cet Enseignement.

DE QUELQUES
AMÉLIORATIONS

A INTRODUIRE

DANS L'INSTRUCTION PUBLIQUE.

CHAPITRE Ier.

OBSERVATIONS PRÉLIMINAIRES.

Lorsque l'on considère la situation actuelle de l'Instruction publique en France, il est difficile de ne pas reconnaître que depuis long-temps il ne s'était offert un concours de circonstances plus favorables aux améliorations diverses appelées par les pères de famille et par les vrais amis de la jeunesse. Pour s'en convaincre, il suffit de jeter un coup-d'œil rapide sur quelques-uns des événemens qui se sont succédés dans le cours des années classiques de 1821 et 1822. Combien de sages mesures ont signalé cette époque ! Combien de changemens remarquables sont survenus tout-à-coup dans le corps enseignant ; et que ne doit-on pas espérer de tant de dispositions importantes qui vont régler ses destinées (1). Tout languissait na-

---

(1) Je prie le lecteur de ne pas perdre de vue que cet écrit, composé vers la fin de 1822, devait être publié dans le mois d'avril 1823. Depuis

du Vandalisme révolutionnaire, et son entière destruction paraissait aussi prochaine qu'inévitable. Mais un Ministre que l'étranger admira long-temps, que la France regrettera toujours, et dont le nom se rattachait avec gloire à cet établissement, seconda de toute sa puissance les projets et les efforts de celui qu'il appelait *son ami*, parce qu'il trouvait en lui un cœur à l'unisson du sien, pour toutes ses vues de bien public (1). Le chef de l'administration du département et son conseil, si attentifs à favoriser ce qui porte un caractère d'utilité générale, procurent tous les moyens d'exécution. Le choix du monarque encourage une si noble entreprise : un Recteur est nommé (2), et bientôt une Sorbonne nouvelle sort de tant de ruines plus brillante que la première, et appelée à des destinées plus glorieuses encore.

Les sciences exactes et naturelles, élevées, dans ces derniers temps, à un si haut degré de perfection par les hommes qui les enseignent avec tant de succès, semblaient errantes encore, et sans asile dans cette vaste capitale. Enfin elles en trouvent un aussi spacieux que commode dans le sanctuaire même des sciences sacrées (3). Les lettres y sont accueillies avec

---

(1) M. l'abbé Nicolle.

(2) Le même, M. l'abbé Nicolle.

(3) Les amis des sciences exactes et de l'histoire naturelle savent ce qu'ils doivent de reconnaissance au zèle et à l'activité du doyen de cette faculté, M. Thénard, qui, en pressant et en dirigeant ces travaux, dont le terme était difficile à assigner, a obtenu en très peu de temps d'aussi beaux résultats.

un égal empressement, et une salle immense, parée de tout ce qui peut rappeler les plus grands souvenirs, présente une chaire digne des hommes qui doivent la remplir. Ainsi, moins isolées aujourd'hui, et recevant une direction commune, réunies sans être confondues, séparées sans être opposées, les sciences diverses peuvent se prêter un secours plus direct, s'entretenir, se nourrir, se fortifier les unes par les autres, et plus que jamais il sera reconnu que là où les sciences profanes ne suivent pas la même pente que les sciences sacrées, et ne marchent point avec elles dans un accord parfait, il ne peut exister dans l'esprit humain que lueurs incertaines, que fausses lumières, que ténèbres épaisses.

Ainsi, la Sorbonne sera redevenue le point central, l'angle de réunion de toutes les vérités. Ainsi, aura entièrement cessé ce divorce funeste, trop long-temps entretenu entre la philosophie et la Religion, entre le savoir et l'autel, entre le sacerdoce et l'Instruction publique. Les traces de ce système, si malheureusement imaginé, d'une sorte d'*opposition politique*, d'un *contrepoids* prétendu nécessaire entre le corps du clergé et le corps chargé de l'enseignement, seront effacées pour jamais. Dès-lors s'évanouissent les préventions fâcheuses que l'exagération des idées, et les vues secrètes d'un intérêt mal déguisé ont trop accréditées contre nos établissemens. Ces hommes vénérables, que leur caractère sacré appelle partout où il y a un bien moral à opérer, y viendront avec une confiance entière; et que de fruits précieux ils pourront y faire éclore par l'exemple de leurs vertus, et par l'exercice de leurs saintes fonctions!

Comment ces présages heureux ne seraient-ils pas accomplis? Un prélat a été nommé chef suprême de l'Instruction publique!... Le titre de GRAND MAITRE dont il est revêtu, digne récompense de ses longs travaux, rappelle cet homme d'un si beau talent et d'un si noble caractère, qui le premier fut décoré de cette dignité, et qui a emporté dans la tombe tant de regrets et de si honorables souvenirs. Peut-être il eût consommé la régénération des bonnes études, si un bras trop puissant n'eût pas arrêté l'essor de ses desseins généreux. Que sa mémoire vive à jamais dans les cœurs de ceux qui eurent une part à sa confiance, et qui furent à même de pénétrer dans ses hautes pensées. Mais aujourd'hui, qu'ils se consolent de sa perte, car sans doute il a déjà reçu la récompense que lui aura méritée le bien qu'il a fait, et celui qu'il voulait faire ne peut manquer d'être achevé. Le prélat vénérable que la Providence appelle à sa place, fut son collaborateur, son conseil et son ami. Comme lui, il saura trouver dans la supériorité de ses talens, les ressources qui lui sont nécessaires; comme lui il invoquera les noms augustes de l'ancienne Université (1), et il voudra que l'esprit qui présidait aux travaux des Rollin, des Hersan, des Lebeau, anime encore les fonctionnaires du grand corps qu'il gouverne. Mais, plus heureux que lui, au lieu de ne

---

(1) Voyez la circulaire du 3 octobre 1821.

rencontrer qu'obstacles et difficultés dans les caprices d'un usurpateur ombrageux, il trouvera toujours un appui assuré dans la confiance du prince légitime, dans la sagesse du plus éclairé des Monarques.

Ne nous lassons point de le répéter : dans l'état présent des choses, et dans la situation où la société entière en Europe se trouve jetée, par l'ordre successif des événemens qui se sont passés sous nos yeux, il n'y a plus que l'éducation qui puisse développer le germe de salut pour les générations naissantes. Elle seule fournira les moyens d'empêcher pour jamais le retour de ces malheurs affreux dont nous avons été si long-temps ou les témoins ou les victimes. Mais ce sera surtout par la bonne direction donnée à l'enseignement qu'on parviendra à détruire l'influence de ces détestables doctrines qui ont répandu tant de maux sur les pères, et qui sont toutes prêtes à en verser de plus affreux encore sur les enfans.

Il est un fait qu'on voudrait en vain méconnaître : c'est que de grands perfectionnemens dans l'éducation ont été dus au zèle des différens chefs de notre Université. Grâce à leurs soins, le système des études s'est amélioré, et, dans bien des parties, leurs efforts n'ont point été stériles : car, si l'enseignement de nos classes laisse beaucoup à désirer sous quelques rapports, s'il est difficile de ne pas y reconnaître des lacunes et de graves imperfections, il n'en est pas moins certain qu'il s'est toujours maintenu à un degré de supériorité relative, qui ne peut être contesté, et que rien encore, dans les écoles rivales, ne peut lui être comparé.

Mais, si l'on a beaucoup fait, il reste encore beaucoup à faire. Quand j'ose entreprendre d'indiquer ce qui me paraît le plus convenable, à Dieu ne plaise qu'on me suppose l'intention de fournir des armes aux ennemis de cette Université, contre laquelle se renouvellent, en ce moment, des attaques cent fois repoussées. Pour avoir une telle pensée, il faudrait complettement oublier que ces abus que je prétends combattre dans nos établissemens, règnent avec bien plus de force et d'étendue dans tous ceux qu'on voudrait élever au détriment des nôtres. C'est donc à toutes les écoles de France indistinctement que je m'adresse; je dirais même à toutes celles des pays étrangers. Les vices que j'attaque se retrouvent partout : partout se représentent et les inconvéniens de la routine et ceux de l'insouciance sur les vrais principes de l'art d'enseigner.

On s'étonnera quand je ferai connaître à quel point ces inconvéniens se sont établis et naturalisés en quelque sorte dans nos écoles. Mais qu'on ne se hâte point d'en faire un acte d'accusation contre l'Université. Après les catastrophes épouvantables qui avaient entraîné la ruine de toutes nos institutions en France, c'était beaucoup d'avoir pu replacer la plus importante de toutes sur des bases qui devaient ajouter à son antique splendeur : c'était beaucoup ensuite de l'y maintenir. Le reste ne pouvait être que l'ouvrage du temps et de la patience. Mais avec les anciens avantages avaient reparu les anciens abus; et les routines toujours si favorables à la paresse, si commodes pour l'insouciance, se sont glissées de nouveau dans plusieurs parties essentielles. Essayer de les faire disparaître sur-le-champ, c'eût été s'exposer à causer quelqu'ébranlement dangereux pour un édifice encore mal affermi. D'ailleurs, afin de guérir les plaies existantes, présentait-on des remèdes dont l'efficacité fût bien constatée ? Toutes les fois qu'il est question de toucher à des matières aussi délicates et aussi importantes, on ne peut trop écouter les avis de la prudence, et la plus grande sagesse doit présider à toutes les tentatives comme à toutes les décisions. Dans les avis que je me permets de hasarder, j'espère ne m'écarter jamais des règles que ces deux vertus prescrivent. J'ai trop présent à la pensée le mot si remarquable de notre auguste Monarque : *Prenez garde que le desir d'améliorer n'amène l'inconvénient d'innover*, paroles qui devraient être inscrites dans tous les lieux où s'assemblent les hommes occupés de réformes, et chargés de régler les destinées de leurs semblables.

Mais certes, par cet avis paternel, le sage Prince n'a pas entendu qu'il fallût rejeter toute amélioration éprouvée et démontrée utile et nécessaire. Si, dans ce qui a rapport à l'éducation publique, tout doit être pesé dans la balance de la réflexion, et observé au flambeau de l'expérience, craignons aussi que la prudence ne dégénère en timidité, et la sagesse en pusillanimité, dès qu'on hésiterait à repousser avec énergie l'invasion toujours croissante de ces habitudes routinières, de ces institutions désastreuses dont je viens demander la destruction ; car, je ne crains pas de le dire, si elles étaient tolérées trop long-temps encore, elles arrêteraient toute espèce de bien, et ne pourraient plus qu'égarer la jeunesse au lieu de l'instruire, et la dépraver au lieu de la former.

Eh quoi ! lorsque tout semble se réunir pour donner à l'enseignement une étendue nouvelle et en compléter les diverses parties, le laissera-t-on se traîner toujours honteusement dans ces étroites ornières dont tant d'esprits justes se sont efforcés de le faire sortir ? L'éducation publique, si riche des souvenirs du passé, plus riche encore des inventions du présent, et qui voit sous ses yeux, dans son propre sein, quels progrès rapides les sciences mathématiques et physiques ont dus au seul perfectionnement des méthodes, ne pourrait-elle tirer du même principe le parti le plus avantageux pour les autres sciences ? Lorsque tant de matériaux depuis long-temps ont été rassemblés autour d'elle par les hommes les plus habiles et les plus dévoués, comment n'a-t-elle pas su les employer ? Comment n'a-t-elle pas avancé d'un pas plus ferme et plus hardi ; et, au lieu de rester stationnaire au milieu du mouvement que tant de causes réunies ont imprimé, dans ces derniers temps, à l'esprit humain, pourquoi n'en a-t-elle pas saisi la direction ? Elle eût marché de pair avec lui dans les routes nouvelles qu'il a su s'ouvrir, et que d'écarts fâcheux elle eût pu lui épargner ! Il lui eût été bien plus facile alors de modérer et de diriger son ardeur, tandis qu'aujourd'hui il ne lui reste plus qu'à lutter péniblement contre la double tendance qui semble porter les hommes de ce siècle, les uns à suivre une marche rétrograde, les autres à prendre un essor exagéré et dangereux.

Oh ! que n'a-t-on prêté une oreille plus attentive à la voix de cet illustre instituteur qui, ayant recueilli tous les trésors classiques de l'antiquité, tous ceux du grand siècle dont il put voir briller les dernières lueurs, a marché en avant du sien, indiquant à ses successeurs ce qui restait encore à faire dans l'Instruction publique !...... Que n'a-t-on mieux écouté Rollin !.... Quelle vue sage, quelle amélioration importante a échappé à son œil prévoyant et exercé ? Qui jamais a connu mieux que lui l'art si difficile d'instruire la jeunesse, l'art plus difficile encore de la conduire et de la former ? On ne sera donc point étonné que, tout pénétré du sentiment de mon insuffisance, je m'écarte peu des routes qu'il a tracées. Je ne recueillerais de mon travail d'autre fruit que d'avoir ramené l'attention de nos jeunes maîtres sur ses immortels écrits, que je me croirais assez payé de mes efforts. Car, qui songe aujourd'hui à profiter de ses leçons ? On semble les avoir entièrement oubliées. Le nom de ce modèle parfait des maîtres s'efface, sa mémoire s'éteint, ses écrits sont dédaignés, ou si l'on veut bien encore leur accorder quelques souvenirs d'estime, on en parle, mais on ne les lit plus (1). Pour moi, toujours dirigé par un si

(1) Peut-être la belle édition des Œuvres de Rollin, publiée en ce

grand maître dans l'examen des divers inconvéniens que j'ai à faire remarquer, je le serai de même dans les réflexions que j'ai à présenter sur les différentes améliorations qui me paraissent nécessaires.

Mais on sent déjà que mes remarques ne devant porter que sur des détails de pratique, j'aurai besoin de compter sur la patience de mes lecteurs. Les routes que j'ai à leur faire parcourir sont quelquefois bien ingrates et bien arides; il faudra souvent qu'ils se traînent avec moi dans la poussière des classes. Puisse au moins l'importance du sujet m'aider à triompher de leurs dégoûts ! peut-être alors resteront-ils convaincus que nos maux ne sont point sans remède, et que les moyens dont je propose l'admission pour les écarter, peuvent être facilement employés.

moment par M. Letronne, inspecteur-général des études, excitera-t-elle, dans une jeunesse prévenue, un désir nouveau de lire les écrits de ce grand instituteur, et une occasion de les mieux apprécier. Ce qui pouvait servir de prétexte à d'injustes dédains, a été soumis à l'examen le plus exact, et rectifié par cet habile et savant critique.

CHAPITRE II.

INSTRUCTION RELIGIEUSE.

Dans l'éducation, tout doit commencer, continuer et finir par l'instruction religieuse. L'homme est l'œuvre de la Divinité; il n'existe que par elle et pour elle : tout en lui doit donc être dirigé vers ce principe et cette fin. Il est sous la main de l'être qui l'a formé ; il est lié à une société; il est chargé de lui-même : c'est donc pour lui une obligation première d'adorer son auteur, de connaître ses œuvres, et le culte qu'il faut lui rendre; d'aimer ses semblables, et de travailler à son bonheur pour le temps et pour l'éternité.

C'est à lui donner une connaissance exacte de ces devoirs, c'est à lui fournir les moyens de les remplir que tendra tout le système d'une bonne éducation. Ainsi, le perfectionnement des facultés de l'âme et le développement des talens naturels, l'attachement légitime à ceux dont on a reçu le jour et l'obéissance au Souverain; le zèle pour le travail et l'amour pour la patrie, les vertus sociales et la charité universelle; la connaissance des vérités éternelles et la soumission due à l'Église : voilà quels seront les objets des différentes branches de l'enseignement que recevront les enfans. Or, comme on le voit, toutes les parties doivent en être tellement dirigées vers le bien général, qu'il est indispensable que la Religion y ait partout la première place, et que tout y rappelle à la Religion.

Ces réflexions qui me paraissent être la substance de ce que Rollin a écrit de mieux sur ce sujet, je m'en empare sans scrupule (1). Chaque fois que, dans le cours de mes observations, se présentera l'occasion d'user d'un pareil droit, je le ferai sans hésiter.

Je dis donc que le but, en fait d'éducation, serait manqué, si, « ne travaillant qu'à former l'homme éclai-
« ré, j'ajouterai même l'honnête homme, l'homme
« de probité, on négligeait de former l'homme chré-
« tien. Ce doit être là le terme de tous nos travaux, de
« toutes nos instructions (2). » Au reste, est-il besoin de s'étendre davantage sur cette vérité qui jamais n'a été l'objet d'un doute pour quiconque s'est occupé sérieusement de l'éducation de la jeunesse ? Qu'attendre en effet de nos arrêtés, de nos circulaires, de nos réglemens, de notre discipline, de tout le luxe de notre enseignement, de tout l'étalage de nos exercices publics, si tout cela n'aboutit point à créer dans nos élèves une conscience, à graver dans leurs âmes le sentiment du devoir, à les attacher à l'ordre par la seule crainte d'offenser celui qui en est le principe et l'auteur suprême, et à les pénétrer enfin d'un amour dominant pour le grand être qui est la source de tout bien.

(1) Voyez La Harpe, Cours de Littérature, 16º vol.
(2) Voyez Rollin, Traité des Études.

Il y aurait une extrême injustice à ne pas reconnaître tout ce que les dispositions générales de nos statuts et de nos réglemens renferment de bon et de sage à ce sujet. Elles prouvent que le plan tracé par la nouvelle Université de 1808, avait été pris en grande partie et calqué sur celui de l'ancienne Université, sauf les modifications imposées par le malheur des temps. Les renseignemens que j'ai fournis en 1815, à la Chambre des députés et l'exposé que je fis alors de ce qui s'observait dans nos colléges, relativement aux pratiques religieuses, contenaient une réponse positive à de vaines assertions, et me paraissaient propres à éclairer les esprits non prévenus. A des allégations vagues et controuvées, j'opposai simplement des faits certains, et on put reconnaître que rien, dans les statuts, n'avait été négligé de tout ce qui était propre à consacrer et à sanctifier les études par la Religion (1).

Toutefois, il faut bien en convenir, les effets répondaient peu à ces excellentes dispositions et aux intentions des chefs. Dans quelques établissemens elles étaient contrariées, comme elles le seront long-temps encore, par les sentimens de bien des familles elles-mêmes, et surtout par une résistance d'inertie capable de paralyser le zèle le plus ardent et le plus soutenu. Mais ce qui contribuait particulièrement à entretenir cette sorte de résistance, c'était la marche incertaine et tortueuse d'un Ministère qui, ne se prononçant sur

(1) Voyez à la suite du Chapitre, n° 2.

rien, semblait vouloir conduire le vaisseau de l'Etat en le laissant flotter sans cesse entre tous les principes, toutes les opinions, toutes les erreurs. Grâce aux heureux changemens qui sont survenus depuis, tout a repris une assiette plus ferme, un caractère plus prononcé. Des mesures plus décisives ont eu lieu dans l'Université, et les sages dispositions des statuts ont pu avoir leur exécution. Mais je remarque avec peine que quelques-unes ou sont mal remplies, ou sont entièrement négligées, ou bien ont subi de fâcheuses modifications.

En 1815, j'avais fait sentir la nécessité d'établir l'Instruction religieuse dans les colléges, sur des bases plus larges et plus étendues qu'elles ne l'avaient été jusqu'alors. L'arrêté du 13 octobre de cette année avait été le résultat de mes observations (1).

Je pensais que s'il est une étude qui doive commencer par la connaissance des faits, c'est surtout l'étude de la Religion. Ne sait-on pas que de tous les objets sur lesquels l'intelligence humaine puisse s'exercer, il n'en est presque aucun qui soit indépendant des faits? C'est une nécessité qu'on raisonne faux, dès qu'on ne s'appuie point sur eux. D'après ce principe, applicable à toute instruction, l'Histoire étant le recueil des faits où l'esprit doit trouver les matériaux de ses connaissances, c'est elle, en Religion comme

(1) Voir à la suite du Chapitre, n° 1.
Mgr l'évêque d'Hermopolis était alors membre de la Commission de l'Instruction publique, et je lui avais soumis mon travail qu'il avait honoré de son suffrage.

en toute autre science, qu'il est essentiel d'étudier d'abord. Autrement « on ne peut donner, dit Féné-
« lon, que des idées confuses sur le Messie, sur l'Evan-
« gile, sur l'Eglise, sur la nécessité de se soumettre à
« ses décisions, et sur le fond des vertus du Christia-
« nisme (1). Ce ne sera donc que par la suite de l'His-
« toire sacrée qu'on pourra montrer la Religion aussi
« ancienne que le monde; Jésus-Christ attendu dans
« l'Ancien Testament, et Jésus-Christ régnant dans
« le Nouveau, ce qui est toute la base de l'instruction
« chrétienne (2) ». *Cette Histoire*, dit Pascal, *doit proprement être appelée l'Histoire de la Vérité* (3). Elle fait passer sous les yeux, et tout ce qui regarde le peuple de Dieu dont l'origine remonte à celle des siècles, et tout ce qui concerne l'Eglise, qui ne doit finir qu'avec le monde. Elle embrasse donc toutes les autres Histoires; elle est mêlée nécessairement à toutes; elle en est comme le principe vivifiant, comme la souche première, et celles-ci n'en sont que les rameaux divers. Quelle autre, pour toutes les grandes époques, fournira des points de départ plus assurés? Quelle autre donnera plus de facilités pour se dégager des routes inextricables de la Chronologie, et des embarras des Synchronismes? Mais ce qui est bien plus important que tout le reste, quelle autre renfermera des leçons plus précieuses, et je dirai aussi plus agréables?

(1) *Éducation des Filles*, par Fénélon.
(2) Voyez aussi Saint Augustin : *De Catechisandis rudibus*.
(3) *Pensées diverses*, n° 54.

(18)

Je regarderais donc comme une chose bien importante, que tous les jours, les leçons commençassent, dans chaque classe, par celle de l'Histoire sacrée, et qu'on en étendît l'étude depuis la première année des cours de la Grammaire et des Humanités jusqu'à la dernière inclusivement. On a lieu de s'étonner que parmi les sages dispositions qui caractérisent le statut du 4 septembre 1821, celle qui concerne l'Instruction religieuse, ait restreint l'étude de l'Ancien et du Nouveau Testament uniquement aux deux premières années des classes élémentaires (1). Est-il présumable que les enfans qui entrent dans ces classes, puissent, étant aussi jeunes, embrasser l'ensemble et les détails de ces deux Histoires? Où serait le moyen de laisser, dans des esprits aussi peu formés, une idée exacte des faits, des lois, des oracles qui ont préparé à la croyance du Sauveur? Comment auraient-ils le temps de prendre une connaissance suffisante de la loi nouvelle, immuable, établie par Jésus-Christ, et de bien comprendre quelle est la force et l'autorité de l'oracle toujours subsistant dans l'Eglise, qui explique ses mystères et conserve sa doctrine.

(1) Je ferai une remarque à peu près semblable au sujet du Manuel qui vient d'être publié pour le *Baccalaureat ès-lettres*. J'y vois, sur l'Histoire profane, une longue série de questions qui remplissent plus de quarante pages, et rien sur l'Histoire sacrée. Sans doute on a supposé que les candidats en étaient suffisamment instruits ; mais serait-ce un inconvénient que messieurs les examinateurs fussent invités à s'en assurer? Qu'on me permette de suppléer à cette lacune par un travail que je présente avec d'autant plus de confiance, qu'il n'est pas

Le Catéchisme, qui ne peut avoir lieu qu'une fois par semaine, ne suppléera pas certainement à cette absence de toute instruction positive; encore moins l'usage si précieux, mais trop faiblement observé, d'inscrire sur la copie de chaque jour et de répéter par cœur un verset de l'Ecriture Sainte. Il n'y a que l'élève instruit des faits, qui peut prendre intérêt à l'exposition et à l'explication des vérités dogmatiques. Il en saisit mieux alors les rapports, et elles se gravent plus profondément dans son esprit et dans son cœur.

Je ne craindrai donc pas de proposer de nouveau un plan très-simple, mais qui m'a paru suffisant. Je l'avais indiqué en 1815, et l'arrêté que j'ai déjà cité prouve qu'il avait été goûté et adopté. Il était ainsi conçu : 1° Pour les *deux classes élémentaires*, le *Catéchisme historique de Fleury*. C'est cet ouvrage qui a fait dire de l'auteur, qu'il n'appartenait qu'à des hommes de cette trempe de faire de tels abrégés. Aussi conçoit-on difficilement, quand on a de semblables ouvrages sur un tel sujet, qu'on puisse songer à en composer d'autres. 2° *En Septième, l'Abrégé de Mésenguy*. « Celui-ci renferme avec plus d'éten-
« due tout ce qu'il y a de plus essentiel dans l'His-
« toire sainte. On s'est fait un devoir (c'est Rollin qui
« parle), d'y garder cette simplicité de style qui fait
« le propre caractère des livres saints : on a eu soin
« de mêler dans les récits historiques certaines paroles
« de l'Écriture, pleines de sens; et qui donnent ma-

---

de moi ; il peut être d'une grande utilité pour le plan que je propose. (Voir ce travail à la suite du Chapitre, n° 3.)

« tière à de grandes réflexions, etc. etc. (1) ». L'étude de cet Abrégé serait achevée en *Sixième*. On y ferait repasser tout ce qu'on aurait vu l'année précédente. J'ai pu reconnaître par moi-même avec quel intérêt les enfans lisent cet ouvrage si bien fait, et avec quelle facilité ils l'apprennent. 3° L'*Ouvrage de Lhomond*. Cet auteur a mêlé à ses récits beaucoup plus de réflexions que Mésenguy. C'est ce qui en rend, pour les enfans, l'étude un peu plus difficile. Il a embrassé l'Histoire de l'Eglise. Il serait mis entre les mains des *Cinquièmes*, et continué en *Quatrième*. Dans ces classes, les esprits plus développés sont plus susceptibles de saisir les rapports, et de rendre compte d'une longue suite de faits : ils sont déjà préparés par les études précédentes, et ce travail ne peut avoir rien de pénible pour eux. 4° Le *Discours sur l'Histoire universelle de Bossuet*, ceux de *l'abbé Fleury sur l'Histoire ecclésiastique*; ils ont été rassemblés en un seul volume. Il serait à desirer qu'on pût y joindre le *Discours de l'abbé Pluquet*, qui se trouve en tête du *Dictionnaire des Hérésies*. On aurait encore l'*Exposition de la Doctrine chrétienne, par Bossuet*. Ces ouvrages seraient plus que suffisans pour les classes des Humanités. A partir de la Quatrième, ces sortes de leçons ne demandent plus à être apprises par cœur. Un Professeur attentif peut en tirer un grand parti pour accoutumer ses élèves à faire de vive-voix un récit; à présenter les faits de détail dans l'ordre où

---

(1) Voyez *Traité des Etudes*.

ils doivent être placés, à mettre de l'exactitude, du naturel, de la grâce dans la manière de dire ou de raconter; qualités qu'il est si rare de rencontrer, même dans les meilleurs de chaque division. On pourrait compléter ce travail dans les hautes classes, par l'étude du poème de *la Religion*. Indépendamment de l'attrait que peuvent lui donner les beautés poétiques qu'il renferme, il est peu d'ouvrages plus propres à ouvrir l'esprit des jeunes gens sur une foule de questions qui bientôt vont faire l'objet de leurs études en philosophie : il en est peu qui soient mieux conçus pour apprendre à penser.

Ce serait ainsi que les élèves, comme je le fais remarquer dans mes *Renseignemens* (1), préparés, chaque jour, par ces connaissances acquises dans un degré proportionné à leur âge, et ramenés sans cesse et sans efforts aux idées religieuses, entreraient dans les Catéchismes, munis de tout ce qui peut faciliter pour eux l'intelligence du dogme, leur rendre l'étude de la Religion plus attrayante, et les conduire directement à la pratique exacte, raisonnée et fidèle des devoirs qu'elle impose.

Au reste, il y aurait de l'injustice à rendre l'Université responsable de cette espèce d'imperfection que je remarque dans l'enseignement religieux des Colléges et d'un grand nombre de Pensions. Il n'était pas autrement organisé dans l'ancienne Université, et les moyens d'une instruction solide n'étaient pas mieux

---

(1) Voyez à la suite du Chapitre, n° 2.

ménagés. Aussi, Rollin avait-il eu ses raisons pour s'étendre, comme il l'a fait, sur le mode à suivre dans l'étude de l'Histoire sacrée et dans celle de la Religion. C'est à ses observations que nous avons dû et l'ouvrage de Mésenguy, et l'excellent livre de Lhomond. Je renvoie nos jeunes Maîtres à notre Rollin, à cet illustre modèle. Il serait à souhaiter qu'ils s'emparassent avec empressement des notions qu'ils trouveraient dans son Traité sur cet important sujet. Ils pourraient y puiser une foule d'avis précieux, et la nécessité où ils seraient de donner chaque jour quelques instans à cette occupation, serait également profitable et pour leurs élèves et pour eux-mêmes.

On a regardé comme une mesure très utile d'ériger dans les Colléges des chaires spéciales d'Histoire profane, mesure sur laquelle je reviendrai plus tard. Mais n'est-il pas étonnant qu'on n'ait pas songé à donner à l'étude de l'Histoire sacrée les développemens qu'elle réclame? Des prix sont distribués, en grande pompe, au concours général, à ceux des élèves de *Cinquième* qui ont le mieux réussi en Histoire profane, et il n'est pas de récompenses assignées pour ceux qui se seraient montrés le plus versés dans l'Histoire qu'il est si essentiel de bien connaître.

Mais j'entends des réclamations s'élever de toutes parts. Chaque Maître, chaque Professeur, allègue l'impossibilité de trouver le temps nécessaire pour suffire à un enseignement qui paraît si étendu. Quelques-uns demandent si je prétends qu'on doive faire, avant l'âge, autant de *Théologiens* de ces élèves appelés à n'étudier que les élémens des sciences humaines. Non sans doute : mais par-dessus tout ce sont des *Chrétiens* que vous devez remettre aux familles et à la société qui vous les confient. Or, vous n'y parviendrez jamais que par une instruction vraie, solide et suivie, et dégagée de toutes notions superficielles, de toutes pratiques arbitraires ; car le maître ou le chef d'établissement qui croirait devoir borner ses soins à la transmission des élémens de nos vaines sciences, ne connaîtrait ni la nature ni le véritable but de ses obligations. Que seraient en effet toutes nos études, sinon l'occupation la plus futile, si elles ne tendaient plus à donner à la patrie des hommes aussi solidement attachés à la Religion, que suffisamment instruits dans les Belles-lettres ?

Qu'on ne croie pas d'ailleurs que cette instruction doive se faire au détriment des autres enseignemens. Il suffirait d'une bonne distribution des matières, et du bon emploi des momens qu'on pourrait y consacrer. Un quart-d'heure par classe serait très-suffisant. Regarderait-on, après tout, comme perdu, le temps qu'on donnerait à ce travail si précieux ? Quelques solécismes de plus ou de moins, quelques tours de phrase plus ou moins bien saisis, entreraient-ils en balance avec les trésors de sagesse et de vertus qui doivent résulter de cette étude si importante ? J'espère avoir bientôt l'occasion de prouver combien il serait facile de mettre à part un grand nombre de momens, dont on disposerait pour cette instruction, ainsi que pour beaucoup d'autres également négligées.

Ce qui doit surtout faire sentir l'importance de cette étude, et justifier l'attention particulière que je mets à la recommander, c'est la considération de ce qui a lieu parmi la plupart des jeunes gens dès qu'ils ont achevé leurs cours. Ne sait-on pas combien peu songent à revenir sur ces premières notions, et que, pour l'ordinaire « leur temps est emporté par le « vain amusement des bagatelles et des plaisirs, ou « par l'occupation des affaires (1) ? » Qu'on se hâte donc de profiter de ces années de calme, de candeur et d'innocence, pour donner à la jeunesse ce préservatif nécessaire contre les fausses maximes du siècle, contre les dangers des passions, et contre la contagion du mauvais exemple. Ainsi, qu'ils ne sortent point de nos mains sans avoir des idées arrêtées sur la divinité de Notre-Seigneur Jésus-Christ; qu'ils connaissent les preuves fondamentales de la Révélation, de l'authenticité des livres saints, de l'unité, de l'infaillibilité de l'Eglise, sans laquelle on peut abuser des livres sacrés, et s'égarer sur la doctrine. Qu'ils sachent comment cette doctrine, si souvent attaquée ou par la violence des persécuteurs ou par les illusions des hérétiques, a toujours été défendue par l'autorité des conciles généraux et par les écrits des saints docteurs; comment la discipline asservie par l'orgueil et corrompue par le luxe, a toujours été rappelée par le zèle des Chrétiens éclairés. Enfin, qu'il leur soit souvent répété que, *comme Chrétiens ils sont enfans de lumière,*

---

(1) Rollin, *Traité des Etudes.*

que les fruits de la lumière sont toute bonté, toute justice et toute vérité (1), *et que la piété, pour être profitable, a besoin d'être mêlée à toutes les actions de la vie* (2).

Tout cela peut leur être appris facilement, en évitant toute discussion, tous écarts, tout ce qui n'est qu'opinion. La Religion est simple, fixe et sublime : elle n'a besoin que d'être connue pour être sentie, appréciée, et pour devenir l'objet de nos adorations. Mais certes, on ne regardera pas comme achevée, l'éducation du jeune homme qui, après ses cours de Rhétorique et de Philosophie, sortirait du collége, étranger à la plupart des notions que je viens d'indiquer; or, c'est le sort aujourd'hui du plus grand nombre. Voilà pourquoi on les voit si peu fermes dans leurs principes, et, dès leur entrée dans le monde, succomber si promptement aux premiers assauts qui leur sont livrés.

C'est plus particulièrement à MM. les Aumôniers qu'appartient le soin d'inculquer aux élèves ces dernières instructions. Tout ce qui concerne le Dogme et la Morale ainsi que la Pratique est essentiellement de leur ressort. Mais qui ne voit combien leurs instructions seront rendues plus faciles, si dans les établissemens, chacun concourt à préparer les esprits pour leurs précieuses leçons, par une connaissance positive des faits? Afin d'alléger leurs travaux et de

---

(1) Saint Paul.
(2) Mme de Duras, dans *Ourika*. C'est l'expression de ce passage de Saint Paul : *Soit que vous buviez, soit que vous mangiez*, etc.

rendre leurs efforts plus profitables, j'avais pris et indiqué un moyen qui, je crois, peut atteindre le but, s'il est employé avec exactitude. Tous les mercredis et tous les samedis soir, veilles des Catéchismes, les Maîtres d'étude étaient tenus de faire répéter la lettre de la leçon aux élèves de leurs divisions respectives : c'est le moyen de s'assurer que tous les élèves sont mis à même de mieux saisir les explications qui doivent être données le lendemain par MM. les Aumôniers ; et les jeunes Maîtres, se remettant sous les yeux la suite des vérités dont leur esprit aurait pu se distraire depuis la sortie de leurs classes, en ressaisissent avec plus de facilité l'enchaînement et se pénètrent plus profondément du sentiment de leurs devoirs, et de l'importance de leurs utiles et honorables fonctions.

Mais, en vain s'efforcera-t-on d'environner les élèves de tous les moyens d'obtenir une instruction solide sur la Religion, si ceux qui les dirigent ne sont point imbus des principes qu'elle donne, ni animés des sentimens qu'elle inspire. On la prêche mal quand on ne la croit pas. On inculque bien difficilement les opinions qu'on n'a pas. Aussi, quelle attention scrupuleuse, quelle réserve sont nécessaires dans le choix des sujets qui se présentent pour remplir ces fonctions si délicates ! Combien ne serait-il pas à desirer qu'elles ne fussent jamais confiées qu'aux jeunes gens les plus capables de maintenir la tradition des bonnes études et le goût du bon enseignement, et qui, jouissant d'une réputation intacte du côté des sentimens et des mœurs, se montrassent pieux sans bigoterie, doux et indulgens sans faiblesse, exacts sans humeur, fermes sans rudesse, polis avec dignité, convaincus de cette vérité, que la règle est le principe de tout bien, et persuadés enfin qu'étant les substituts des pères et mères, ils doivent en avoir toute la sollicitude (1).

Que ces maîtres soient Laïques, qu'ils soient Ecclésiastiques, peu importe, pourvu qu'ils réunissent les vertus et les talens exigés. On comprend très bien quelle influence précieuse peuvent avoir les soins d'un jeune Ecclésiastique, qui, dans son caractère sacré, trouve de si puissans motifs de zèle et d'encouragement. Quel état en effet peut présenter plus de garanties que celui où le célibat n'est pas suspect, parce qu'il est de règle; où la doctrine et les mœurs se trouvent le plus souvent réunies, parce que leur réunion y est le plus nécessaire; où doit exister enfin comme à sa source, tout ce qui peut porter à l'amour du devoir, tout ce qui en rend la pratique plus aisée et l'accomplissement plus certain. Mais penserait-on qu'un Laïque qui, exact observateur de ses devoirs comme chrétien, joindrait à une conduite irréprochable les talens nécessaires pour son état, et jamais ne négligerait d'unir l'exemple à la leçon, penserait-on, dis-je, qu'il ne fût pas aussi capable de faire le bien que l'Ecclésiastique le plus zélé, et qu'il ne pour-

---

(1) Voyez à la suite du Chapitre, n° 4; le Travail sur les fonctions des maîtres d'étude.

rait pas, vu l'état actuel des choses, en inspirer aussi efficacement le goût à la jeunesse? Que si l'on regardait comme une chose impossible l'existence de tels sujets dans nos établissemens, je prouverais le contraire par des faits et par l'expérience. J'affirmerais que cette opinion n'est pas mieux fondée que celle qui peint nos écoles secondaires comme animées d'un esprit tout contraire à la vocation des élèves qui se sentent appelés vers l'état ecclésiastique. S'il en était ainsi, il faudrait en faire justice et les fermer sur-le-champ, car dès-lors la nature et le but de leur institution seraient méconnus par les chefs qui les dirigent. Ils auraient oublié que la première éducation doit être essentiellement religieuse. Mais chaque année fournit la preuve que cela n'est pas : en 1816, l'Université comptait déjà dans ses établissemens plus de six cents Ecclésiastiques pieux et éclairés, vivant sous l'habit et dans les mœurs de leur état ; et, depuis cette époque, il est sorti tous les ans de nos maisons un nombre d'élèves se consacrant aux autels, égal au moins à celui qu'ont pu fournir les autres institutions spécialement consacrées à cette carrière.

Mais, d'un autre côté, si nos colléges et nos pensions étaient organisés de manière qu'on n'y dût prendre que les seules connaissances, les seuls goûts et les seules habitudes qui conviennent au sacerdoce, il faudrait se hâter de réformer un tel ordre de choses. L'Enseignement secondaire n'exclut aucun genre d'instruction; il donne les élémens de toutes les connaissances; il développe le germe de tous les talens;

en un mot il s'adresse à tous ceux indistinctement que renferment nos maisons d'éducation. Il est aussi nécessaire à celui qui doit s'élever aux sublimités de la Théologie, qu'à celui qui veut s'enfoncer dans le labyrinthe du Droit, ou pénétrer dans les obscurités de la Médecine, ou se jeter dans le tourbillon des affaires publiques, ou se livrer aux hasards de la guerre, ou s'engager enfin dans les sentiers lucratifs du commerce et des arts. Ce serait donc le détruire que de le restreindre. Son but est de présenter successivement à chaque esprit le genre d'aliment qui lui est propre et qui lui convient le mieux, et de mettre en activité les dispositions naturelles et particulières qui le portent vers un état plutôt que vers un autre.

Mais si ce n'est qu'à l'époque où l'on sort du Collége qu'on se trouve capable de faire ce choix si difficile et si décisif pour le reste de la vie, on ne pourra s'empêcher de reconnaître que celui qui, profitant de l'Instruction secondaire dans toute son étendue, s'est essayé dans tous les genres, a devant lui un bien plus grand nombre de chances favorables. Son choix une fois fait, de combien de moyens il se trouve environné pour se préparer un sort meilleur dans la carrière où l'appelle la Providence, et pour s'ouvrir un chemin bien plus libre et bien plus facile vers le degré de bonheur où l'homme peut s'élever ici-bas! Ainsi, comme on le voit, rien dans nos établissemens ne doit être spécial; toutes les routes y sont ouvertes : bien entendu qu'on n'y fera marcher les jeunes adeptes que sous l'influence générale et continuelle des principes qui doivent prévaloir sous un gouvernement monarchique et religieux.

Aujourd'hui, tout est préparé pour que, dans les Colléges, cette direction soit complétement donnée aux études, et bientôt il y aura très peu à desirer sous ce double rapport. Que ceux qui voudraient encore en douter, lisent la circulaire du Chef suprême de l'Instruction publique adressée à MM. les évêques de France; qu'ils lisent celle que viennent de recevoir les Proviseurs des Colléges royaux, et ils seront à même de juger quel terme ils doivent mettre à leurs espérances. Ah! que ces vues si sages soient secondées par les Prélats appelés à rendre à l'Église gallicane toute sa splendeur; qu'elles soient fidèlement exécutées par les Chefs de nos établissemens dont la mission vient d'acquérir aujourd'hui un nouveau degré d'intérêt et d'importance, et bientôt les études de l'Université auront ajouté à leur supériorité reconnue; bientôt la discipline y aura repris toute sa force, les mœurs toute leur pureté, la Religion tout son empire. Les paroles de ce serviteur fidèle, descendues dans le cœur des Maîtres et transmises aux disciples, les environneront tous de nouvelles lumières. Ils reconnaîtront que si l'accomplissement des devoirs donne des droits certains, dans une autre vie, à un bonheur qui ne doit point avoir de terme en durée comme en étendue, il procure aussi, dans la vie présente, le seul contentement réel qu'on puisse y trouver. Ils goûteront la douce satisfaction attachée à la pratique du bien, et leurs cœurs pleins de reconnaissance, se porteront sans cesse vers ce Roi, vers ces Bourbons, dont la sagesse, en assurant l'exercice paisible des vertus religieuses, a comblé le gouffre de nos maux; dont la bonté et les lumières encouragent tous les talens, et dont la piété attire la protection du ciel sur tous les Français. C'est alors que ces mots sacrés trop long-temps, mais vainement interdits à leurs pères, *Dieu, le Roi, la Patrie*, se confondant avec toutes leurs pensées, se réunissant dans toutes leurs affections, feront éclore les qualités qui font les hommes honnêtes et religieux, les sujets soumis et fidèles, les citoyens dévoués et vertueux.

N° I.

CIRCULAIRE.

Adressée aux Proviseurs, et relative aux Livres qui doivent être mis entre les mains des Elèves pour l'Enseignement religieux.

13 octobre 1815.

Monsieur le Proviseur, l'enseignement de la religion ayant pour base principale la connaissance des faits, MM. les professeurs des colléges doivent concourir de tous leurs moyens à répandre cette connaissance parmi leurs élèves. Dans le dessein de donner à cette partie si intéressante de l'enseignement une marche plus active et plus sûre, la Commission vous recommande de mettre désormais entre les mains des jeunes gens, depuis les classes élémentaires jusqu'à celles du premier ordre, suivant les progrès de l'instruction, la plupart des livres dont voici les noms; savoir :

Le Catéchisme du diocèse de Paris;

Le Catéchisme historique de Fleury (ou l'ouvrage de Lhomond);

L'Histoire abrégée de Mésenguy;

L'Abrégé de Collot;

L'Abrégé de Royaumont;

Le Discours de Bossuet sur l'Histoire universelle;

Les Odes sacrés de J.-B. Rousseau;

Le Poëme de la Religion, de Louis Racine;

Les autres ouvrages du même genre, également dignes de confiance.

Il est essentiel que chaque élève en fasse une étude suivie. MM. les Aumôniers doivent expliquer tout ce qui est relatif au dogme ; mais c'est à MM. les Professeurs qu'il appartient d'enseigner la partie historique. Vous voudrez donc bien donner à ces fonctionnaires l'ordre d'exercer tous les jours, ou au moins de deux jours l'un, les jeunes gens de leurs classes sur cette branche d'instruction, soit en leur faisant apprendre et réciter une leçon tirée de ces livres, soit en obligeant chaque élève à rendre compte d'un chapitre, de manière que, sans l'astreindre au mot à mot, il n'omette aucun fait important.

C'est ainsi que, préparés par des connaissances acquises dans une proportion accommodée à leur âge, les plus jeunes se présenteront aux Catéchismes avec tout ce qui leur en aura facilité l'étude, et que les élèves des classes supérieures porteront dans le monde, en y entrant, une instruction religieuse à-peu-près complette, qui devra contribuer plus que toute autre chose à la régularité de leur conduite.

N° II.

RENSEIGNEMENS

Publiés en 1816, au sujet des Développemens qui ont été présentés à la Chambre des Députés, dans la Séance du 31 janvier même année, relativement à l'Instruction publique et à l'Éducation.

Les développemens présentés à la Chambre de MM. les Députés, sur l'Instruction publique, ayant été pris en considération par l'assemblée, un des membres de l'Université (1), si connu par tout ce qui peut donner du poids à ses réflexions, s'est empressé d'y répondre par des éclaircissemens, qui sûrement auront déjà attiré les regards de la Commission qu'on vient de nommer. Mais, tout entier aux idées générales, il a dû négliger les détails particuliers sur le régime intérieur des Colléges royaux. Cependant, comment avoir une opinion arrêtée sur ces établissemens, si l'on n'a point une connaissance exacte de toutes les parties qui en composent l'organisation ?

Comme Chef d'un des premiers établissemens de l'Instruction publique, je crois qu'il est de mon devoir de remplir cette espèce de lacune, et d'offrir les renseignemens qui me paraissent les plus propres à éclairer la religion de MM. les Députés. Par là ils pourront mieux juger, peut-être, de tout ce qui a été fait depuis long-

(1) M. Ambroise Rendu, aujourd'hui membre du Conseil royal.

temps pour effacer des torts qui ne furent jamais l'ouvrage de nos Institutions, et ils seront plus à portée de reconnaître quel danger il y aurait pour la génération actuelle, et pour le maintien des bonnes études, à porter de nouveau la hache de la destruction sur ces restes vénérables de l'Education publique. Ils s'étaient relevés même sous les coups de la révolution, et s'ils se présentent encore aujourd'hui si pleins de vigueur, au milieu de tant de débris, c'est qu'ils portent dans leur sein le principe régénérateur qui les a soutenus contre tant d'orages; et, pour reprendre bientôt tout leur éclat, ils n'attendent plus que l'appui d'une main secourable et puissante qui pourra facilement assurer leur entière restauration.

Est-il plus avantageux, pour l'Instruction publique, que l'administration générale continue à présenter ce grand système d'unité qui, rattachant toutes les parties à un centre commun, assure davantage l'uniformité dans la doctrine, dans la discipline et dans le régime, et qui multiplie l'emploi des ressources, des conseils, et des encouragemens, en rendant la dépendance plus directe et les communications plus faciles et plus promptes? Ou bien vaut-il mieux qu'on admette cette dislocation des corps enseignans, qui, en isolant les établissemens les uns des autres, les livre sans appui aux mains plus ou moins habiles chargées de les diriger?

Ces questions importantes, et plusieurs autres de cette nature, qui déjà ont été approfondies et à peu près décidées par des écrivains aussi éloquens qu'éclairés, ne sont pas l'objet de nos observations.

Ce n'est pas là ce dont il s'agit dans les développemens qui ont été présentés à l'Assemblée. C'est la destruction entière des établissemens qu'on semble demander; ce sont donc les établissemens qu'il faut faire connaître.

L'accusation la plus grave et la plus importante, sans doute, qui ait été intentée contre eux, c'est l'absence de tout esprit religieux. Je n'examinerai point si quelques faits isolés et singulièrement exagérés qui ont pu donner lieu à cette accusation, ont été plus particuliers aux Lycées qu'aux autres Maisons d'Education, ou plutôt s'ils n'ont pas été le triste résultat de l'esprit général d'un siècle voué à toute espèce d'égaremens. Dès-lors il ne serait pas difficile de prouver que s'il y a eu, en France, des établissemens où tous les moyens de combattre cet esprit aient été employés autant que le permettait le malheur des temps, ce furent assurément ceux de l'Université. Je ne m'arrêterai point à toutes les raisons qui pourraient justifier cette assertion; déjà elles ont été suffisamment développées par d'autres écrivains; il ne me reste plus qu'à joindre ici le simple exposé de ce qui se pratique aujourd'hui dans les Colléges royaux de Paris. Comme je ne puis parler pertinemment que de ce qui se passe sous mes yeux, ce sont eux seulement, et surtout celui dont la direction m'est confiée, que je citerai de préférence : d'ailleurs les dispositions qui y sont observées n'étant que le développement et l'application des statuts de l'Université, on peut les regarder comme la mesure de ce qui a lieu dans tous les autres, sauf les modifications qui peuvent résulter des localités et des divers accidens particuliers à chacun d'eux.

C'est un principe qui toujours a été consacré dans l'Université, malgré tout ce que la prévention a pu laisser croire sur ce sujet, que l'Education devait reposer essentiellement sur l'Instruction religieuse (1).

Mais il a été bientôt reconnu que la base la plus solide de cette Instruction devait être la connaissance de l'Histoire sacrée. En conséquence, MM. les Professeurs ont été chargés, chacun dans sa classe, de concourir efficacement à cette étude si précieuse et si nécessaire à leurs élèves, et d'en suivre avec soin tous les développemens.

On met donc entre les mains des enfans, jusqu'en Sixième exclusivement, d'abord le Cathéchisme historique de Fleury, si recommandé par Rollin ; puis l'Abrégé de Mésenguy. Les élèves sont tenus d'en apprendre un chapitre chaque jour.

En Cinquième commence l'Histoire abrégée de Lhomond, jusqu'en Troisième inclusivement.

En Seconde et en Rhétorique, l'Abrégé de Royaumont et le Discours de Bossuet sur l'Histoire universelle. On y ajoute la lecture et la récitation du poème de la Religion et des Odes sacrées de J.-B. Rousseau.

C'est ainsi que, préparés chaque jour par ces connaissances acquises dans un degré proportionné à leur âge, et ramenés sans cesse aux idées religieuses, les élèves entrent dans les Catéchismes munis de tout ce qui peut leur faciliter l'étude dogmatique de leur religion et la leur rendre plus attrayante.

Il y a deux Catéchismes par semaine : le premier, pour les commençans ; l'autre, pour les premiers communians. Ceux-ci reçoivent encore des instructions particulières, et sont soumis à une retraite à l'approche de la première communion.

(1) Voyez seulement le réglement du 17 septembre 1808.

Outre ces deux Catéchismes, une conférence a lieu tous les dimanches, particulièrement pour les élèves des plus hautes classes, et cela indépendamment de l'instruction générale à l'office et des sermons prononcés aux grandes fêtes.

De plus, il est une autre mesure scrupuleusement observée : en tête de sa copie, chaque élève, suivant l'antique usage de l'Université, écrit un verset ou deux de l'Évangile, qu'il est tenu d'apprendre par cœur, en français dans les classes élémentaires; en latin, dans celles de grammaire; en grec, dans celles d'humanités et de belles-lettres.

On apprend également l'Évangile de chaque dimanche; et tous les soirs, après la prière, on fait, pendant un quart-d'heure, la lecture d'un livre de piété.

Ainsi, toutes les parties de l'Instruction profane, sanctifiées par l'Instruction religieuse, se trouvent sans cesse arrosées *par ces eaux vives qui rejaillissent vers la vie éternelle.*

Que pouvons-nous faire de plus? Nous jetons à pleines mains la semence : à Dieu seul appartient de donner l'accroissement.

Voilà pour l'Instruction religieuse;

Voici maintenant pour la pratique.

Mais quoi ? voudra-t-on continuer à me suivre dans l'exposé de ces détails fastidieux par leur minutie, et pourtant si essentiels par leurs résultats? Je crois pouvoir l'espérer; car, sans doute, ils ne paraîtront pas superflus aux dépositaires du bonheur public, à ces hommes qui, pour la plupart, au titre de pères de famille, aspirent à joindre encore celui de pères de la patrie : ils ne se contenteront pas de parcourir ces feuilles insuffisantes ; ils feront plus, ils viendront eux-mêmes s'assurer de la réalité des faits. C'est tout ce que nous demandons ; car dès-lors tomberont bien plus aisément ces préventions funestes dont on cherche à les environner, et qu'un esprit d'envie, de calcul ou de cupidité se plaît à accréditer.

Venez donc au milieu de nous, vous qu'anime un amour sincère de la vérité et du bien public, et qui sentez combien peuvent être funestes pour nos établissemens les effets des faux rapports et de la calomnie.

Venez dans nos asiles. Voyez-y nos jeunes élèves dans leurs salles respectives, rangés à genoux, dans le plus grand ordre, et procédant ainsi, soir et matin, en silence et dans le plus grand recueillement, à la prière commune ; voyez-les commencer et finir toutes les classes, tous les exercices du jour, par cet acte de piété.

Assistez, avec eux, les dimanches et fêtes, à la messe et à l'office chantés, ainsi qu'à la messe du jeudi. Observez l'ordre de l'entrée et de la sortie de la chapelle ; voyez comment ils se rangent à leurs places, dans quelle attitude ils s'y tiennent ; l'obligation où ils sont tous d'avoir leur livre et d'y suivre les prières, de se mettre à genoux, etc. (1).

Suivez-les au tribunal de la pénitence, chaque samedi, et remarquez l'ordre des confessions réglé de manière que tous soient entendus au moins tous les deux mois sans qu'aucun puisse se soustraire à cette obliga-

---

(1) Leur livre d'Office est le *Manuel des jeunes Etudians*, de l'abbé Bastiou, revu et augmenté par M. l'abbé Guyon, Aumônier du Collége ; livre capable, si les instructions qu'il renferme étaient bien lues et bien suivies, de former à lui seul des écoliers vertueux et chrétiens.

tion, et de manière aussi que quelques-uns puissent être confessés plus souvent, s'ils en éprouvent le desir ou le besoin.

Voilà pourtant ce que vous verrez exactement pratiqué dans ces prétendus repaires d'athéisme ! Aussi tous les jours recueillons-nous les fruits de ces dispositions. Des communions nombreuses aux grandes fêtes ; quelques-unes qui ont lieu assez souvent les simples dimanches : tels sont les résultats du talent et du zèle éclairé de l'Aumônier et de l'exactitude des Prêtres qui le secondent ; et ces derniers actes religieux sont d'autant plus remarquables de la part des élèves, qu'ils ne sont que le fruit de la persuasion, et qu'on craindrait de les leur rendre plus funestes que profitables en leur en faisant une obligation déterminée.

Aussi éloigne-t-on avec soin de leur esprit toute disposition qui les porterait vers cette fausse piété qui asservit la raison au lieu de l'éclairer ; qui rétrécit la pensée et endurcit le cœur, qui met de simples démonstrations à la place des sentimens, et finit le plus souvent par ne faire que de jeunes hypocrites, au lieu de former de vrais chrétiens.

Mais ce qu'on s'attache à imprimer dans leurs cœurs, c'est le respect le plus profond pour les choses sacrées, c'est un amour sincère de la vérité, ce sont les sentimens d'une dévotion pure, qui se manifeste moins par les actes extérieurs que par les bons mouvemens de l'âme, et qui grave profondément en eux ces principes sacrés d'honneur, d'amour du Prince et de la Patrie, seuls capables de faire des sujets soumis et des serviteurs fidèles.

C'est ainsi que la pratique étant éclairée sans cesse

par une instruction solide, l'instruction à son tour se trouve confirmée par une pratique simple, mais exacte et sévère.

Mais ce n'est pas assez d'avoir signalé les établissemens d'Instruction publique comme des repaires d'athéisme et d'immoralité, on les représente encore comme des foyers de rébellion.

Mais quoi! ignorerait-on ou feindrait-on d'ignorer quelles furent les véritables causes de quelques actes d'insubordination dont on a fait tant de bruit, et d'où l'on a cru pouvoir tirer tant d'inductions si peu fondées?

Oublierait-on quels furent, dans le temps, les efforts de la plupart des fonctionnaires des colléges pour repousser ces mains étrangères et puissantes qui venaient organiser le désordre dans nos asiles? Ne sait-on pas avec quelle énergie il fallut entraver les opérations ténébreuses d'un Ministre qui nous accusait de comprimer l'élan de la jeunesse (1); comment il fallut résister aux instigations de quelques parens aveugles, et à l'ardeur bouillante de jeunes esprits qui, plus égarés que pervers, et plus à plaindre que condamnables, croyaient pour la plupart n'obéir qu'à de nobles inspirations, quand ils ne suivaient que le mouvement imprimé par la trahison et par la perfidie?

Enfin, voudrait-on méconnaître combien fut faible, alors même, le nombre (2) de ces jeunes dissidens exal-

---

(1) Voyez l'*Exposé* présenté à la Chambre des Pairs, dans la séance du 13 juin 1815, par le Ministre de l'intérieur.

(2) Pour ne citer que les Colléges royaux de Louis-le-Grand et de Henri IV, sur près de deux mille élèves, tant internes qu'externes, qui fréquentaient alors ces établissemens, il n'y en eut guère qu'une

tés, les uns par l'idée qu'ils allaient servir la Patrie, et les autres par l'espoir d'un avancement prématuré ?

Certes, si quelque chose a dû prouver le bon esprit qui a toujours animé la masse entière des élèves et de ceux qui les dirigent, c'est la tranquillité et la constance avec laquelle ils ont été maintenus dans la ligne du devoir, au milieu de tant de causes de trouble, d'agitation et d'erreurs.

On affirme avec assurance que jamais, en 1814, ni pendant 1815, on n'entendit dans nos établissemens le cri chéri des Français, ce ralliement des cœurs fidèles! Et cependant il est constant que la nouvelle du retour de l'Usurpateur n'y fut accueillie que par le cri de *vive le Roi!* et que déjà Buonaparte commandait en maître dans la capitale, sans que les élèves eussent cessé de signaler le commencement et la fin des classes par cette expression des véritables sentimens de la majorité.

En 1815, dès les premiers jours du mois d'Août, lorsqu'à peine la ville de Paris avait enfin revu dans son sein ce prince si désiré à qui, pour la seconde fois, elle devait son salut, voici comment, à la distribution des prix du Collége royal de Louis-le-Grand, s'exprimait, en finissant son discours, celui qui en dirige l'administration.

« Jeunes élèves, c'est d'après ces principes, c'est
« animé de tels sentimens que vous me verrez rallier,
« dans tous les temps, vos cœurs et vos esprits autour
« de ce trône que viennent de relever pour la seconde
« fois des mains si chères à tout ce qui est Français.

cinquantaine, dans chaque, qui se présentèrent pour être canonniers, et sur ce nombre à peine en resta-t-il trente qui aient persisté. Nous sommes à même d'en fournir la preuve.

« C'est à vous surtout qu'il est donné de recueillir les
« fruits de tout ce qu'elles préparent pour la félicité de
« la génération actuelle. Ah! prévenez par votre amour
« les bienfaits d'un Roi qui ne veut être que le père de
« ses peuples, et qui s'immole au bonheur de ses en-
« fans? Que le cri, si chéri de la Nation, qu'en vain
« on avait voulu désapprendre à vos pères, que ce cri
« qui, retentissant aujourd'hui d'un bout de la France
« à l'autre, ne laisse plus douteux le vœu de tous les
« Français, s'élance aussi du fond de vos cœurs, et que
« chacun répète avec nous :

« Vive le roi ! vivent les Bourbons ! »

Les personnes qui étaient présentes pourraient attester avec quelle allégresse générale cette jeunesse, qu'on dépeint aujourd'hui sous des couleurs si défavorables, sut répondre à cet appel.

Le surlendemain une scène semblable se renouvelait au Collége de Henri IV.

Parlerai-je de celui de Versailles, cité deux fois pour des torts qui n'y existaient plus depuis long-temps? La ville entière a vu l'enthousiasme que firent éclater, en 1814, les élèves de ce Collége, le jour où fut célébrée la Restauration. Tous, leur musique en tête, le mouchoir blanc à la main, et conduits en ordre par leurs maîtres, parcoururent les rues et les places publiques aux cris répétés de vive le Roi ! vivent les Bourbons.

Ce ne seront point les autorités respectables de cette ville qui démentiront ce fait, elles qui plusieurs fois ont daigné nous féliciter, alors que nous avions la direction de ce collége, de l'excellent esprit qui s'y manifestait chaque jour : cet esprit, nous osons l'assurer, n'a pu cesser de s'y maintenir, sauf le très petit nombre de quelques dissidens que le souffle impur de la rébellion a dû atteindre, comme partout, mais dont il a été fait justice.

Des faits aussi positifs répondront mieux, je crois, que tous les argumens, à tant d'inculpations et si graves et si hasardées. Mais que serait-ce, si aux détails que je viens de donner, je joignais tous ceux qui, dans ce Collége, et je pourrais dire dans tous les autres, concernent le matériel, la tenue des élèves dans les salles d'étude, de dessin, d'écriture, dans les classes, aux réfectoires, aux dortoirs, à l'infirmerie, pendant les divers mouvemens, dans les récréations, aux promenades; l'ordre observé pour les sorties chez les parens, la séparation absolue des différens âges, l'exactitude scrupuleuse de la comptabilité, les soins physiques, et ces attentions paternelles qui se multiplient à chaque instant sur les pas des élèves par le zèle de chaque fonctionnaire; enfin l'ordre général de la discipline et cette surveillance exercée sans cesse par des sous-directeurs et des maîtres zélés, sous l'inspection d'un Censeur aussi connu par ses talens que par ses principes (1)? Existe-t-il aucune maison particulière qui puisse présenter autant d'avantages réunis? et pourrait-on se refuser à un sentiment profond de reconnaissance, si je rendais publiques les sages dispositions établies dans toutes ces parties par le Chef respectable (2) qui, pendant cinq années, a gouverné cet établissement avec tant de distinction, et dont il nous a suffi de rassembler les travaux pour en faire éclore les fruits les plus précieux?

(1) M. Deguerle, qui exerce encore aujourd'hui les mêmes fonctions dans ce Collége.
(2) M. de Sermaud.

Ces dispositions, au reste, peuvent être regardées comme à-peu-près communes à tous les autres établissemens, puisqu'elles ne sont, comme nous l'avons déjà dit, que l'application la plus exacte et la plus heureuse des statuts et des réglemens de l'Université. Toutes les bases en ont été posées dans les circulaires éloquentes émanées de ce chef suprême (1), qui long-temps a présidé avec tant d'éclat aux travaux de tous les membres de l'Instruction publique. Qu'on se donne la peine de les parcourir, et l'on verra si tous les principes qui ont animé, dans l'âge d'or de l'ancienne Université, les hommes célèbres dont elle s'énorgueillissait, n'y sont pas professés dans toute leur pureté. C'est alors qu'on ne pourra s'empêcher de reconnaître que celui qui les exposait avec un talent si propre à les faire goûter, a tenté, dans ces temps si difficiles, tout le bien qui pouvait être fait, et empêché, en grande partie, tout le mal qu'on voulait faire : mais trop de détails m'entraîneraient au-delà des bornes que j'ai dû me prescrire.

Au reste, ce ne sont point ici des assertions vagues et dénuées de preuves. Les faits parlent d'eux-mêmes. Tout ce que nous demandons, c'est qu'on vienne au milieu de nous en prendre connaissance, qu'on y vienne l'esprit dégagé de toute prévention, et animé du seul desir de découvrir le vrai. Loin de redouter une telle enquête, nous la sollicitons au contraire avec empressement. Que si quelques imperfections choquaient encore des regards trop exigeans, au moins nous pourrions leur apprendre les causes fâcheuses et indépendantes de nos volontés, qui en retardent la disparition. D'ailleurs, à ceux qui

(1) M. De Fontanes.

voudraient les imputer à défaut de zèle, nous demanderions qu'ils nous montrassent une Institution quelconque, où ne se décelât pas de suite ce caractère ineffaçable de faiblesse et d'impuissance attaché à tout ce qui sort de la main des hommes.

Mais il est bien plus facile, d'un seul trait de plume, de flétrir, dans l'opinion publique, des établissemens qu'on ne connaît pas assez, que d'avoir le courage de suivre avec exactitude nos pénibles travaux, qui, commencés bien avant le jour, souvent nous tiennent encore éveillés quand tout repose autour de nous, et se prolongent dans les heures de la nuit.

Je ne terminerai point ces observations sans y ajouter tout le poids qu'elles doivent recevoir du zèle et des talens connus de MM. les Professeurs attachés à nos établissemens, et qui poursuivent leur carrière avec un désintéressement si recommandable.

Nous avons souvent sous les yeux la collection des devoirs qui, dans les diverses classes, composent pour les élèves la tâche principale de chaque jour : quelle preuve plus éclatante pourrait-on offrir de la pureté de leurs principes, de l'utilité de leurs travaux, et de l'influence heureuse que peut avoir sur la génération actuelle la supériorité de leur talent pour enseigner! Idées morales, religieuses et politiques, toutes présentées sous le point de vue qui convient à chaque âge; pensées ingénieuses ou profondes, agréables ou délicates, fortes ou gracieuses; maximes sûres, sentimens nobles et généreux; tout ce qui est *bon*, tout ce qui est *pur*, tout ce qui est *aimable* s'y trouve, quoi qu'on en ait pu dire; et il est impossible que des jeunes gens, rendus sans cesse attentifs à d'aussi précieuses leçons, ne portent point un jour dans la société les dispositions et les principes qui font les cœurs honnêtes, les bons citoyens et les hommes aimables.

Avec quel empressement ces guides estimables de la jeunesse ne viennent-ils pas, dernièrement encore, de seconder les efforts qui ont été faits pour le perfectionnement des études? Sur une seule invitation de la Commission de l'Instruction publique, qu'il suffit de nommer pour rappeler l'assemblage des plus belles qualités, des plus hauts talens et des lumières les plus étendues et les plus pures, ne les a-t-on pas vus s'entourer avec ardeur des moyens qu'on a pu leur fournir d'ajouter aux branches diverses d'instruction dont ils sont chargés, celle encore de la Géographie et de l'Histoire, dont l'étude jusqu'ici avait été trop peu suivie?

Cependant ces hommes, dont le zèle et l'exactitude semblent redoubler à mesure que les obstacles augmentent, ces hommes qui, pour la plupart, n'ont d'autres ressources que les fruits de leurs travaux, depuis long-temps sont loin de pouvoir recueillir ce qu'ils ont droit d'en attendre, et supportent avec résignation les privations les plus cruelles.

Car enfin, il faut bien le déclarer, telles ont été pour nos établissemens les tristes suites des circonstances désastreuses dont nous sortons, qu'il eût été impossible, sans faire souffrir les élèves dans leurs besoins, de suppléer à l'arriéré considérable causé par des retards forcés dans les paiemens. Toutefois, au milieu d'une si grande pénurie, rien encore de tout ce qui concerne le service et le bien-être des élèves, n'a éprouvé la plus légère altération. Mais qu'en est-il résulté? c'est que nous, Administrateurs, Maîtres et Professeurs, privés depuis près de cinq mois de nos appointemens, nous consacrons notre temps, nos soins, nos talens aux plus pénibles de toutes les fonctions, et nous ignorons si le résultat de nos sacrifices ne sera pas de nous voir bientôt dans l'impossibilité de continuer ces preuves honorables de notre dévouement.

Nous sommes cependant, pourraient dire la plupart d'entre nous, nous sommes les restes de cette *ancienne* Université, Fille aînée de nos Rois, et mère de la saine instruction.

C'est dans son sein que nous avons puisé la connaissance de ces principes conservateurs du goût, des mœurs et de la Religion que nous avons transmis, autant qu'il a été possible, dans la *nouvelle,* et que, malgré tant d'obstacles, nous n'avons cessé d'inspirer à nos jeunes élèves.

Attachés aux premiers établissemens de l'Instruction publique, à ces établissemens dont quelques-uns rappellent encore de si grands souvenirs et qui ont donné tant d'hommes illustres à la Patrie, nous nous sommes toujours maintenus à la hauteur du poste auquel nous avons été appelés. Les ouvrages sortis de nos mains (1), les élèves que nous avons formés, ceux que nous formons encore, peuvent attester tout notre soin à conserver la saine tradition dans l'enseignement. Si, au milieu du bouleversement général d'idées et de doctrines

---

(1) On peut s'assurer facilement que les ouvrages les plus classiques, les plus moraux, les plus religieux et les plus éminemment utiles, surtout pour la jeunesse, qui aient paru depuis long-temps, ont été publiés par des membres de l'Instruction publique. Voyez les écrits de MM. de Bausset, de Frayssinous, de Bonald, de Fontanes, Roger, Campenon, Noël, Amar, de Féletz, Mazure, Leclerc, Letronne, etc., etc.

qui a signalé les temps modernes, les études se sont soutenues dans ce degré de force, de pureté et de perfection qui ne le cède en rien aux temps passés, c'est à nous, nous ne craignons pas de le dire, qu'on en est redevable.

Lorsqu'il n'est point de sacrifices dont notre dévouement puisse être effrayé, voudrait-on nous enlever la consolante espérance de voir au moins se maintenir par nos soins ces grands établissemens, que nos mains jusqu'ici ont su conserver?

Au lieu de ces alarmes cruelles qu'on se plaît à semer sur nos pas, qu'une mesure bienveillante et efficace nous assure une existence honorable, et surtout cette considération, qui est le premier besoin comme la plus douce récompense des hommes éclairés et utiles; et bientôt nous aurons franchi, avec une constance toujours soutenue, ces momens difficiles au-delà desquels la sagesse du meilleur des Rois nous laisse apercevoir un ordre de choses si conforme à nos vœux, et qu'il nous sera si doux de faire apprécier et chérir à la génération confiée à nos soins.

N° III.

QUESTIONS

Sur l'Abrégé de l'Histoire sainte à proposer aux Elèves des Humanités, dans l'examen général de la fin de l'année scolastique.

Nota. M. l'abbé Joly, ex-chanoine régulier de la Congrégation de France, dite de Sainte-Geneviève, retiré aujourd'hui aux Missions étrangères, avait rédigé les questions suivantes pour les élèves du Séminaire de Troyes. Il était Chanoine honoraire de la Cathédrale, et il donnait aux séminaristes des soins purement bénévoles et de complaisance. Plus d'un jeune prêtre de ce diocèse se rappelle sans doute avec reconnaissance que c'est aux utiles conseils de ce respectable guide qu'il a dû le goût de la saine instruction, et l'amour des vertus de son état. Combien ne serait-il pas à désirer que la santé affaiblie et les longues infirmités de ce vénérable ecclésiastique lui permissent de mettre la dernière main aux travaux précieux et immenses que lui ont dictés l'amour de la Religion et le désir d'être utile à la jeunesse (1)? Peu de temps avant la révolution j'avais

---

(1) Je viens d'apprendre que la Providence a permis que ce vœu fût rempli. Dans ce moment même on imprime une partie des ouvrages qui sont le résultat de ses longues veilles, et tout donne lieu d'espérer que le reste sera également livré au public.

eu le bonheur de pouvoir recueillir quelques-unes de ses précieuses leçons : s'il daigne jeter les yeux sur cet ouvrage, puisse-t-il reconnaître qu'elles ne sont point sorties de ma mémoire, non plus que le souvenir de ses bons exemples et la tendre amitié que lui a conservée son fidèle et son dévoué disciple,

L. G. T.

Ordre chronologique des Ages du Monde et des douze Époques de Bossuet. (Histoire Universelle.)

NOTA. — *L'Histoire de la Bible et l'Abrégé de l'Ancien Testament suffisent, avec le petit Tableau de Chronologie qui est à la fin, et une Carte de la Judée, pour répondre à ces questions. L'Abrégé de Lhomond, sur l'Ancien Testament, peut aussi servir pour le même objet.*

Premier Age et première Époque.

1° Qu'est-ce que Dieu ?

2° Comment a-t-il créé le monde ? et en combien de jours ?

3° Que fit Dieu le septième jour ? N'ordonna-t-il pas de le lui consacrer ?

4° Quel jour Dieu a-t-il créé Adam et Eve ? Comment les a-t-il formés ?

5° Où Dieu plaça-t-il Adam et Eve ? Que leur ordonna-t-il ?

6° Adam et Eve obéirent-ils à l'ordre de Dieu ?

7° Comment Dieu punit-il leur désobéissance, et que leur promit-il dans sa bonté infinie ?

8° Qu'est-ce que l'on appelle le *Péché originel*, et quelles en sont les suites ?

9° Qu'arriva-t-il à Caïn et à Abel, premiers enfans d'Adam ? De qui sont-ils l'image ?

Deuxième Age et deuxième Époque. — Déluge en 1656.

10° Que firent les descendans de Caïn dans les siècles suivans ?

11° Comment Dieu les punit-il? et en quelle année ? Qu'est-ce que Noé, l'Arche et le *Déluge* ?

12° Qui se sauva dans l'Arche ? Et quel rapport y a-t-il entre l'Arche et l'Église ?

13° Par qui fut repeuplée la terre ? Quelles sont les contrées où l'on croit que les trois fils de Noé allèrent s'établir ?

Tour de Babel, 1757.

14° Qu'est-ce que *la tour de Babel* ? Que nous apprend cette histoire ?

Troisième Age et troisième Époque. — Vocation d'Abraham, 2083.

15° Qu'est-ce que la vocation d'Abraham ? Quand et pourquoi Dieu l'appela-t-il ?

16° Où était-il? Où vint-il? Qu'est-ce que Dieu lui promit tant de fois ?

17° Comment, et des mains de qui Abraham délivra-t-il Lot, son neveu ?

18° Que fit alors Melchisedech ? De qui fut-il la figure ?

19° De qui Abraham fut-il fils, époux et père ?

20° Quel fut le sacrifice d'Abraham ? Que figurait-il ?

Mort d'Abraham, 2175.

21° Qu'est-ce que l'histoire de Sodome? Qui fut délivré de l'incendie de cette ville, et comment?

22° Quelle différence y a-t-il entre Ismaël et Isaac? De qui furent-ils pères?

23° Comment Isaac bénit-il Jacob au lieu d'Ésaü? Qui en fut la cause?

24° Combien Jacob eut-il d'enfans? Que devinrent-ils?

25° Comment Joseph, l'un d'eux, fut-il vendu, mis en prison, délivré, et comment devint-il le sauveur de l'Égypte et de ses frères? Quel rapport y a-t-il entre lui et Notre Seigneur Jésus-Christ?

Mort de Jacob, 2315.

26° Où et quand mourut Jacob? Que prédit-il à Juda, l'un de ses fils, avant de mourir?

Mort de Joseph, 2369.

27° Qu'arriva-t-il aux Israélites en Égypte, depuis la mort de Joseph en 2369?

Quatrième Age et quatrième Époque. — Moïse, 2513.

28° Qu'est-ce que Moïse? Comment fut-il sauvé et choisi par Dieu pour délivrer son peuple? De qui fut-il fils, époux et frère?

29° Que fit Moïse pour délivrer ses frères de la servitude de l'Égypte, et en quel temps?

30° Qu'est-ce que l'*Agneau pascal*, et le passage de la Mer Rouge, et quel rapport ont-ils avec notre rédemption?

Qu'est-ce que Dieu donna et ordonna à Moïse sur la montagne de Sinaï ?

31° Qu'est-ce que le Tabernacle, le *Parvis* et la mer d'airain, et l'autel des holocaustes ? Le *Saint* et le chandelier à sept branches, la table des pains de proposition et l'autel des parfums ? Le *Saint des Saints* et l'arche d'alliance, le propitiatoire et les Chérubins qui étaient dessus, la manne, la verge d'Aaron, et les tables de la loi qui étaient dedans ?

32° Qu'est-ce que le veau d'or, le serpent d'airain, le rocher d'Horeb ? Que figuraient-ils ?

33° Qu'arriva-t-il à Nadab et Abiu, à Coré, Dathan et Abiron ? Que nous enseigne leur histoire ? Qu'est-ce que Balaam et les douze espions ?

34° Qu'est-ce que c'était que la manne ? Que représentait-elle ? Combien de temps les Israélites en furent-ils nourris ? Que fit Dieu quand ils méprisèrent cette manne ?

35° Quand mourut Moïse ? De qui fut-il l'image ? Prédit-il un autre libérateur ?

36° Quel fut son successeur ? Comment Josué passa-t-il le Jourdain, prit-il Jéricho, et partagea-t-il la terre promise aux douze tribus ? Quand arrêta-t-il le soleil ?

Gouvernement des Juges, de 2570 à 2909.

37° Depuis la mort de Josué, en 2570, par qui les Israélites furent-ils gouvernés ?

38° Qu'est-ce que la mort de Sisara, la victoire de Gédéon, vers 2760 ? Le vœu de Jephté, vers 2817 ?

Cinquième Époque. — Prise de Troie, 2820.

39° Quelle est l'histoire de la vie et de la mort de Samson ? Et en quel temps a-t-il vécu ?

40° Qu'est-ce que Samuel ? Où et comment fut-il élevé ? Que fit-il quand Dieu l'appela, et lui fit connaître sa sainte volonté ?

Prise de l'Arche, 2888.

41° Qu'arriva-t-il à l'arche, à Héli, à Ophni et Phinées dans une guerre contre les Philistins en 2888 ? Où fut alors placée l'arche qui, depuis plus de trois cents ans, était à *Silo*, tribu d'Éphraïm ?

Sacre de Saül, 2909. — Sacre de David, 2934.

42° Quel rapport eut Samuel avec Saül et David ? Quand et par quel ordre les sacra-t-il rois d'Israël et mourut-il ?

Mort de Samuel, 2947.

43° Combien de temps régna Saül ? Quand, pourquoi et comment périt-il ?

44° Comment s'appelaient la Tribu et le père de David ? A quel âge et en quelle année fut-il choisi pour roi ?

45° Depuis le sacre de David, en 2934, jusqu'à la mort de Saül en 2949, qu'éprouva-t-il de la part de ce prince, et que lui opposa-t-il ?

46° Qu'est-ce que la défaite de Goliath ? La harpe de David ? Les Cantiques du Prophète-Roi ?

Mort de Saül, 2949.

47° Quand David monta-t-il sur le trône ? A quel âge ? Combien d'années régna-t-il ? Fut-il victorieux ?

Transport de l'Arche, 2960.

48° En quelle année et comment transporta-t-il l'Arche de Cariathiarim à Jérusalem ?

49° Quand commit-il le crime qu'il pleura vingt ans? Quand éprouva-t-il la révolte de son fils Absalon, et la peste qui affligea son royaume? De qui fut-il la figure?

50° De quelle utilité sont ses Psaumes? Et que nous enseignent ces divins Cantiques, tout à-la-fois historiques, dogmatiques, moraux et prophétiques?

<small>Mort de David, 2989. — Cinquième Age et sixième Époque. — Dédicace du Temple, 3000.</small>

51° Quel fut le successeur de David? Que demanda-t-il à Dieu, et que fit-il d'abord pour remplir les desseins de Dieu et de David au sujet du temple? Quand en fit-il la dédicace?

52° Qu'est-ce que l'on appelle le Jugement de Salomon? Quel fut le motif du voyage de la Reine de Sabba à Jérusalem?

53° Quelles furent d'abord la sagesse et la prospérité de Salomon? Que dites-vous de sa chute? Quelle leçon nous donne-t-elle?

54° Les règnes de Saül, David et Salomon ayant duré chacun quarante ans, en quelle année placez-vous leur commencement et leur fin?

<small>Schisme des dix Tribus, 3029.</small>

55° Comment arriva la séparation des dix tribus sous Roboam, et quel fut le commencement du schisme?

56° Que fit Jéroboam I pour consommer et consolider ce schisme?

<small>Prophètes particuliers, Nathan, Élie, etc.</small>

57° Depuis la mort de Samuel, en 2947, Dieu n'envoya-t-il pas d'autres prophètes avant les seize dont nous avons les écrits, tels que Nathan à David, en 2970, Gad en 2987, Achias à Jéroboam I en 3029,

Élie et Élisée vers 3100 à Achab et Jézabel ? Donnez-nous une idée de ce qu'ils firent et dirent ?

58° Quand et comment Élie ressuscita-t-il le fils de la veuve de Sarepta, et fit-il périr les prêtres de Baal après un sacrifice ?

59° Comment Élie prit-il Élisée pour disciple, et comment monta-t-il au Ciel ?

60° Quels sont les traits et les miracles les plus frappans d'Élisée au Jourdain, chez la Sunamite, envers Naaman, etc. ?

Achab et Josaphat, vers 3100.

61° Qu'est-ce qu'Achab, roi d'Israël ? Qu'était Jézabel ? La vigne de Naboth ? Comment Jéhu fut-il choisi par le Seigneur et fit-il périr Jézabel, Joram et les autres enfans d'Achab ?

62° Quels furent les successeurs de Roboam, roi de Juda, jusqu'à Josaphat, vers 3100 ? Comment régna ce prince ? et quels furent ses rapports avec l'impie Achab et le prophète Michée ?

Mort d'Athalie, 3126.

63° Qu'arriva-t-il à Joram, fils de Josaphat, à Athalie, son épouse, à Ochosias son fils, et à Joas son petit-fils ?

64° Que fit Joas, roi de Juda, après la mort du grand-prêtre Joiada ?

65° Quelle fut la suite des rois de Juda jusqu'à Ézéchias ?

Achaz, 3262.

66° Pourquoi le roi Ozias fut-il frappé de lèpre ? Pourquoi Achaz appela-t-il le premier en Judée les rois d'Assyrie ? Qu'y fit Téglatphalasar ?

Septième Époque. — Rome fondée, 3250. — Défaite de Sennachérib, 3292.

67° Que fut Ézéchias, roi de Juda, en 3278? Comment arriva sa guérison miraculeuse? et la destruction de l'armée de Sennacherib?

Captivité des dix Tribus, 3283.

68° Quels furent en général les règnes et les crimes des dix-sept ou dix-huit rois d'Israël? Comment Salmanasar détruisit-il ce royaume en 3283?

Que dit-on des règnes de Manassès, fils d'Ézéchias? d'Amon, et du pieux Josias, mort en 3394? Combien compte-t-on de rois de Juda de 3029 à 3416?

Sixième Age, huitième Époque. — Délivrance de la captivité de Babylone, 3468.

69° Qu'arriva-t-il, en punition de leurs crimes, aux enfans de Josias : c'est-à-dire à Joachaz de la part de Nechao, roi d'Égypte? à Joachim, à Jéchonias, fils de ce Joachim, et à Sédécias? Quel fut le sort de Jérusalem? Celui des Juifs? Comment le temple fut-il traité par Nabuchodonosor II? 3398, 3405 et 3416?

70° Après soixante-dix ans de captivité à Babylone, comment et par qui les Juifs furent-ils délivrés en 3468? Qui les ramena à Jérusalem?

Dédicace du second Temple, 3487. — Néhémias, 3550. — Mort d'Alexandre, vers 3680.

71° Par le zèle de qui le temple fut-il reconstruit et dédié en 3487?

72° Comment Esdras, prêtre, et Néhémias, échanson du roi Artaxerces, rétablirent-ils la loi de Dieu et les murailles de Jérusalem?

73° Depuis le retour de la captivité, en 3468, jusqu'aux Machabées, vers 3850, les Juifs ne furent-ils pas gouvernés en grande partie par leurs souverains Pontifes sous la dépendance des rois de Perse jusqu'à Alexandre, et depuis lui sous celle des rois de Syrie ou d'Égypte ?

Neuvième Époque. — Prise de Carthage, 3802. — Héliodore, 3828.

74° Comment Héliodore, chargé en 3828 par le roi de Syrie, Séleucus-Philopator, d'enlever les trésors du Temple, sous le grand-prêtre Onias, fut-il puni ?

Antiochus-Épiphanes et les Machabées, vers 3838.

75° Comment Jason, Ménélaüs et Lysimaque, trois frères jaloux de la dignité d'Onias, attirèrent-ils les fureurs d'Antiochus-Épiphanes contre les Juifs ?

76° Quelle fut la mort et du courageux Éléazar, et des sept frères Machabées avec leur mère ?

77° Quelles furent les cruautés de l'impie Antiochus pour détruire la religion des Juifs.

78° Que firent Mathatias et ses enfans Judas Machabée, Jonathas et Simon, pour sauver leur religion et leur patrie ?

79° Que fit le pieux Judas Machabée dans le temple, quánd il eut délivré Jérusalem ?

Mort de Judas Machabée, 3843.

80° Quelle fut la punition d'Antiochus-Épiphanes ? Quelles furent les victoires de Judas Machabée ? Comment fit-il offrir des sacrifices pour ses frères tués dans les combats ? Quelle fut sa mort ?

Fin de l'Histoire de la Bible, 3869.

81° N'est-ce pas en 3869 que finit l'Histoire sacrée de l'Ancien Testament, par l'assassinat de Simon, quatrième frère de Judas Machabée? Son fils Hircan ne gouverne-t-il pas à sa place? Ses descendans ne règnent-ils pas après lui sous le nom de Rois Asmonéens, jusqu'à Hérode-le-Grand, Iduméen, dont le royaume finit par être une province romaine? Exposez ces différens faits?

Job, Tobie, Judith, Esther.

82° Qu'est-ce que l'histoire de Job, vers 2540? de Tobie, vers 3290? de Judith, vers 3348, sous Nabuchodonosor Ier? d'Esther, vers 3495, sous Darius, fils d'Hystaspes, appelé Assuérus?

Grands et petits Prophètes, de 3100 à 3550.

83° Combien compte-t-on de grands et petits prophètes depuis Osée et Jonas, les premiers vers 3200 jusqu'à Malachie, le dernier vers 3550?

84° Que doit-on penser des prophéties d'Isaïe qui prophétisa depuis 3220 environ, jusque vers 3300?

85° Que prophétise surtout Jérémie, depuis 3375 jusque vers 3420?

86° Que dit-on des prophéties d'Ézéchiel dans la Chaldée, vers l'an 3410?

Daniel. — Fournaise. — Suzanne. — Fosse aux Lions. — Bel.
(De 3408 à 3480.)

87° Que nous apprend l'histoire de Daniel captif à Babylone, sur les trois enfans dans la fournaise? Sur Nabuchodonosor II changé en bête en 3444? Sur la chaste

Suzanne? sur Daniel dans la fosse aux lions, en 3466 ? Sur la condamnation de Balthazar, en 3468 ? Sur l'idole de Bel, en 3442 ? et sur les quatre grands empires ? Quel rapport les Septantes semaines, ou les quatre cent quatre-vingt-dix années de Daniel, ont-elles à la mort de Jésus-Christ et à la ruine de Jérusalem ?

<small>Septième Age et dixième Époque. — Ère chrétienne, 4000.</small>

88° Quelles sont les principales circonstances du mystère de l'Incarnation ? de la Naissance ? du Baptême ? de l'Élection des Apôtres ? de la Prédication ? des Miracles ? de la Transfiguration ? de la Passion ? de la Mort ? de la Résurrection ? et de l'Ascension de Jésus-Christ, notre divin Rédempteur ?

<small>Établissement de l'Église.</small>

89° Qu'est-ce que la Descente du Saint-Esprit ? la Prédication de S. Pierre, Prince des Apôtres ? la Conversion de S. Paul ? la publication de l'Évangile et l'établissement de l'Église par les Apôtres, jusqu'à la mort de S. Jean, vers l'an 1 de Trajan, ère vulg. 98.

<small>Géographie de la Terre-Sainte.</small>

90° Qu'est-ce que l'on appelle Terre de Chanaan ? Palestine ? Judée ? Terre promise ? A quel degré de latitude septentrionale et de longitude est-elle située ? Combien en renferme-t-elle ? Quel est le cours du Jourdain ? Qu'est-ce que la mer de Génasareth ou lac de Tibériade ? la mer Morte ou lac Asphaltite ? Qu'est-ce que les torrens de Cédron ? de Cison ? d'Arnon et de Jaboc ? Où sont situées les villes de Betsaïde ? de Tibériade ? de Cana ? de Capharnaüm ? de Nazareth ? de Samarie ? de Sichem ? de Sidon ? de Tyr, de Sarepta ?

de Césarée? de Jéricho? de Jérusalem? d'Hébron? de Bethléem? de Gaza? d'Ascalon? de Dan au Nord? de Betsabée au Midi? Enfin quelle était la distribution des douze Tribus, et la situation des Syriens? des Philistins, des Amalécites? des Iduméens? des Moabites? des Ammonites et peuples de l'Arabie?

> In omni opere bono fructificantes, crescentes in scientia Dei, omnia in gloriam Dei facite. (S. PAUL, *Phil.*)

N° IV.

RÉGLEMENS

1° *Pour les Maîtres surveillans des Colléges* (1); 2° *pour les Maîtres d'Étude;* 3° *pour les Elèves ayant le titre de Chefs.*

C'ÉTAIT pour le Collége de Versailles que j'avais rédigé les dispositions réglementaires qu'on va lire. Elles ne sont en elles-mêmes que le développement des statuts de l'Université : je les ai appliquées, dans la suite, au Collége de Louis-le-Grand, après y avoir fait quelques modifications, et en y réunissant une partie des sages réglemens que j'avais trouvés établis par mes prédécesseurs.

Deux motifs m'ont engagé à insérer ici tout ce travail. Le premier est, qu'en prenant connaissance des

---

(1) Ce sont, à proprement parler, les *Sous-Directeurs* ou *Sous-Censeurs;* mais l'administration universitaire n'admettant point ce dernier genre de fonctions, j'avais été obligé de recourir à cette dénomination.

attributions diverses des maîtres d'étude dans nos Colléges, on apprenne à mieux apprécier la nature et l'importance de leurs fonctions. Lorsqu'on lira ces détails, on sentira, peut-être, quels titres acquièrent, chaque jour, à la reconnaissance générale, les maîtres qui remplissent leurs devoirs avec zèle et avec exactitude. Peut-être, aussi, finira-t-on par reconnaître qu'il serait juste et convenable de placer ces utiles fonctionnaires dans un rang et dans une situation qui leur fissent au moins entrevoir un avenir, et leur donnassent des droits à quelqu'avancement dans la carrière de l'Education. Les travaux auxquels ils se consacrent, et dans lesquels plusieurs voient souvent s'écouler les plus belles années de leur vie, supposent des connaissances et des qualités qui doivent faire regarder leurs fonctions comme une des parties les plus essentielles de l'Instruction publique. N'est-il pas singulier que le temps qu'ils y auront donné, ne leur soit compté pour rien dans la hiérarchie universitaire ? Qu'elles ne soient donc confiées alors qu'à des Agrégés, s'il est possible ; car c'est là seulement que ceux-ci peuvent se former de bonne heure à l'habitude de tenir des élèves, et à la connaissance des détails de l'Administration scolaire.

Le second motif qui me détermine à faire connaître ces réglemens de détail, est que, ces mesures pouvant être appliquées à tout Collége particulier comme à toute Institution quelconque un peu considérable, il est possible que quelques Chefs ne soient pas fâchés de trouver, sur cet objet, un travail tout fait, conforme à l'esprit des statuts et des réglemens généraux de l'Université.

MM. LES MAITRES SURVEILLANS.

DISPOSITIONS GÉNÉRALES.

Il y a trois maîtres surveillans: un par chaque division.

Ils sont sous la direction immédiate de M. le censeur.

Ils ont la haute inspection et la surveillance générale de leur division.

Les maîtres, les élèves, les domestiques leur sont essentiellement subordonnés.

Ils prennent une connaissance exacte de tous les réglemens; ils sont d'autant plus attentifs à les bien étudier, qu'ils sont spécialement chargés de surveiller l'exécution de tous.

Salles d'étude, classes, dortoirs, réfectoire, chapelle, salles de dessin, d'écriture, d'armes, de danse, de musique; retenues, arrêts, infirmerie, cours, parloir, promenades, etc., tout est soumis à leur inspection.

Ils s'assurent sans cesse si l'ordre règne partout; ils assistent à tous les mouvemens; ils surveillent, d'une manière particulière, les domestiques, et rendent compte de leur conduite, ainsi que de celle des maîtres, élèves et employés dans l'Établissement. En un mot, c'est sur eux que repose tout le maintien de la discipline. Pendant les classes, un des maîtres surveillans, à tour de rôle, fait plusieurs tournées dans les cours, pour recueillir les élèves qui seraient hors des classes, et les faire conduire aux arrêts.

MM. les maîtres surveillans reçoivent chaque jour les rapports de MM. les maîtres, et se rendent, à sept heures et demie, au cabinet de M. le proviseur, à qui ils rendent un compte exact de tout ce qui concerne leur division respective.

MAITRE SURVEILLANT DE LA Ire DIVISION.

DISPOSITIONS PARTICULIÈRES.

Le Maître surveillant de la première Division fait de fréquentes visites au Parloir, surtout pendant les récréations. Il veille à ce que les Élèves ne s'y rendent pas sans y être demandés.

Il s'assure, tant par lui-même que par les portiers, qu'il ne vient point dans le parloir de personnes suspectes.

S'il y aperçoit des dégradations, et qu'il n'en connaisse pas les auteurs, il en prévient de suite M. le Proviseur; et la Comptabilité retient les frais des réparations sur les gages des portiers.

Tous les jours, à la sortie des Classes, il a soin de se porter au passage de la première cour à la seconde, pour y faire défiler les Élèves.

Les jours de promenade, au moment du départ, il vérifie le nombre des Élèves, dans les compagnies des trois Divisions, et en signe l'état que chaque Maître lui remet de suite. Après le départ, il le porte chez M. le Proviseur. Il s'assure, en outre, si les compagnies des deux premières Divisions marchent en ordre, si elles se rendent aux lieux désignés, et si elles s'y conduisent comme il est dit dans le Réglement du Collége.

Dans le temps des bains, il y conduit les Élèves, comme le porte l'ordre donné pour les bains.

MAITRE SURVEILLANT DE LA IIe DIVISION.

Le Maître surveillant de la deuxième Division est chargé toute l'année de la retenue des deux premières Divisions, tant au Collége qu'à Vanvres.

Les jours qu'on ne va pas à Vanvres, il reste à la Maison, pour surveiller les retenues des première, deuxième et troisième divisions, l'infirmerie, les prisons, l'intérieur de toute la maison; et il reçoit à la grille les compagnies au retour de la promenade.

MAITRE SURVEILLANT DE LA IIIe DIVISION.

Le Maître surveillant de la troisième Division surveille les compagnies de sa Division pendant les promenades. Lorsqu'on va aux bains, il est chargé de la surveillance de toutes les compagnies du Collége, pendant les promenades.

RÉGLEMENT

POUR MM. LES MAITRES D'ÉTUDE.

Il est deux choses sur lesquelles MM. les Maîtres d'étude doivent être prévenus avant tout, parce qu'elles sont la base de toutes leurs obligations.

La première, c'est qu'en vertu du titre second, paragraphe v, article xliii du Réglement général de l'Université, *ils ne peuvent quitter les élèves qui leur sont confiés que pendant le temps des leçons.*

La seconde, qui n'est qu'une conséquence de la première, c'est qu'ils doivent se tenir disposés, au premier avis qu'ils reçoivent, à se conformer à toutes les dispositions que des cas inattendus peuvent faire prendre; de sorte que, sous aucun prétexte, il ne puissent prétendre se dispenser des diverses fonctions qu'on peut demander d'eux pour tout ce qui tient à l'ordre général et particulier, à la discipline, à la surveillance, à l'instruction.

Ainsi, par exemple, les retenues générales ou extraordinaires qui viennent à avoir lieu, les rentrées subites dans les salles d'étude, pour cause de pluie survenue, et pour tout autre motif, les promenades inaccoutumées, les congés extraordinaires, les remplacemens de Professeurs qui ne pourraient prévenir à temps, les remplacemens même de leurs confrères, qui se trouveraient forcément absens, et beaucoup d'autres cas qui ne peuvent être prévus, tels sont les objets pour lesquels MM. les Maîtres d'étude doivent s'attendre à être quelquefois contrariés dans leurs arrangemens; c'est à eux à n'en point prendre qui ne soient subordonnés à ces obligations premières, de manière que le Maître qui viendrait à être indiqué ne puisse point alléguer que ce n'est point à son tour; sauf cependant à lui à s'arranger avec un autre Maître pour tenir sa place, si des raisons plausibles l'appelaient ailleurs, mais après en avoir prévenu les supérieurs.

Trop de graves inconvéniens peuvent résulter de cette disposition à se refuser à ce qu'on peut être obligé de leur demander hors des cas ordinaires, pour qu'on ne sente point la nécessité de ne point admettre de réclamations à cet égard.

PRINCIPE GÉNÉRAL. — *Les élèves ne doivent jamais être livrés à eux-mêmes.*

Cela établi, voici le simple exposé des diverses fonctions que MM. les Maîtres ont journellement à remplir.

FONCTIONS DU MATIN.

LE LEVER, *pendant l'été, à cinq heures pour cinq heures et demie les jours ordinaires ; le lendemain des jours de congé, à six heures ; pendant l'hiver, une demi-heure plus tard.*

MM. les Maîtres d'étude se font réveiller, avant les élèves, chacun par le domestique de son Dortoir.

Ils sont prêts et habillés dans le premier quart-d'heure.

Ils assistent au lever des élèves; ils font observer le plus profond silence, et veillent à ce que les élèves s'habillent avec la plus grande décence. Ils n'accordent jamais de permission de rester au lit après les autres.

Ils jettent habituellement un coup-d'œil sur l'habillement de chaque élève; et si les effets de rechange n'ont pas été complètement remis, ils ont soin de le faire savoir.

Avant de sortir du dortoir, ils inspectent la tenue des élèves, et s'assurent s'ils sont complètement habillés. Ils ont soin d'observer l'état où se trouvent les habits, vestes, pantalons, bas et souliers, etc. ; ils en font mention sur le rapport du jour.

Ils veillent soigneusement à ce qu'aucun vêtement ne soit porté dans les salles d'étude.

Ils prennent garde à ce que les élèves, sous la direction des chefs de salle, se rendent, sur deux rangs, dans le plus grand ordre, et en silence, à la salle d'étude. Là, les chefs les font mettre, dans le même ordre, à genoux hors des places, et l'on fait la prière.

La Prière.

MM. les Maîtres, pendant la première quinzaine du renouvellement des Classes, et chaque fois qu'un élève arrive, ont soin de s'assurer si tous savent très exactement leurs prières du soir et du matin, et ils les font apprendre à ceux qui ne les sauraient pas bien. Pour en être plus sûrs, ils exigent que chacun les copie le plus soigneusement possible en tête de son cahier de devoirs.

Ils font dire la prière chaque jour à un nouvel élève, à tour de rôle, en commençant par le premier chef de salle, et en suivant par subdivisions.

Ils ont soin qu'elles soient récitées à haute et intelligible voix, avec onction et gravité, et que tous y assistent avec l'attention et le recueillement qu'on doit apporter à un acte aussi important.

Ils n'accordent jamais de sortie pendant qu'elle a lieu.

Récitation des Leçons.

Dans l'étude qui suit la prière, MM. les Maîtres corrigent les devoirs, déchirent les copies mal faites, les font refaire, et en donnent note à MM. les Professeurs.

Une demi-heure avant la fin de l'étude, ils font réciter les leçons aux élèves, et en font passer la note à MM. les Professeurs.

Ils exigent dans cette récitation la plus grande netteté, une juste lenteur, une articulation ferme, une prononciation pure, une manière naturelle de s'exprimer, ne souffrant point de répétition de mots, d'hésitations, d'ânonnement, et, surtout, ce chant monotone, cette précipitation trop ordinaire aux élèves de toutes les écoles. Toute leçon qui n'est pas récitée d'après cette méthode, à laquelle il faut exercer les élèves, n'est pas sue. MM. les Maîtres en prennent note, et veillent, avec le plus grand soin, à cet article important de la bonne éducation et des bonnes études. (1)

Le Déjeuner.

Ils donnent chaque jour la liste de leurs élèves, et s'assurent de leur nombre pour le déjeûner : ils veillent à ce qu'il n'y ait point d'erreur sur cet article, ce qui deviendrait un sujet d'embarras pour le crédencier ou le domestique. Ils font laisser les paniers dans les salles d'étude, et exigent que chaque élève y dépose le reste du pain qu'il ne veut pas manger, de manière qu'on n'en voie jamais traîner le plus petit morceau sur les tables, sur les baraques, et encore moins par terre. (*Point essentiel*).

Ils ne permettent d'aller à l'infirmerie qu'avec un laissez-passer, qu'ils signent et qu'ils datent. Ils ont soin d'exiger que les élèves soient rentrés au bout du quart-d'heure accordé, et prennent note de ceux qui y manqueraient.

Entrée des Classes. — *A huit heures et demie jusqu'à dix heures et demie.*

L'heure des classes sonnée, chaque Maître fait descendre en ordre, toujours sur deux rangs, et en silence,

---

(1) Cet objet leur est spécialement recommandé, et ils doivent tous penser que ce ne sera qu'avec des efforts soutenus et une attention particulière, qu'ils parviendront à obtenir progressivement le résultat désiré ; ils peuvent donc être moins exigeans d'abord, pour l'être beaucoup ensuite, à mesure que les élèves auront été exercés.

les élèves de sa Division, avec livres et cahiers, et ferme soigneusement les portes des salles et dortoirs; il remet lui-même, au professeur, les copies et les notes.

FONCTIONS DU MILIEU DU JOUR.

Dessin, Écriture. — *Depuis dix heures et demie jusqu'à onze heures et demie.*

MM. les Maîtres qui sont de service avec MM. les sous-Directeurs, pour le Dessin et l'Écriture, ont toujours l'attention d'être rendus un peu avant la sortie des Classes. Ils accompagnent les élèves dans leurs salles de Dessin et d'Écriture.

Nota. — Des mesures nouvelles sont établies pour donner à ces deux exercices intéressans tout le degré de perfection et d'utilité dont ils sont susceptibles, et pour exciter l'émulation des élèves.

Étude. — *A onze heures et demie.*

A la sortie de ces deux leçons, MM. les Maîtres se trouvent dans les cours; ils ramènent les élèves en ordre et en rang, ne souffrent point de traîneurs, et les mettent de suite en place et à l'étude. Ils prennent connaissance du devoir, font des tournées fréquentes, inspectent les cahiers et copies, et font quelques corrections à la fin de l'étude.

Pour le papier, les plumes, les habillemens, ils envoient le garçon de salle et jamais les élèves.

Le Dîner. — *A midi et demi.*

A l'heure du dîner, ils font descendre en ordre, en rang et en silence, et accompagnent les élèves jusqu'au réfectoire. Ils y entrent en même temps qu'eux, et aident à y maintenir le bon ordre et le silence.

Le *Benedicite* se dit avec solennité, les élèves étant debout. Immédiatement après le *Benedicite*, MM. les Maîtres aident à compléter les tables : ils dînent avec les élèves, et ne cessent d'exercer sur eux une exacte surveillance. Ils maintiennent l'ordre général ; et, particulièrement, veillent sur les élèves de leurs salles respectives. Si le Maître surveillant de leur Division est absent, le plus ancien d'entr'eux le remplace dans ses fonctions, pour tout ce qui a rapport à la tenue du réfectoire.

Au premier signal donné, ils veillent à ce que les serviettes se ploient avec les couverts.

La durée du repas est prolongée jusqu'à ce qu'il soit reconnu que tout le monde a eu le temps suffisant pour dîner. Les élèves attendent en silence qu'on ait fini, et ne se lèvent qu'au second signal donné par M. le Maître surveillant.

MM. les Maîtres sont invités à prolonger le moins possible cette attente.

Les *Grâces* dites comme le *Benedicite*, ils se rangent auprès de leurs divisions respectives, et les accompagnent jusqu'à la cour, en ayant soin de ne jamais laisser d'élèves en arrière. En général, dans tous les mouvemens, ils ne permettent qu'on rompe les rangs dans la cour qu'après que le Chef de Division en a donné l'ordre.

RÉCRÉATION.

Le samedi, pendant la récréation qui suit le dîner, les élèves qui ont besoin d'habits sont appelés par l'employé chargé de l'habillement.

Pendant les récréations, un maître reste dans chaque cour, et veille sur sa Division, sous l'inspection de MM. les Maîtres surveillans. Il empêche les élèves de jouer aux jeux qui leur sont défendus, tels que ceux de la toupie, du bâtonnet, du cerceau, du cheval fondu, enfin à toute espèce de jeux qui peuvent entraîner des accidens.

Ils veillent à ce qu'ils ne jettent point de pierres, et ne causent aucun dommage ni aucune dégradation, etc. ;

Qu'ils ne se permettent jamais de lâcher de l'eau près des bâtimens, et ailleurs qu'aux latrines;

Que jamais les élèves d'une Division ne passent dans une autre, et ne se tiennent même près des portes qui les séparent, et ne s'arrêtent jamais près de celles des portiers.

Ils empêchent toute querelle, toute batterie, tout rassemblement tumultueux, toute criaillerie indécente et trop bruyante.

Ils prennent garde qu'il n'échappe jamais impunément aux élèves aucune expression malhonnête ou grossière, et surtout aucun jurement.

Ils veillent à ce qu'ils ne manquent jamais de saluer poliment, et de se ranger avec respect, quand un étranger, quel qu'il soit, vient à passer dans la cour.

Ils ne souffrent pas qu'ils s'étendent par terre, ou se traînent dans la poussière, ou se permettent aucuns jeux de mains, ni aucune de ces manières si opposées à la bonne éducation.

Enfin ils font une grande attention aux élèves qui se recherchent pour s'isoler, pour se mettre dans un endroit à l'écart, et avoir des entretiens particuliers; ils ont soin de les ramener auprès des autres, et en vue de tout le monde, etc., etc.

Il est peu d'exercices où la surveillance et les attentions paternelles de MM. les Maîtres soient plus essentielles et d'une plus grande importance.

Les élèves une fois accoutumés à se sentir observés avec une grande exactitude, s'observent bientôt eux-mêmes, et finissent par perdre leurs mauvaises habitudes, et par en prendre de convenables. Cette active surveillance s'exerce avec bien plus de soin encore dans les salles d'étude, quand le mauvais temps oblige à y tenir les élèves.

Il est bien essentiel que MM. les Maîtres leur fassent perdre insensiblement ce mauvais ton, ces manières ignobles, et l'habitude de ces vociférations, de ces mouvemens tumultueux, de ces jeux bruyans, qui sont intolérables partout, mais surtout dans un endroit renfermé.

Dès que les élèves se permettent la moindre infraction à cet ordre, MM. les Maîtres les font mettre en place, et l'étude commence. S'il y a résistance marquée à leurs ordres, ils font une retenue générale.

Que, dans les commencemens, ils tiennent sévèrement la main à ces dispositions, et ils auront bientôt accoutumé les élèves à s'amuser comme il convient à des jeunes gens bien nés.

Qu'ils les encouragent à tous les jeux qui aiguisent l'activité de l'esprit ; mais que tous ceux de hasard, et surtout ceux de cartes, leur soient absolument interdits.

Rentrée dans les Salles.

En général, MM. les Maîtres se rendent toujours un peu avant les rentrées, pour être à même de suivre leurs élèves dans les différens mouvemens, et de veiller à ce que les Chefs fassent constamment observer le bon ordre et le silence dans les rangs, jusque dans les escaliers et dans l'intérieur des salles d'étude: ce n'est que là qu'ils laissent rompre les rangs, après qu'ils en ont donné l'ordre, ce qui a lieu ainsi chaque fois qu'on rentre dans les salles d'étude.

Classes après diner.

Après le dîner, les dispositions pour l'étude qui précède les classes, et pour les classes elles-mêmes, sont celles, à peu près, qui ont lieu auparavant.

Le Gouter.

MM. les Maîtres, toujours rentrés avant la fin des classes, conduisent les élèves au goûter, et les accompagnent jusqu'à la récréation, toujours attentifs à ne laisser jamais aucun élève en arrière.

Ils les tiennent dans les salles d'étude pendant l'hiver.

FONCTIONS DU SOIR.

Étude du soir.

L'étude du soir, qui commence à cinq heures, et finit au souper, est une des plus importantes pour les élèves. C'est celle où se font les principaux devoirs. MM. les Maîtres veillent à ce qu'il y règne toujours le plus profond silence; que les devoirs soient écrits exactement sur cahier, et mis au net sur copie; que cette copie soit écrite avec tout le soin possible, et présentée un quart-d'heure avant la fin de l'étude.

Ils ont pris connaissance du devoir donné, et l'ont

fait lire, surtout pour ceux qui pourraient l'avoir mal écrit.

Ils aident, au besoin, les élèves, mais rarement; font seulement observer les points difficiles, et ceux qui méritent attention. Ils font des tournées fréquentes, visitent les cahiers, et pressent le travail. Ils veillent surtout à la bonne tenue des cahiers, au soin des livres, aident les élèves et les instruisent à donner à leurs cahiers, à leurs copies, des formes convenables et propres. Toute copie mal faite doit être déchirée. Ils exigent, le lendemain, de l'élève en faute, un *pensum* triple ou quadruple, sans compter les tâches auxquelles il est exposé de la part de MM. les Professeurs à qui ils en donnent note (1).

Le Souper.

L'étude finie, la conduite des élèves au réfectoire, le retour, après le souper, dans les salles d'étude, se font comme avant et après le dîner. MM. les Maîtres ne restent jamais au réfectoire après les élèves.

La Prière du soir. — *Lecture de piété*.

La prière du soir se fait comme celle du matin.

Lorsqu'elle est terminée, MM. les Maîtres font mettre les élèves à leur place, toujours en ordre et en silence, et on commence la lecture d'un livre de piété.

Chaque jour un nouvel élève doit faire cette lecture.

---

(1) Il fallait bien encore faire usage de *la punition* du *pensum*, dont la plupart des maîtres font un si étrange et si misérable abus. Mais on verra, dans le chapitre suivant, combien il deviendrait facile de ne plus recourir à ce pitoyable moyen.

MM. les Maîtres, s'ils le jugent à propos, l'interrompent ou l'abrègent, pour exiger de celui des élèves qu'il leur plaît d'interroger, qu'il rende compte de ce qu'il a entendu lire. Ils sont même invités à user fréquemment de cette méthode, et à exiger des élèves la plus grande attention.

On se rend en silence au dortoir, où MM. les Maîtres veillent à ce qu'on se couche avec la même décence qu'on s'est levé; que jamais deux élèves ne soient dans la même ruelle de lit, etc., etc.

Ils ont soin de bien prévenir les élèves que la plus légère infraction au bon ordre et au silence des dortoirs, soit avant, soit pendant, soit après le coucher, est sévèrement notée, et les expose à de rigoureuses punitions.

Ils veillent à ce que les portes des dortoirs soient exactement fermées dès que les élèves y sont entrés, et ils ne se couchent que lorsqu'ils sont assurés que tous les élèves sont dans leur lit, et que tout est en ordre.

Ils font, de temps en temps, pendant la nuit, l'inspection de leurs dortoirs, pour s'assurer qu'il ne s'y passe aucun désordre, qu'ils sont soigneusement fermés; et ils veillent à ce que les domestiques ne se permettent aucune négligence sur cet article.

DISCIPLINE DANS L'INTÉRIEUR DES SALLES D'ÉTUDE.

MM. les Maîtres tiennent un état exact des cours et des Classes que suivent les élèves; ils tiennent surtout note des jours, de l'heure, de la durée des leçons, tant pour les langues que pour les arts d'agrément.

Ils défendent de maintenir, sur les tables de travail,

des cartons, des pupîtres, et tout ce qui gênerait la surveillance.

A la fin des études, ils font serrer, dans les pupîtres ou baraques, les livres, cahiers, etc., pour que rien ne traîne et ne puisse être dégradé pendant les récréations.

Ils donnent aux élèves des places fixes : ils les font changer de places, si la prudence l'exige.

Ils ne souffrent jamais qu'un élève se lève de sa place sans permission (permission qui ne s'accorde que très rarement, ou plutôt presque jamais), et qu'il aille parler à un autre ; encore moins qu'aucun d'eux élève la voix au milieu de l'étude ; et moins encore que celui qui est averti ou réprimandé se permette de répondre. Mais ils l'écoutent avec bienveillance après l'étude, et font droit à ses raisons, si elles sont admissibles, et, surtout, présentées avec politesse et soumission.

Ils ne laissent jamais sortir les élèves sans permission, et jamais deux à-la-fois ; et ils exigent que le temps de la sortie soit court. Ils ne permettent de sortie que pendant l'étude du matin, jusqu'à sept heures.

Ils ne permettent jamais qu'un élève sorte sur la demande d'un autre élève ; ils ne le laissent sortir que lorsqu'il est demandé par un écrit du Proviseur ou du Censeur.

Ils ne permettent à aucun élève de se rendre chez M. le Proviseur ou chez M. le Censeur, sans un billet qui exprime la cause de la visite : ils signent et datent le billet.

Ils veillent à ce que les élèves écrivent tous les mois à leurs parens.

Ils font fréquemment la visite des pupîtres, baraques et cassettes, pour s'assurer de la nature des livres que les élèves peuvent y avoir. Tout livre qui n'est pas classique doit être confisqué de suite, et remis à M. le Censeur qui le fait passer à M. le Proviseur. Ils ne peuvent exercer, à ce sujet, une surveillance trop active et trop minutieuse. Ils sont responsables, devant Dieu et devant les hommes, des maux qu'une négligence, bien condamnable, sur cet article, pourrait causer aux élèves confiés à leurs soins.

Ils prennent garde aussi qu'il n'y ait rien, dans les baraques ou pupîtres, qui soit contraire à la décence, comme des gravures, dessins, cahiers dangereux ou futiles, ni d'objets contraires à l'ordre, tels qu'ustensiles, instrumens de dégradation, etc. ; et, surtout, qu'on n'y renferme aucune espèce de vêtemens.

Ils ont soin de veiller à ce que, tous les matins, les élèves vaquent à leur toilette, se peignent, se lavent les mains. Ils établissent le plus grand ordre dans cette mesure, ne permettent jamais que plus de deux élèves sortent de leur place pour approcher de la fontaine, etc., etc.

Ils font attention à ce que, au sortir des études et des dortoirs, les fenêtres soient ouvertes et retenues par des crochets, et que la plus grande propreté y soit entretenue par les domestiques.

Ils veillent dans tous les temps à ce que les élèves ne touchent pas aux quinquets.

Ils tiennent les portes des salles d'étude fermées pendant les classes, les exercices extérieurs, et les récréations dans la cour. Ils veillent à ce que les garçons ne soient pas négligens sur ce point.

S'ils doivent s'absenter, ils ne confient jamais les clefs aux élèves. (*Point très-essentiel.*)

Ils prennent connaissance des réglemens qui ont été rédigés pour le service des garçons, afin qu'ils sachent ce qu'ils ont droit d'en exiger. Ayant sur eux une inspection directe, journalière et immédiate, ils veillent à ce que toutes les parties de leur service soient exactement remplies, et dans l'ordre indiqué, et tous les jours ils rendent compte à MM. les sous-Directeurs de la manière dont ils s'en acquittent, soit à leur égard, soit à l'égard des élèves.

Ils inspectent souvent le mobilier de la salle d'étude, du dortoir, du magasin. Ils reconnaissent

Si les habits sont battus ou brossés,

Si les souliers sont nettoyés,

Si les chapeaux sont bien tenus,

Si toutes les hardes sont serrées et pliées avec soin dans les armoires et le magasin.

Tous les élèves doivent avoir des bas, souliers et habits de rechange; ils y veillent, et avertissent s'il y a négligence à cet égard.

Tous les jours ils donnent un moment à l'inspection,

S'assurent si les lits sont bien faits,

S'il n'y a pas d'odeur dans le dortoir,

Si les fontaines sont en bon état,

Si la chambre du maître, le dortoir, la salle d'étude sont propres.

Ils veillent à ce que le garçon ne jette pas les eaux sales par les fenêtres,

En un mot, ils exigent tout ce qui est nécessaire à l'ordre, à la propreté et à la salubrité.

Ils font porter au raccommodage, par le garçon, les habits déchirés, et ne permettent jamais que les élèves fassent ce service.

Ils indiquent, dans la journée, le moment qu'on jugera convenable (par exemple huit heures du matin), afin que les élèves donnent au Garçon leurs habits et hardes qui ont besoin de réparation.

Ils exigent que le Garçon aille reprendre ces hardes avec exactitude.

Ils font réparer de suite, aux frais des élèves, les dégradations qu'ils auraient commises, comme carreaux, meubles, tables, bancs cassés, etc.

Quand un élève n'a pas d'argent pour payer les réparations faites pour son compte, le maître en fait les avances; ces avances lui sont remises, sur sa quittance, par la comptabilité. L'élève fait un bon.

RAPPORTS JOURNALIERS.

Chaque matin, avant sept heures, ils remettent à MM. les Maîtres surveillans, un rapport dont ils remplissent soigneusement tous les articles indiqués par l'imprimé.

Ils ont soin d'y préciser la nature et la quotité des devoirs qui sont imposés aux élèves, et indiquent l'endroit et la page des auteurs qui sont à expliquer et à apprendre.

Ils ajoutent à ces détails les réflexions que leur zèle, leurs observations peuvent leur suggérer, pour le maintien de l'ordre et la perfection de la discipline.

Ils rédigent avec le plus grand soin et la plus grande impartialité, les notes hebdomadaires qu'ils sont chargés de donner, et n'oublient jamais de dater, et d'indiquer la salle et la classe à laquelle appartiennent les élèves désignés.

Enfin, ils se pénètrent bien de cette vérité, que, toujours en rapport immédiat avec les élèves, c'est du plus ou moins d'exactitude qu'ils mettent à remplir leurs obligations, que dépend particulièrement et en grande partie le succès des efforts qu'on ne cesse de faire pour améliorer la situation de l'établissement, et par conséquent le sort de tous les membres qui le composent.

Toujours plus attentifs à prévenir les fautes qu'empressés à les punir, ils font en sorte de rendre les châtimens le plus rares possible; mais ils veillent à ce que ceux qu'ils ont imposés soient strictement exécutés, et ne puissent être éludés. Ils sont toujours assurés du concours des supérieurs, tant qu'ils ne passent pas les bornes qui leru sont prescrites par les réglemens de l'Université.

Ce qu'ils évitent sur toute chose, ce sont les effets de la vivacité et de l'impatience qui les porteraient à frapper les élèves. C'est ce qu'ils doivent essentiellement s'interdire, sous peine de voir leur autorité compromise.

Il est inutile de leur rappeler que tout ce qui tient aux bonnes mœurs, mérite toute leur attention et la surveillance la plus scrupuleuse; qu'ils doivent employer tous les moyens propres à faire germer dans le cœur et l'esprit des élèves les sentimens religieux, à y imprimer un profond respect pour l'Autel et pour le Trône, à inspirer un sincère attachement pour le Prince et la Patrie, ce qui leur sera facile en donnant eux-mêmes l'exemple de ces dispositions.

Ils doivent être en garde contre des préventions qui pourraient leur rendre désagréables tels ou tels élèves ou leur fermer les yeux sur les défauts et les fautes de quelques autres. Un ton doux, paternel, et de la plus grande politesse, anime tous les avis qu'ils donnent, tous les reproches qu'ils font : ils craignent de laisser croire aux élèves qu'ils les punissent avec colère ou avec injustice, et ils s'occupent surtout à les rendre doux, polis, prévenans, appliqués et dociles, pour les rendre aimables, contens et heureux. En un mot, prudens et réservés dans les communications qu'ils ont avec eux, ils s'attachent à les bien convaincre par leur conduite, par leurs discours, par leur surveillance et leurs soins, qu'ils n'ont qu'une pensée, qui est de veiller à leur instruction, à leurs progrès, à leur bien-être. C'est le moyen le plus assuré de se concilier leur estime et leur confiance, et de pouvoir trouver, dans l'exercice des fonctions pénibles et précieuses dont ils sont chargés, quelques-unes de ces jouissances pures qui seules peuvent en alléger le poids et finir quelquefois par les leur rendre agréables et chères.

Toutes ces dispositions, tous ces détails rentrent naturellement dans l'ordre d'inspection dont MM. les Maîtres surveillans se trouvent spécialement chargés d'après la nature de leurs fonctions.

MM. les Maîtres surveillans doivent donc en prendre une connaissance toute particulière, et veiller sans cesse à ce que toutes les clauses renfermées dans ces réglemens soient ponctuellement exécutées par MM. les Maîtres, et leur donner l'exemple de l'exactitude à les remplir eux-mêmes.

Ils exercent donc sur eux une autorité déterminée et continuelle, et ceux-ci leur sont subordonnés pour tout ce qui tient au maintien de l'ordre, au service de la maison, et à l'observation des Réglemens.

MM. les Maîtres sont tenus d'en faire une copie

6.

soignée, de leur propre main, dans la première quinzaine de leur entrée en fonctions. Ils la font présenter par MM. les Surveillans à M. le Proviseur qui y met sa signature. Cette copie leur est remise, et ils y jettent de temps en temps un coup-d'œil pour ne point perdre de vue l'étendue et la nature de leurs devoirs.

N° IV.

RÉGLEMENT

Pour les Élèves ayant le titre de Chefs (1).

LA totalité des élèves est partagée en trois divisions générales, qui n'ont entre elles que les communications indispensables.

Les divers mouvemens de ces trois divisions ont lieu en même temps, toujours au son de la cloche.

Dans tous les changemens d'exercice, elles sont commandées chacune par un Chef de division, et toujours sous la direction de MM. les Maîtres surveillans et les Maîtres d'étude.

PREMIER CHEF DE DIVISION.

Le Chef de la première division commande toute la colonne quand les trois divisions sont réunies. Il a sous son commandement particulier la division de la première cour.

---

(1) Une partie des dispositions de ce Réglement m'avait été fournie par M. Ch. Renouard, Avocat, ancien Élève du Collège Louis-le-Grand, à qui l'on doit un petit *Traité de Morale* pour les Écoles primaires, lequel a obtenu une médaille d'or.

DEUXIÈME CHEF DE DIVISION.

Le second chef commande la division de la seconde cour.

TROISIÈME CHEF DE DIVISION.

Le troisième, la division de la troisième cour.

Ces trois divisions sont composées des élèves des différentes salles d'étude, qui elles-mêmes sont partagées en trois ou quatre subdivisions, selon le nombre.

Ces subdivisions se composent, autant qu'il est possible, d'un égal nombre d'élèves, selon l'ordre désigné par le Maître d'étude.

Chaque subdivision occupe une table séparée, si cela se peut.

Dans la seconde et dans la troisième division il y a, dans chaque salle d'étude, une table de discipline.

CHEFS DE SALLE.

Chaque salle d'étude a un premier chef de salle et un second, ou sous-chef, et chaque subdivision a un Aspirant.

Les premiers Chefs de chaque salle d'étude sont pris parmi les élèves qui, dans leurs divisions respectives, se distinguent par leur application à l'étude, par leur bonne tenue, leur ton honnête et poli, leur bon caractère, leur piété et leurs bonnes mœurs.

MODE DES NOMINATIONS.

Dans chaque division, MM. les Maîtres surveillans dressent, vers la fin du mois d'octobre, les listes des candidats pour les places de Chefs de division, et de Chefs de salle d'étude.

Sur leurs rapports, et après délibération avec eux,

et avec M. le Censeur, M. le Proviseur fait les nominations.

Les trois Chefs de division sont pris ordinairement parmi les élèves du cours de Philosophie.

Dans les premiers jours de chaque trimestre, les Chefs de chaque salle d'étude sont choisis parmi les Aspirans présentés par les élèves, et nommés par eux à la majorité absolue des voix.

Chaque subdivision nomme à la majorité simple son Aspirant, parmi les élèves dont elle est composée.

Ces nominations faites par les élèves doivent être terminées dans la première semaine du premier mois de chaque trimestre.

Il n'est permis de s'en occuper qu'aux heures de récréation.

Elles doivent être approuvées par MM. les Maîtres d'étude, et confirmées par M. le Censeur.

Elles restent affichées pendant tout le trimestre, en lieu apparent, dans la salle d'étude.

En cas d'absence, M. le Maître d'étude nomme provisoirement aux diverses fonctions vacantes.

Au commencement de chaque trimestre, M. le Maître d'étude peut maintenir ou changer à son gré la composition des subdivisions.

Les candidats pour les places de premiers Chefs de division ne peuvent être pris que parmi les sous-chefs et les Aspirans qui se trouvent en fonction à l'époque des nominations aux premières places.

Au commencement de chaque trimestre, le Chef de salle dresse un contrôle des élèves composant la salle d'étude d'après l'organisation établie par les nominations. Ce contrôle est visé par M. le Maître d'étude et par M. le Maître surveillant de la division, qui le remet à M. le Censeur, lequel le fait passer à M. le Proviseur.

OBLIGATIONS DES CHEFS.

Si le Maître d'une salle d'étude vient à s'absenter pour une cause quelconque, le Chef de salle tient l'étude et y maintient le silence et le bon ordre. Il a droit d'exiger la subordination qui est due au Maître qu'il remplace.

Au défaut de Chef de salle, c'est le sous-chef ou le premier Aspirant qui remplit ces fonctions, et ainsi de suite; ceux-ci n'ont jamais de pouvoir qu'en l'absence du Chef de salle.

L'inspection des Chefs ne peut jamais s'étendre ailleurs que sur les élèves de leurs divisions ou subdivisions.

Les Chefs sont chargés, sous l'inspection et la direction de MM. les Maîtres surveillans et Maîtres d'étude, de maintenir le bon ordre dans tous les exercices, la régularité dans tous les mouvemens, le silence dans les changemens de lieu, dans les marches, dans les entrées aux salles d'étude, aux classes, à la chapelle, au réfectoire, dans les cours, corridors, escaliers, enfin partout.

Ils surveillent la tenue des élèves, la propreté dans les habits, le rangement des livres et autres objets dans les salles d'étude; ils font note des besoins des élèves, la font passer au Maître, et ne souffrent aucun désordre dans les dortoirs et autres lieux.

La cloche ne pouvant aider à régler le pas et la marche dans les mouvemens, c'est de leur zèle d'une part, et de la bonne volonté des élèves de l'autre, que dépendent la précision et l'ordre que, dans tous les temps, ils doivent s'attacher à maintenir avec le plus grand soin.

Dans les cours, aussitôt que la cloche sonne, ils se mettent en mesure de seconder MM. les Maîtres, pour faire quitter les jeux et former les colonnes de divisions avec la plus grande célérité.

Dans les Cours, dans les salles d'étude, partout, les Chefs des salles ne laissent jamais rompre les rangs, que celui qui commande n'ait donné le signal. Ils veillent surtout à ce que les rangs ne soient pas rompus dans les escaliers; à ce qu'on monte et descende en ordre, posément et en silence.

Les jours de congé, les Chefs redoublent d'activité et de soins pour tout ce qui concerne la tenue et l'habillement des élèves; pour que chacun, dans sa division et subdivision ait soin de prendre tout ce qui est nécessaire pour la promenade, et soit habillé convenablement et décemment.

Avant de partir pour la promenade, chaque Chef de salle, muni du contrôle de sa division, s'assure, sous la direction de MM. les Maîtres surveillans et Maîtres d'étude, de la présence et du nombre des élèves de sa division qui vont à la promenade; il renouvelle cet examen lors des haltes, et surtout à la dernière, et, enfin, quand la colonne est rentrée dans la cour du Collége.

La tâche des Chefs à la chapelle est encore plus importante.

Les premiers Chefs de division y ont une chaise à part au milieu de la nef.

Les places des élèves sont fixées : les Chefs de salle occupent les chaises en tête de leurs divisions ; les Chefs aspirans sont placés en tête de leurs subdivisions.

Ils veillent à ce qu'aucun élève ne quitte la place qui lui a été assignée au commencement de l'année ; à ce que tous se mettent à genoux en entrant à l'église ; à ce qu'ils se tiennent dans une attitude respectueuse et convenable ; qu'ils aient leurs livres à la main ; qu'ils suivent le chant régulièrement, etc., etc. ; enfin ils secondent MM. les Maîtres dans toute la surveillance que ceux-ci exercent sur leurs élèves.

Tous ces détails se trouvent sous leur inspection immédiate, à la charge par eux d'en référer ponctuellement à MM. les Maîtres, qui, de leur côté, s'assurent s'ils remplissent exactement leurs fonctions, qui en dirigent sans cesse l'exercice et qui en rendent compte.

Les Chefs deviennent donc responsables, en partie, des désordres qu'ils n'ont point cherché à empêcher.

En un mot, ils sont toujours les premiers à observer la règle et à la faire observer aux autres. C'est à ces titres qu'ils jouissent des avantages et des prérogatives attachés à cette distinction honorable.

PRÉROGATIVES DES CHEFS.

Les Chefs de division sont servis à part, au réfectoire, comme les Maîtres ; ils y surveillent les élèves qui sont à la petite table.

Les tables sont toujours présidées par un Chef de salle, ou par un sous-Chef, ou par le premier Aspirant, suivant le nombre des tables que les salles fournissent.

Ils sont toujours servis les premiers dans le partage des plats, sans être astreints à faire les portions.

Les Chefs de division et les Chefs de salle sont placés, à l'étude, en tête de leurs divisions, et les Aspirans, en tête de leurs subdivisions.

Les Chefs de division et les Chefs de salle ne sont point astreints pour la sortie à la quinzaine.

Ils ne sont passibles, pour les punitions ordinaires, que des *pensums* et des *arrêts*;

Les sous-Chefs, que des pensums, de la retenue et des arrêts;

Les Aspirans de la première division, que des pensums, du piquet, de la retenue et des arrêts;

Les Aspirans de la seconde et troisième, que des pensums, du piquet, de la retenue, de la petite table et des arrêts.

Il sera statué sur les décorations que chacun des Chefs devra avoir, d'après les autorisations qui seront données à ce sujet.

Les titres divers et les prérogatives accordés aux Chefs sont toujours précieux aux yeux des élèves, parce qu'ils sont le certificat non équivoque de l'estime dont jouit celui qui les obtient.

Ils lui font donc une loi de présenter sans cesse, à ses condisciples, l'exemple de toutes les vertus, et lui donnent le droit de les ramener à leurs devoirs, quand ceux-ci sont tentés de s'en écarter.

Les Chefs forment donc, dans l'Établissement, comme un corps d'élite, que les Supérieurs peuvent présenter avec orgueil au public, parce qu'ils sont la gloire et l'ornement de la Maison. Il en est de même, dans une juste proportion, des sous-Chefs et des Aspirans : le titre qu'ils portent est un titre d'estime, et leur inspire la noble émulation d'en obtenir un plus honorable encore.

Mais il est un avertissement qu'aucun d'eux ne doit perdre de vue : c'est que ces distinctions ne leur sont conservées qu'autant qu'ils en soutiennent l'honneur par leur bonne conduite. Des plaintes sur leur travail, sur le défaut de subordination, sur le peu d'exactitude et de zèle à remplir leurs fonctions, les mettent de suite dans le cas de rentrer dans les rangs, et de céder leurs places à des élèves plus dignes de les occuper.

Ils sentent donc l'importance des fonctions qui leur sont confiées. Aux avantages actuels et positifs qui en résultent pour eux, se joignent des avantages bien plus grands encore pour l'avenir ; car tout élève qui a soutenu, dans le cours de ses études, l'honneur de cette distinction, s'en prépare de bien plus flatteuses encore dans la société ; et l'estime qu'il a su inspirer dès le Collége s'étend sur tout le cours de sa vie.

Nota. Les Chefs de division, les sous-Chefs et Aspirans sont tenus d'écrire, de leur main, une copie soignée de ces dispositions. Ils la font signer par MM. les Maîtres d'étude, les Maîtres surveillans et le Censeur, qui la présente au *visa* de M. le Proviseur ; et elle est remise à chacun, pour qu'il la consulte au besoin.

———

Voici le genre de Décoration que j'aurais proposé pour les CHEFS, *si la chose n'eût pas dû souffrir quelques difficultés.*

La décoration générale de tous les Chefs : La fleur de lys.

Décoration particulière des trois Chefs de division, outre la fleur de lys, un galon d'argent en chevron brisé sur l'avant-bras, surmonté, à l'angle, d'une fleur de lys. Ils sont libres, les jours de sortie, d'y joindre une petite écharpe de soie blanche avec rosette qu'ils portent autour du bras. La décoration des premiers Chefs de salle d'étude est le galon d'argent au bras, avec la liberté de porter, les jours de sortie, une petite écharpe au bras, mais sans la rosette. Celle des sous-Chefs, le galon en argent seulement. Celle des Aspirans, le galon en soie blanche.

Nota. Je vois plus d'un lecteur, en parcourant ces détails, sourire de dédain et de pitié, et s'étonner de l'importance que l'on met à toutes ces minuties. Mais, sans doute, ils auront oublié que nos établissemens présentent, en miniature, le tableau de la grande société, et que si les hommes, comme l'a dit un célèbre écrivain (1), sont *de grands enfans,* les enfans sont *de petits hommes*. Or, nous, qui avons fait l'épreuve de ces diverses mesures, et qui en avons étudié les résultats, nous savons tout le parti qu'on peut en tirer pour l'avantage d'une aggrégation un peu considérable de jeunes élèves.

(1) Rousseau, *Emile.*

CHAPITRE III.

ENSEIGNEMENT ÉLÉMENTAIRE DES LANGUES ANCIENNES.

S'il est un objet dans l'Instruction publique, sur lequel doivent se réunir, et la sollicitude de nos Chefs, et l'intérêt des pères de famille, et l'attention des instituteurs qui les remplacent, et le zèle des maîtres qui se trouvent chargés de l'honorable fonction d'instruire la jeunesse, c'est sans contredit l'enseignement élémentaire des langues anciennes. Il doit d'autant plus fixer les regards, que la direction de cet enseignement ne peut manquer d'avoir la plus grande influence sur tout le reste des études. Qui garantira l'existence et la durée de la plus riche et de la plus belle construction, si les bases de l'édifice ne sont pas solidement et régulièrement établies?

Il y a long-temps que, d'après des observations journalières, j'ai eu lieu de faire entendre mes plaintes sur le défaut d'ordre, de clarté et de méthode, qui caractérise cet enseignement dans la plupart de nos écoles. En effet, à voir la manière dont presque partout on procède aujourd'hui dans les leçons des élémens des langues, il semblerait que les Fleury, les Fénélon et les Rollin ont vainement écrit sur ce sujet, et l'on croirait que les avis précieux que le dernier a tracés sur cette partie si importante, sont tout-à-fait oubliés. Loin même qu'on ait cherché à mettre à profit les travaux que, dans la suite, d'habiles écrivains ont publiés, soit pour développer, soit pour réduire en pratique les indications de ces grands Instituteurs, je remarque au contraire que l'Université elle-même renaissant de ses débris, n'a pas songé à s'approprier ces utiles matériaux. Elle s'est rejetée entièrement dans les bras de la routine, et cette ancienne ennemie de tous progrès a repris son empire désastreux, et abaisse plus que jamais son sceptre de plomb sur l'instruction élémentaire. Rien n'a été fait pour soustraire celle-ci au joug qui a pesé sur elle depuis si long-temps. *Cette tyrannie* (1), dont Rollin se plaignait, il y a près de cent ans, n'en tient pas moins encore les esprits dans la servitude en dépit du règne de la liberté, et des hautes conceptions de notre prétendu siècle des lumières, et « *elle empêche de faire usage de la raison, qui,* « *en ces sortes de matières, est un guide bien plus* « *sûr que l'exemple seul, quelqu'autorisé qu'il soit* « *par le temps* (2) ».

Mais avant d'entrer dans la considération des inconvéniens qui résultent de ce défaut de méthode, et d'en indiquer le remède, je m'étendrai un peu sur quelques objets qui me paraissent mériter d'autant

---

(1) Expression de Rollin.
(2) Rollin, *Traité des Etudes.*

plus qu'on s'y arrête, que je regarde la négligence avec laquelle ils sont traités, comme la cause première et la plus immédiate du peu de progrès des enfans dans l'étude des élémens des langues. Ces objets sont l'*écriture*, l'emploi du tableau noir et la *lecture* ou récitation des leçons.

PREMIÈRE SECTION. — *Écriture.*

Lors des divers examens que j'ai pu faire, soit dans les Colléges, soit surtout dans les Pensions, j'ai toujours été surpris de l'incorrection des cahiers et des copies, non-seulement sous le rapport de la rédaction, mais plus particulièrement encore sous celui de l'écriture; et, souvent, cette négligence a donné lieu, de ma part, à des observations pénibles. N'est-ce pas une honte, en effet, que les Maîtres et les Professeurs se voient obligés, en quelque sorte, d'admettre ces barbouillages dégoûtans qui, dans les basses classes, sont présentés chaque jour, par les trois quarts des élèves, et dans lesquels la langue, l'orthographe et l'écriture ne sont pas moins estropiées que le bon sens?

N'allons pas chercher bien loin la cause de ce grave inconvénient. Elle se trouve dans les premiers pas qu'on fait faire à l'enfance, quand il s'agit de son instruction, et l'on peut s'en prendre au peu d'ordre qui règle généralement ses premiers travaux. Dès le début, tout est interverti, tout est dérangé; on n'observe ni méthode ni progression; et, pour la plupart du temps, nos classes élémentaires se trouvent encombrées d'enfans en qui les premières notions qu'ils auraient dû puiser dans *l'enseignement primaire*, ne sont pas même ébauchées. Il en résulte une grande inégalité dans l'intelligence de tous ces élèves; car ce n'est pas leur force respective, ni le degré bien constaté de leur instruction première, qui déterminent communément leur admission dans telle ou telle division des classes, c'est leur âge seulement. Au moins faudrait-il alors que le Maître se mît à la portée des plus faibles. Mais le degré d'instruction étant réglé par classes, ce sont les faibles qui doivent se hausser, s'ils le peuvent, à la portée des plus avancés, dont, pour de fortes raisons, on se garderait bien de vouloir ralentir la marche. D'ailleurs, la tâche de chaque jour est fixée; bien ou mal faite, elle doit être livrée à l'heure marquée: demain les pauvres enfans recommenceront sur de nouveaux frais, et la besogne ne sera pas meilleure. Le jour suivant elle ne sera pas mieux. L'année se passe ainsi. Cependant, le cours se trouve achevé: tous les élèves montent dans la classe supérieure; et souvent il arrive que le plus grand nombre n'a pas encore appris à écrire dix lignes d'une manière propre et correcte. Comment n'être pas effrayé des conséquences d'un tel abus ? L'habitude de travailler sans ordre, sans intérêt, sans application, suit ces enfans dans tout le cours de leurs études. Leur jugement, loin de se former, va toujours se faussant de plus en plus: ou leur goût se déprave, ou leur intelligence reste plongée dans un sommeil léthargique ; et les voilà condamnés, dès leur entrée dans la carrière, à la parcourir sans fruit, et peut-être à ne recueillir jamais les avantages qu'on s'était promis de leur éducation.

Cependant, que d'efforts ont été faits par quelques amis de l'enfance pour prévenir ces inconvéniens! Combien de Méthodes plus ou moins ingénieuses ont été imaginées, soit pour faciliter, soit pour abréger ces premiers exercices (1)! N'en cherchez pas les traces dans le plus grand nombre de nos établissemens, ce serait prendre une peine inutile: ils y sont ou ignorés ou dédaignés. Quoi donc? les chefs regarderaient-ils le soin de les rechercher, de les essayer au moins, et de les encourager, comme une tâche peu digne de leur attention? Ainsi ne pensait pas Rollin, qui, loin d'avoir négligé ces détails, n'a pas cru, sans doute, faire une chose inutile, en recommandant

(1) Parmi le grand nombre de Méthodes qu'on a inventées pour apprendre à lire, il en est une très remarquable : c'est celle de madame Vanderburk ; elle est ingénieuse, simple et raisonnée. (*Voir à la suite de ce Chapitre*, n° 1.) On a aussi celle de M. Boniface, dont les résultats sont si connus ; celles encore de Berthaut, de MM. Choron, Butet, Georget, etc. Mais il en est peu qui m'aient paru plus dignes de l'intérêt des Chefs de l'Instruction publique, et de l'attention de tous les Maîtres d'Écoles primaires, que la Méthode de M. Demanne jeune, rue Coquillière. A la Méthode simultanée des Frères de la Doctrine qu'il a perfectionnée, ce Maître a réuni tout ce que l'emploi modifié des bureaux typographiques peut présenter de plus simple et de plus avantageux, et, par un procédé aussi ingénieux que rapide, il dispense les Élèves des difficultés de l'épellation, et leur fait apprendre à lire et à écrire en même temps.

7

d'exercer de bonne heure les enfans à bien tailler leurs plumes (1). Puisque je tombe sur cet article, je dirai que, dans une des écoles primaires du faubourg St.-Germain, dirigée par M. Hornet, j'ai trouvé un moyen bien simple d'obtenir le résultat désiré par Rollin. C'est un énorme roseau taillé en forme de plume, d'après les principes les plus exacts. Il est attaché au mur, bien exposé à la vue de tous les élèves, auxquels il sert de modèle ; et les plumes, dans cette école, sont fort bien taillées. A Nogent-le-Rotrou, le respectable Supérieur de l'école des Frères de cette ville (2) me montrait un jour, dans sa classe, un cadre renfermant huit gros tuyaux de plumes disposés graduellement, d'après toutes les règles progressives de la taille. Les élèves consultaient habituellement ce tableau, et tous s'acquittaient de cette opération avec une grande facilité. Pourquoi, dans nos classes élémentaires, n'aurait-on pas recours à ces procédés, ou à des moyens analogues ?

DEUXIÈME SECTION. — *Emploi du tableau noir.*

J'insiste sur ces objets trop dédaignés, et je dis encore qu'il existe un mode bien sûr et très expéditif d'amener les enfans à écrire très correctement et avec propreté. C'est l'emploi des tableaux noirs.

---

(1) Rollin, *Traité des Etudes.*

(2) Ce respectable Frère, en qui semblent avoir passé tous les sentimens et tout l'esprit du célèbre Fondateur de cette Corporation (l'abbé de La Salle), a été appelé à diriger l'École de Rosny, fondée par Madame la Duchesse de Berri.

Comment n'être pas étonné d'en trouver l'usage si rare et si peu fréquent dans les classes élémentaires de la plupart de nos établissemens? il serait pourtant bien essentiel qu'il y fût constant et journalier. L'expérience a démontré quels succès peut obtenir, par ce moyen, un maître intelligent et zélé. L'enfant bien enseigné, et exercé à peindre avec correction et avec ordre, les lettres, les mots, les lignes, à l'aide du crayon, tracera bientôt avec facilité les différentes matières de ses leçons de chaque jour. Alors, il les retiendra bien mieux, et il saura en très peu de temps, à l'aide de la plume, les transcrire correctement sur ses cahiers. On aurait peine à croire avec quelle promptitude ce mode fait triompher les enfans des difficultés et de la lecture et de l'écriture : j'en ai vu souvent la preuve à l'Institution Morin.

Mais qu'on ne croie pas que l'usage du tableau soit borné à cet avantage : il en renferme bien d'autres, et peut, à lui seul, parer à une foule d'inconvéniens de notre enseignement élémentaire. Il occupe à-la-fois tous les élèves d'une classe; il rend chacun d'eux attentif et appliqué; il répand sur les leçons un intérêt toujours renaissant; il épargne aux enfans bien des petites disgrâces, parce qu'il prévient les effets de l'étourderie, et qu'il les rectifie sur-le-champ; il excite au plus haut degré l'émulation, ce grand et unique ressort de l'enseignement de l'enfance; à mesure que l'instruction avance, il fournit les plus grands secours pour exercer à toutes les analyses grammaticales et logiques, aux opérations du calcul, aux leçons de géographie, de chronologie; il facilite singulièrement l'étude du dessin linéaire, qu'on dédaigne trop, peut-être, aujourd'hui, parce qu'il émane d'une source environnée de préventions, mais dont on reconnaîtra bientôt l'utilité pour préparer, soit à l'étude de la géométrie, soit, dans la suite, à la confection des *épures,* soit même au dessin proprement dit.

D'après ce simple aperçu, on aurait peine à concevoir cette espèce de répugnance que semblent avoir la plupart des maîtres élémentaires à se servir du tableau; encore moins se ferait-on une idée de l'indifférence des chefs d'établissemens à ce sujet, si l'on ne savait quel est l'empire de la routine et des préventions, et, peut-être aussi, quel est celui de la paresse. Que l'on considère, cependant, la manière de procéder dans l'étude des sciences exactes. Comment les élèves acquièrent-ils si promptement l'heureuse habitude d'embrasser d'un coup-d'œil une foule de rapports, de suivre sans effort une longue série de conséquences, de voir avec justesse, de juger avec précision, d'opérer avec célérité? On ne peut disconvenir que ce ne soit, en grande partie, par l'usage fréquent du tableau. Prenons les exemples dans un ordre d'instruction plus approprié au sujet que je traite. A quoi peut-on attribuer cette espèce de vogue que *l'Enseignement mutuel* a obtenu dans l'origine? A quoi celui des frères de la Doctrine chrétienne a-t-il dû ses succès dans tous les temps? C'est à l'emploi des tableaux. Nos maîtres de colléges et de pensions iront-ils donc auprès de ces humbles et si précieux Instituteurs apprendre quels sont les procédés les plus favorables à l'instruction de l'enfance ? Peut-être, sous d'autres rapports, y pourraient-ils recevoir aussi d'autres leçons qui ne seraient pas à négliger. Au reste, si l'on avait des doutes sur les avantages de l'emploi du tableau, les faits existent ; ils parlent mieux que tous les raisonnemens. Qu'on se rende dans les salles de MM. Morin, Michelot, Boniface. de Boismont, Pain, Lemare, Lemoine et autres, et l'on verra tout le parti que des maîtres zélés peuvent en tirer pour l'instruction des enfans.

On s'étonnera peut-être que je m'arrête si long-temps sur ces détails. Mais on aurait tort de les regarder comme inutiles, ou comme trop minutieux : ils se rattachent beaucoup plus qu'on ne croit aux objets que nous avons à examiner (1); et, certes, il serait loin de comprendre quelles sont les obligations d'un instituteur, il ne mériterait ni le nom de père, ni le titre de maître, celui qui regarderait comme superflu tout ce qui peut épargner une larme à l'enfance, tout ce qui peut hâter et confirmer ses progrès.

(1) *Cette attention, donnée, dans le temps, à de petites choses, facilite beaucoup dans la suite les moyens d'avancer*, dit M. Deleuze, dans son *Eudoxe*; ouvrage que le nom seul de l'auteur recommande depuis long-temps à l'attention publique, et qui ne peut être trop lu par les jeunes gens qui, au sortir de leurs études *secondaires*, veulent suivre les cours spéciaux des facultés.

TROISIÈME SECTION. — *Lecture ou récitation des Leçons.*

Qu'on ne soit donc pas surpris, si je m'étends sur une autre négligence qui n'est pas moins fâcheuse, et qui, pour être générale, n'en est que plus condamnable encore, et n'en appelle que davantage la sollicitude de quiconque doit s'occuper de l'instruction de la jeunesse. Je veux parler de la manière de lire et de réciter dans nos classes. Ce n'est pas seulement dans quelques établissemens qu'elle est détestable, ce n'est pas dans les seules classes élémentaires, c'est dans toutes, c'est sur tous les points de la France; au sein de la capitale comme à l'extrémité des départemens; sur les bancs de la *Sixième* comme sur ceux de la *Seconde* et de la Rhétorique.

Sans doute, c'est avec fondement que la Nation française prétend être la plus policée de l'univers; depuis long-temps, elle regarde sa langue comme en possession de *donner le ton* à toutes celles de l'Europe (1); elle doit sa supériorité littéraire en grande partie à l'éloquence de ses orateurs chrétiens, aux chefs-d'œuvre de ses écrivains dramatiques; elle voit aujourd'hui établie dans son sein une forme de gouvernement où le don de la parole, devenu nécessaire presque pour tous, doit assigner un rang si distingué à celui qui aura su le cultiver avec le plus de succès;

(1) Voir à la suite de ce Chapitre, n° 2.

cependant comment se fait-il qu'elle ait pu rester jusqu'à ce moment aussi indifférente sur ce vice de l'éducation publique? Car, tel est le degré auquel il est poussé dans nos écoles, que si les usages et les relations de la vie commune ne venaient pas rompre les habitudes prises par les enfans dès les premières années, bientôt ils n'articuleraient plus qu'un jargon barbare et inintelligible.

J'entre dans nos classes, quelles qu'elles soient, et je commence par celles des frères; car eux-mêmes n'ont pu échapper au mal général, eux qui pourtant connaissent si bien l'art d'instruire et de former le premier âge: j'entends des enfans qui, en lisant, crient du plus haut de leur voix, tantôt traînant leurs syllabes d'une manière fastidieuse, tantôt récitant leur prières avec un ton monotone et une précipitation qui indiquent assez le peu d'attention qu'ils donnent aux choses qu'ils prononcent. Mais là, du moins, je remarque que la prononciation trop vicieuse, que les défauts de liaisons, les repos non indiqués, sont corrigés tout de suite. Que je voudrais qu'on pût en dire autant des autres écoles, des classes même de nos Colléges et de nos Institutions!

Voyez ce jeune enfant récitant sa leçon de Phèdre et de Lhomond. Il précipite les mots, il ânonne, il chante, il répète jusqu'à dix fois la fin de chaque période. Nul repos aux points, aux virgules; point de nuances, nul accent; confusion des phrases; mélange des mots et des idées : ce n'est ni du latin ni du français que vous venez d'entendre; ce n'est pas un langage humain ; on n'a recueilli que des sons inarticulés et barbares, et on ne sait ce qui doit étonner le plus, ou de la sauvagerie d'une telle prononciation, ou du sang-froid avec lequel le maître écoute, sans sourciller, tout ce parler bizarre, et passe tranquillement à l'explication des auteurs et à la correction des devoirs, où se retrouvent encore des inconvéniens analogues.

Mais voici un élève qui, doué d'une mémoire plus sûre et plus exercée, va réciter des livres entiers de son auteur sans la moindre hésitation. Il est vrai que la rapidité de son débit ne permet guère de suivre la liaison des idées : aussi, demandez qu'il reprenne le morceau qu'il a répété si couramment, et qu'il le dise partie par partie, d'une manière simple, naturelle et bien articulée, et vous reconnaîtrez, ainsi que j'en ai fait souvent l'épreuve, que l'enfant, entraîné par une espèce de mouvement purement mécanique, très curieux à observer parmi les phénomènes de la mémoire, a tout répété sans savoir réellement, et sans bien comprendre la plus grande partie de ce qu'il débitait avec tant de facilité.

Je passe dans les classes supérieures. Écoutons ce jeune homme à qui les richesses de sa langue, celles des langues anciennes sont développées journellement. Il a su les goûter et les apprécier : ses propres compositions annoncent qu'il n'est point étranger au sentiment de ce rythme secret, de cette harmonie mystérieuse qui prêtent tant de charme aux productions des grands écrivains anciens et modernes ; et pourtant quelle triste monotonie dans sa récitation, quelle absence de tout nombre, de toute mesure! que de fautes de prosodie! quelle prononciation vicieuse! Sont-ce là les accents propres à nous retracer les inspirations de ces auteurs fameux qui lui sont offerts pour modèles? O chantre du pieux Énée, ce n'est pas en prononçant ainsi le célèbre morceau *Tu Marcellus eris*, que tu produisis sur Octavie une impression si douloureuse à-la-fois et si douce! O Démosthène, si vous eussiez prononcé de ce ton votre harangue *sur la Couronne*, vous n'eussiez pas vu fuir votre rival Eschine devant *les rugissemens du lion*. Est-ce ainsi que Cicéron eût fait tomber des mains de César l'arrêt de condamnation de Ligarius? Et vous grand Bossuet, eussiez-vous arraché tant de larmes à tout ce que la ville et la cour offraient de plus auguste, si vous eûssiez dit avec cette froideur imperturbable: *Madame se meurt, Madame est morte!*

Cependant les avis de Rollin n'ont point manqué aux maîtres sur cet article. Il les avertit d'être « fort
« attentifs à faire prendre aux enfans un ton naturel
« en lisant, en expliquant et en récitant leurs leçons,
« c'est-à-dire, celui dont on se sert ordinairement
« dans la conversation en parlant à un ami, en fai-
« sant un récit. » Il leur dit « de ne point laisser les
« enfans crier à pleine-tête, comme cela leur est si
« ordinaire, car l'expérience prouve, ajoute-t-il,
« combien il en coûte, dans la suite, pour se corriger
« de ce défaut, dont ils conservent toujours quelque
« chose dans la prononciation (1). » Je joindrai ici

(1) Traité des Études.

une considération non moins puissante : un des moyens les plus sûrs de former le jugement et de perfectionner le goût des élèves, de les accoutumer à donner toujours un sens à ce qu'ils peuvent dire ou écrire, à trouver une idée dans chaque mot qu'ils lisent ou qu'ils prononcent, c'est de les exercer de bonne heure à bien réciter. L'obligation où l'on se trouve de leur exposer les raisons pour lesquelles ils doivent s'attacher à prendre toujours le *medium* de la voix quand ils parlent dans une assemblée quelconque, à soutenir leurs finales, à varier leurs inflexions, à glisser légèrement sur tel mot, à appuyer fortement sur tel autre, cette obligation donne lieu à leur expliquer bien des secrets de l'art d'écrire. Je me rappelle que souvent, quand j'exerçais des fonctions analogues, il apparaissait tout-à-coup à mes yeux une foule de beautés et de délicatesses qui d'abord avaient échappé à mon attention. La facilité avec laquelle je pus obtenir quelques succès auprès de jeunes gens qui se plaisaient à ces sortes d'exercices, prouve assez que pour y réussir il suffira de le vouloir; il suffira que les Professeurs, pour peu qu'ils aient l'oreille délicate et exercée, ne veuillent plus se condamner eux-mêmes au tourment d'entendre chaque jour ces sons discords et barbares, qui anéantissent sans pitié la mélodie et les accents délicieux de ces maîtres de la poésie et de l'éloquence, de ces modèles de la chaire et de la tribune, dont les beautés doivent leur être si familières. Ce n'est point, je le sais, le manque de goût ni le défaut de zèle qui leur font négliger ces détails. La véritable cause de leur indifférence forcée pour cet objet, comme pour beaucoup d'autres, est connue. Je la révélerai plus tard. Mais la réforme ne pourra commencer efficacement que par les Maîtres des classes élémentaires; je dirai même par ceux des écoles primaires. Dans nos établissemens d'éducation, c'est aux Chefs des Institutions, aux Proviseurs des Colléges, c'est aux Censeurs des études que doit être remis le soin d'y veiller. Ils ne pourront être jamais assez exigeans sur une partie si importante. Les enfans bien préparés dès leurs plus basses classes, trouveraient dans les classes plus élevées, des Maîtres disposés à maintenir en eux ces heureuses habitudes, et désormais l'élève qui s'exprimerait avec intelligence, avec correction et avec grâce, ne se verrait plus exposé, comme cela a lieu aujourd'hui, à être un objet de risée et de ridicule pour ses ignares et inhabiles condisciples.

SECTION IV. — *Nécessité d'apprendre le Français avant le Latin.*

D'après ce que je viens d'exposer, on sentira, je crois, la nécessité d'exiger que les élèves qui sont présentés pour l'étude des langues anciennes, aient été préalablement disposés par tous les exercices d'un bon enseignement primaire. Écrivent-ils correctement le français sous la dictée et au tableau; rendent-ils compte, par l'analyse grammaticale, des différentes espèces de mots que renferme une phrase un peu compliquée; le mécanisme du verbe n'a-t-il plus rien qui gêne leur esprit et embarrasse leur jeune raison; commencent-ils à démêler, dans diverses propositions combinées entre elles, celle qui contient le sujet dominant et les complémens, celle où se trouve l'attribut essentiel et aussi ses complémens; distinguent-ils passablement la proposition principale de celles qui ne sont que complétives, explicatives, incidentes et subordonnées? Alors le moment est venu de les appliquer, avec espoir de succès, à l'étude du Latin, puisqu'il est réglé que l'étude de cette langue morte aura toujours la préférence sur l'étude de la langue grecque, et la précédera. Car ce pourrait être ici une question assez importante, que celle de savoir si l'on ne devrait pas commencer plutôt par l'étude du Grec que par celle du Latin; c'était l'opinion d'Érasme, c'est celle aussi du célèbre Wyttembach (1). mais ici se présente l'écueil des innovations, et nous devons surtout l'éviter.

Avant d'introduire vos jeunes élèves dans cette carrière classique qui va décider de leurs succès pour tout le cours de leurs études, il est une observation que je crois devoir présenter. Dans l'enseignement grammatical, c'est par la voie des *définitions* qu'on est dans l'usage de procéder, et tous nos livres élémentaires sont composés d'après la méthode *synthétique*. De grands inconvéniens sont le résultat journalier de cet ordre adopté, et il a fait naître bien des réclamations. Au fait, puisqu'il est question d'admettre

---

(1) Cet ordre est suivi dans l'Etablissement de M. de Fellemberg.

bientôt ces enfans à la connaissance des langues mortes, qui toutes sont remplies d'inversions, et qui pour être expliquées exigent à chaque instant l'emploi de l'analyse-logique, ne serait-il pas à desirer que dès le moment même où on leur fait apprendre le français, on suivît un ordre plus naturel et mieux accommodé au développement successif des facultés physiques et morales de cet âge? Les momens n'ont jamais paru plus propices pour obtenir une heureuse réforme dans cette partie. On commence enfin à reconnaître généralement que la manière la plus simple et la plus sûre d'établir, dans ces jeunes esprits, des notions fixes et certaines sur les principes fondamentaux de leurs connaissances, c'est de marcher, comme on l'a répété tant de fois, du connu à l'inconnu, du simple au composé. Peut-être enfin cessera-t-on de repousser les méthodes indiquées par les meilleurs esprits, par les hommes que l'expérience et de longues observations ont éclairés sur les moyens les plus faciles de transmission dans l'étude des langues. Mais en attendant que cette réforme si desirable s'opère enfin dans l'Instruction publique, ne pourrait-on du moins obtenir de la plupart des maîtres, qu'ils ne laissent plus les élèves surcharger leur mémoire de ces définions vagues, insignifiantes quand elles ne sont pas fausses, qu'on trouve dans la plupart des grammaires en usage? Puisqu'on veut des *définitions* avant d'avoir connu les élémens qui doivent les former, ne pourrait-on faire en sorte qu'au moins elles fussent justes, et qu'il ne fût déposé dans ces jeunes esprits que des idées vraies et précises, sur *l'article*, par exemple, sur la *préposition*, sur la théorie des *degrés de signification* (1), sur la nature *du verbe*, sur ce qui en détermine les différentes *formes*, etc. etc. Ce serait au moins comme autant de pierres d'attente bien choisies, qu'on ne serait pas obligé de rejeter, quand viendrait le moment d'élever la totalité de l'édifice. Tandis qu'en laissant se former dans les têtes de vos enfans, cet amas de notions erronnées, qui chaque jour sont répétées dans nos écoles, on embarrasse la marche de leur esprit au lieu de l'éclaircir, et l'on apporte les retards les plus funestes au développement de leur intelligence.

J'ai eu souvent l'occasion de faire l'application de quelques-uns des moyens d'analyse les plus connus. Il s'en fallait que je fusse dirigé alors par ceux que des méthodes plus logiques nous présentent aujourd'hui ; néanmoins j'affirme qu'aidé des seuls principes puisés dans la grammaire de Port-Royal, dans celle de Condillac, malgré toutes ses imperfections, mais surtout dans la petite syntaxe de l'abbé Fabre, dont je suis très-éloigné pourtant d'approuver tout le contenu, j'ai pu, sans de grands efforts, exercer de très-jeunes enfans des deux sexes à suivre une assez longue série de conséquences, et à décomposer par les voies de l'analyse grammaticale et logique, les phrases les plus compliquées et les plus embarrassées dans leur

---

(1) Cette Théorie est exposée d'une manière très satisfaisante dans la *Syntaxe* de l'abbé Fabre.

contexture. Cependant l'ouvrage intitulé *Principes de la grammaire générale mise à la portée des Enfans* n'était pas encore publié (1). J'ai senti dans la suite de quel secours il m'eût été pour ce genre de travail. Sans doute l'ordre actuellement suivi dans nos classes de long-temps encore ne subira les modifications desirables. Mais, en attendant, ce serait peut-être le meilleur manuel que les jeunes Professeurs, ceux surtout qui sont chargés de la *Cinquième* et de la *Quatrième*, pussent adopter. Les trois langues qui sont mises nécessairement en rapport dans ces classes (*le Français, le Latin et le Grec*), fournissent une occasion toute naturelle d'exposer les principes essentiels de la grammaire générale qui doit être la plus sûre directrice de toutes les autres études. Car, qui peut douter aujourd'hui que la vraie base de la logique ne soit une bonne grammaire, et que la logique ne doive être le flambeau et le guide de toute instruction?

Supposons maintenant nos jeunes Enfans préparés, comme je l'ai dit plus haut, par une connaissance suffisante des principes de leur langue maternelle, et par quelques notions de grammaire générale appropriée à leur âge. Vous avez dès-lors aplani pour eux les difficultés de l'étude des langues anciennes, vous leur avez facilité singulièrement celle des langues vivantes, et vous avez hâté de beaucoup les progrès

---

(1) Par M. Sylvestre de Sacy, ex-membre du Conseil royal de l'Université. Cet ouvrage peut suppléer à beaucoup d'autres. Nos jeunes maîtres n'ont pas su l'apprécier, je crois, comme il devait l'être; mais l'étranger en a mieux connu le mérite.

qu'ils pourront faire dans toutes les autres études. Le travail sera devenu attrayant pour eux, et en entrant dans nos classes élémentaires, on ne sera plus frappé d'un spectacle bien propre à exciter un véritable sentiment de douleur et de pitié. On ne verra plus de pauvres Enfans de huit à neuf ans, sachant lire à peine et un peu écrire, et qui déjà sont courbés chaque jour, pendant de longues heures, sur des livres, bien faits sans doute pour étendre et former leur esprit, mais qui étant fermés à leur intelligence, ne sont le plus souvent pour eux, qu'un objet de dégoût et d'effroi. Ils ne savent point encore ce que c'est que le *nom* et le *verbe* français, et déjà on les met aux prises avec le *nom* et le *verbe* latin, et dans peu ce sera avec les déclinaisons et les conjugaisons grecques qu'ils auront encore à lutter. A travers des disgrâces de toutes espèces dont souvent on flétrit la fleur de ce jeune âge, il leur faut apprendre et répéter sans cesse et sans cesse copier et recopier ce qu'ils n'ont jamais ni compris ni goûté, et c'est ainsi qu'on prétend loger dans les cases encore molles et si peu développées de leurs jeunes cerveaux, les diverses combinaisons de deux langues à-la-fois. « Comme « s'il n'était pas plus naturel, dit Rollin, de com- « mencer l'instruction des enfans, par les seules « règles de la grammaire française, dont les prin- « cipes leur servent ensuite pour l'intelligence du « latin et du grec. L'étude de ces deux langues leur « paraîtra alors beaucoup moins difficile et moins re- « butante, car il ne s'agira plus que de leur faire

« ranger, dans un certain ordre, des choses qu'ils
« savaient déjà, quoique confusément (1) ».

Mais il est encore une observation que je ne crois
point devoir négliger. Parmi ce grand nombre d'élèves
qui commencent leurs cours d'études, il en est beaucoup qui ne sont point assurés de l'achever en entier,
et qui seront appelés de bonne heure à des carrières
toutes différentes. L'enseignement de la langue française est donc pour eux le plus nécessaire, et doit être
la base de tous les autres. Objectera-t-on ce qui m'a
été répété plusieurs fois, que les parens craindraient
que leurs enfans, s'ils n'étaient pas appliqués à l'étude
du latin dès leur entrée dans une école *secondaire*, ne
fussent privés de l'enseignement qui leur est promis
et annoncé. Il serait facile, au bout de quelques mois,
de prouver le contraire; et ces parens seraient promptement désabusés à la vue des progrès rapides que
bientôt les élèves feraient dans les deux langues.

SECTION V. — *Enseignement élémentaire des
Langues anciennes.*

Voilà donc enfin nos jeunes nourrissons des Muses
en possession d'étudier la langue de Cicéron, de
Tite-Live, de Tacite, de Virgile et d'Horace. Ici je
remarque que Pluche a raison, quand il dit que les
réflexions de Rollin, dans son Traité des Études,
tombant sur la perfection plus que sur les commencemens, il s'était contenté à l'égard de ceux-ci, de

_____
(1) Rollin, *Traité des Etudes.*

dire les choses à demi-mot (1). Il n'est que trop vrai qu'un peu timide, Rollin a plié sous le joug de l'usage, et a cédé à des considérations de circonstance. Il n'a donné que des indications quand il devait présenter des principes et des développemens, et il a plutôt formé des souhaits qu'il n'a établi des règles et des préceptes ; mais pourtant je ne crois pas que quelque chose d'essentiel lui soit échappé : son *demi-mot* a été entendu par tous les lecteurs attentifs et par les vrais amis de la jeunesse. C'est ce *demi-mot* qui a donné lieu aux développemens si sages, mais peut-être un peu longs, dans lesquels Pluche lui-même est entré sur les défauts et les inconvéniens graves des méthodes prédominantes. Malheureusement quand Pluche en vient aux moyens d'y remédier, ceux qu'il propose ne peuvent guère s'appliquer qu'à des éducations particulières, et nullement à l'enseignement public, il n'est donc pas étonnant que ses méthodes n'aient point été goûtées, et qu'avec tout son savoir il n'ait pu vaincre cette insouciance générale et cette puissance de l'habitude que Rollin lui-même avait en vain essayé de combattre.

J'ai déjà fait observer que les circonstances actuelles ouvraient un champ bien plus favorable à toute espèce d'améliorations. Un grand mouvement a été imprimé aux esprits de ce temps. Bien des parties de l'Instruction publique en ont senti vivement l'influence, mais ses heureux effets sont venus expirer à la

---

(1) *Spectacle de la Nature*, tom. vi.

porte des classes de l'enseignement élémentaire. Aussi est-il resté bien en arrière de tous les autres, malgré les travaux d'Ecrivains supérieurs, et très exercés sur les matières qui en font la base (1). Leurs écrits ont du moins aplani le chemin; il ne manque plus que la volonté d'y marcher. Leurs diverses méthodes, remplies de vues excellentes, ont été soumises à l'examen des Savans, et offertes au zèle des Maîtres. Il est vrai qu'il est peu de ces méthodes qui offrent un ensemble achevé; peu dont toutes les parties soient combinées dans une juste mesure, et qui, ne renfermant rien de trop, ne laissent rien à desirer. Parmi les inventeurs, un très petit nombre s'est astreint à bien marquer le point de départ. La plupart ont été entraînés ou par l'ardeur d'avancer, ou par la crainte d'exciter l'ennui par des détails trop longs. Les enfans emportés à leur suite dans des routes encore trop embarrassées, ou n'y marchent que d'un pas incertain et timide, ou s'y arrêtent tout-à-fait, ou ne font que s'y traîner péniblement à travers les obstacles de tout genre.

L'art suprême consisterait donc à les introduire dans ces premières avenues des connaissances humaines par des moyens doux et faciles; à les y faire avancer sans un travail forcé, sans des efforts dangereux, sans dégoût, sans lassitude; mais avec hilarité, avec promptitude et avec succès. Or, c'est ce

---

(1) Voyez les d'Olivet, les de Wailly, les Duclos, les Condillac, les Dumarsais, les Court de Gebelin, les Debrosse, les Beauzée, les Domergue, les Sicard, les Radonvilliers, les Duvivier, Lemare, Lévizac, Boniface et tant d'autres.

que paraît devoir obtenir la Méthode nouvelle dont on a fait les premiers essais dans l'Institution Morin. Un Recteur d'académie, qui en est l'inventeur, est venu, avec l'autorisation de l'Université, en faire à Paris une application soutenue et développée. J'ai été à même d'en suivre la marche, d'en apprécier les résultats : je crois remplir un devoir envers l'Instruction publique, envers la société, en appelant sur cette Méthode et l'attention des Maîtres et l'intérêt des Pères de famille.

SECTION VI. — *Méthode de M. Ordinaire.*

En effet, enlever des mains des enfans jusqu'à ce qu'ils puissent en faire un usage salutaire, ces *Syntaxes* inintelligibles pour eux, et sur lesquelles on les tient chaque jour *cloués* (1) des heures entières, dans une immobilité si contraire à leur âge, et dans une attitude si peu favorable à la santé; les dispenser désormais, pendant ces premières années d'étude, de se perdre à chaque instant dans les détours d'un *lugubre Dictionnaire* (2) où, comme dit l'abbé Pluche, ils ne trouvent point ce qu'ils cherchent, et où ce qu'ils trouvent les remplit de perplexité; abréger des deux tiers au moins l'espace de temps consacré, dans nos établissemens, à l'étude des élémens de la langue latine; donner à ces premiers travaux de l'enfance un tel attrait qu'ils deviennent pour eux un vrai

---

(1) et (2) Expressions de Pluche.

plaisir, au lieu d'être une tâche pénible et douloureuse; écarter pour toujours ces inutiles *pensums*, ces fâcheuses punitions qui, si souvent, répandent la tristesse et l'amertume sur les premiers exercices des facultés intellectuelles : voilà les avantages que depuis long-temps appellent de tous leurs vœux les Pères de famille éclairés et les Maîtres pénétrés des sentimens attachés à la nature de leurs fonctions; voilà ce que M. Ordinaire annonçait comme résultat infaillible de sa Méthode; voilà ce qu'il exécute avec un succès qui n'est pas douteux. On peut s'en convaincre en lisant les rapports d'une Commission dont j'ai fait partie, et qui a dû soumettre les exercices de cette Méthode à un examen approfondi (1).

Pour moi, je trouve qu'elle remplit si complètement toutes les vues que Rollin avait proposées, que je ne puis m'empêcher de le faire remarquer avec un peu de détails.

Il y a près d'un siècle, Rollin disait : « A ne con-
« sulter que *le bon sens et la droite raison*, il semble
« que la Méthode qui consiste à commencer par
« l'explication des auteurs devrait être préférée, car
« pour bien composer en Latin, il faut un peu con-
« naître le tour, les locutions, les règles de cette
« langue, et *avoir fait amas d'un nombre assez*
« *considérable de mots* dont on sente bien la force,
« dont on soit en état de faire une juste application.
« Or, tout cela ne se peut faire qu'en *expliquant les*

(1) Voir ces Rapports à la suite de ce Chapitre, n°s 3, 4 et 5.

« *auteurs* qui sont comme un Dictionnaire vivant
« et une Grammaire parlante où l'on *apprend, par*
« *l'expérience même, la force et le véritable usage*
« *des mots, des phrases et des règles de la Syn-*
« *taxe* (1). »

Enchérissant sur ce que Rollin avait avancé relativement à l'exercice des *thèmes*, Pluche (2) par une foule d'argumens plus concluans les uns que les autres, en proscrit l'usage ridicule pour les premières classes. « Il veut que la composition latine se
« fasse de vive-voix et par écrit, d'après le latin
« d'un excellent auteur qu'on vient de traduire, et
« dont il faut rappeler le tour. Il convient bien qu'il
« ne faut pas négliger les premières règles, puis-
« qu'elles facilitent l'intelligence des auteurs. Mais il
« s'afflige de voir sacrifier le goût de ces auteurs et
« le vrai ton de la langue à l'acquisition d'un fatras
« de règles qui troublent, qui morfondent les en-
« fans, et dont l'application est toujours pour eux
« vague et incertaine.» Ces assertions, qui, aux yeux des nombreux fauteurs de la routine, pouvaient paraître autant de blasphêmes, il les appuie de l'autorité des Lefebvre de Saumur, des Arnauld, des Lencelot, des Fleury, des Duguet, des Crouzas, et d'autres auteurs non moins remarquables par la supériorité de leurs lumières; il eût pu y joindre celle même de Bossuet et de Fénélon; et l'on pourrait pro-

---

(1) *Traité des Etudes.*
(2) *Spectacle de la Nature,* tom. vi.

duire encore tous les écrivains qui, depuis l'époque où vivaient ces grands Instituteurs, ont jusqu'à ce jour perpétué les mêmes réclamations, manifesté les mêmes vœux, et répété inutilement les mêmes avis.

Or, ce que Rollin avait dit, ce que voulait Pluche, ce qu'ont indiqué les hauts personnages dont je viens de parler et les hommes à talent qui ont pensé d'après eux, M. Ordinaire l'exécute en ce moment. Les Enfans, par *ses tableaux de nomenclature*, acquièrent, avec une promptitude étonnante et une sûreté très remarquable, *cet amas* considérable de mots dont Rollin fait sentir la nécessité ; par *ses tableaux de désinence*, il leur donne une connaissance *complète des Paradygmes de toutes les espèces de mots* ; par *ses tableaux des règles*, non-seulement il leur ménage une entrée facile dans les auteurs de la bonne latinité, mais encore il les rend capables d'en faire bientôt d'heureuses imitations, et de composer à leur exemple ; enfin, *par l'explication des auteurs*, qui toujours précède de beaucoup l'exercice des thèmes, et par le soin qu'on met à ce que les Elèves rétablissent successivement le texte sur la traduction française qu'ils ont faite, on leur apprend, *par l'expérience même, la force et le véritable usage des mots, des phrases et des règles de la Syntaxe.*

Mais ce qui caractérise particulièrement encore cette Méthode, c'est l'extrême promptitude avec laquelle des Enfans de huit à dix ans sont rendus familiers avec ces divers exercices : car nous l'avons constaté nous-mêmes, et nous sommes restés convaincus que dix à douze mois d'études non interrompues avaient pu suffire pour mettre les élèves que nous avions été chargés d'examiner, en état de traduire tout *Phèdre* à l'ouverture du livre, une grande partie du *Cornelius Nepos*, après avoir expliqué tout le *Selectæ è veteri Testamento*; et le tout sans manquer d'appliquer les règles de l'analyse grammaticale.

Maintenant, si l'on compare le temps que, dans nos établissemens, on est obligé d'employer avant d'amener un Enfant aux classes où s'expliquent les auteurs dont je viens de parler, c'est-à-dire à la *Sixième* et à la *Cinquième*, quelle différence on trouve entre les deux Méthodes, et quel immense avantage présente cette dernière! L'Elève qui entre dans nos Pensions ou Colléges, ne sachant que lire et écrire, passe une année avant d'arriver à la Syntaxe; et j'ai dû me convaincre par moi-même que, dans ces jeunes têtes, les premières notions ne sont pas bien sûres, qu'elles sont peu précises et toujours embarrassées de nuages. Il entre en *Septième*, c'est la grammaire latine qu'il lui faut étudier, jusqu'à cette partie qu'on appelle la *Méthode*. En *Sixième*, la même grammaire encore. En *Cinquième*, toujours cette grammaire, à laquelle on joint, un peu tard, peut-être, la grammaire de la langue grecque. Je ne garantirais pas que le pauvre enfant fût entièrement délivré de la grammaire latine en *Quatrième*. Voilà donc quatre grandes années employées à apprendre assez mal les *Paradygmes*, la *Syntaxe* et la *Méthode*; et l'on pourrait assurer, sans craindre de se tromper, qu'il n'y a qu'un très petit nombre d'Elèves qui conservent une connaissance bien arrêtée des divers rapports que renferment ces trois parties. C'est encore une épreuve que j'ai faite dans nos classes. Chargé, avec un respectable fonctionnaire de l'Instruction publique (1), d'examiner toutes les classes de *Cinquième*, bien peu d'élèves m'ont paru entendre passablement le système grammatical, bien peu ont répondu pertinemment sur les fonctions spéciales qu'exercent dans le discours les diverses espèces de mots. La même épreuve a été renouvelée cette année ; et il s'en faut, sauf quelques exceptions, que les résultats aient été plus satisfaisans.

Cependant, presque tous les élèves de ce cours comptent, comme je viens de le dire, déjà quatre années d'études consacrées, presqu'exclusivement, à celle de la langue latine. Mais si, d'après la méthode de M. Ordinaire, on peut gagner, sur ce nombre, au moins deux ou trois années, lesquelles, dès-lors, se trouveraient entièrement disponibles, à combien de choses utiles et précieuses, pour tout le reste de leur existence, ne pourrait-on pas appliquer ces jeunes esprits! et qui ne sait quelle influence peut avoir, sur tous les âges, l'emploi plus ou moins heureux de cette importante portion du premier âge? Or, quelle variété d'objets se présente pour remplir cet espace considérable! je vois l'Histoire sacrée, l'étude de la Mappe-monde, les notions générales et élémentaires

---

(1) M. Budant, Inspecteur général des Études.

de la Géographie, l'Arithmétique, les premiers élémens de la langue algébrique, afin qu'ils soient familiarisés avec eux de bonne heure; je vois la Mythologie et tout ce qu'ils en doivent savoir, le perfectionnement de l'écriture, quelques exercices sur l'écriture de la langue grecque, les premiers élémens de la musique, le dessin linéaire, qui les prépare au dessin des figures; enfin les premiers principes des connaissances justement appelées *instrumentales*, parce qu'elles ne sont que des moyens d'apprendre; et les élémens de celles qu'on nomme *nécessaires* ou *essentielles*, parce qu'elles comprennent ce que l'homme doit absolument savoir et pratiquer, telles que la Religion, la Morale et la Physique. Or, lorsque ces élémens sont bons, et qu'ils ont été gravés, dès cet âge, dans l'intelligence des enfans, on sait jusqu'où ils peuvent conduire des esprits bien préparés.

Ces avantages inappréciables ne seraient pas attachés à cette Méthode, qu'une considération essentielle la rendrait encore préférable à mes yeux: c'est le privilége incontestable qu'elle aura toujours d'épargner à l'Enfance les chagrins et les dégoûts dont la Méthode ancienne est plus ou moins environnée. Qu'on ne s'imagine pas, cependant, qu'elle aurait pour but d'exclure tout effort, toute application, tout travail de la part des Elèves. S'il en était ainsi, je la tiendrais pour suspecte, et je serais des premiers à la rejeter, dès que, par elle, on prétendrait conduire au savoir, à travers les jeux, les distractions et les amusemens. En fait de connaissances, l'esprit de l'homme ne peut atteindre réellement que les objets vers lesquels il s'est porté de lui-même avec ardeur et avec une sorte de contention : ce qu'il conserve le mieux, c'est ce qui lui a coûté les plus constans efforts pour l'acquérir. Toute Méthode qui tendrait à dispenser l'Enfant de faire usage de la faculté à l'aide de laquelle seule il peut apprendre ; tout mode d'enseignement qui ne fortifierait pas en lui l'habitude de *l'attention*, par cela même devrait exciter les préventions les plus fondées. Mais on aura pu reconnaître que telle n'est pas, assurément, la méthode de M. Ordinaire. Fondée sur les principes d'une saine logique, n'admettant qu'une marche progressive et coordonnée aux développemens successifs des facultés physiques et morales de l'Enfant, elle doit le conduire infailliblement, et d'une manière aussi rapide que sûre, aux opérations les plus compliquées de l'intelligence. Comme on ne fait étudier à l'Elève que ce qu'il est à même de bien comprendre, une notion acquise attire toujours en lui une autre notion ; celle qui suit confirme celle qui a précédé, et l'appétit intellectuel, si je puis m'exprimer ainsi, est toujours vivement excité, parce que l'aliment qui lui est offert, est toujours facile à saisir, facile à digérer : l'attention de l'Enfant se soutient sans cesse, parce qu'elle n'est jamais fatiguée : ce qu'on attend de lui, on le lui demande sans exigeance, il le donne sans effort, et il n'éprouve que bien rarement le mal aise et la gêne que cause aux Enfans mal enseignés l'inquiétude de n'être pas en état de satisfaire aux questions qui peuvent leur être adressées.

Aussi, avec cette Méthode, tout se trouve changé dans les habitudes et dans le sort des Enfans : ce ne sont plus les contraintes et les rigueurs qui, dans nos écoles, attristent si souvent cet âge que la nature semble avoir destiné seul aux plaisirs sans mélange, aux illusions innocentes. Ce ne sont plus ces nuages de douleur et d'ennui, capables de dérober aux yeux des élèves l'éclat du savoir et le prix des lettres, plus de ces privations, plus de ces châtimens, à travers lesquels on voit souvent cette aimable jeunesse se traîner misérablement vers le sanctuaire des arts (1). Tout a pris pour elle un autre aspect; tout est plaisir et satisfaction : elle ne marche plus qu'escortée de cette gaîté ingénue, de ces sentimens naïfs et doux qui doivent être son partage, et qu'on ne peut lui ravir sans une espèce de barbarie. Douterait-on de ce que j'avance? J'enverrai les incrédules à l'établissement modeste mais si bien tenu de M. Michelot, où se fait, sans bruit, un essai si heureux de cette précieuse Méthode; je les engagerai à se transporter au bel institut de M. Morin, soit à Paris, soit à Fontenay-aux-Roses, et à examiner cette nombreuse réunion d'aimables Enfans qui remplissent les salles, ou qui se jouent dans les jardins ; qu'ils considèrent

---

(1) . . . . . . The whining school boy, with his satchel
And shining morning face, creeping like snail,
Unwillingly to school   SHAKESPEARE.
As you like it. Scène VII.

les visages épanouis et frais, les figures candides et réjouies de ces jeunes et nouveaux adeptes de la latinité, et ils jugeront si j'exagère en m'étendant sur ces avantages qui me paraissent incontestables. O vous, tendres Mères, qui venez si souvent, dans nos asiles académiques, essuyer les pleurs de vos Enfans châtiés pour avoir failli sur le *que retranché* ou sur *l'ablatif absolu*, faites des vœux pour que la Méthode de M. *Ordinaire* obtienne la faveur qu'elle réclame, et soit admise dans toutes nos écoles; et ces larmes auront bientôt cessé de couler, et vous ne verrez plus ces jeunes fronts, siége d'ingénuité et de candeur, se contracter et se rembrunir à l'aspect de l'épais Dictionnaire et du fâcheux Rudiment!

N.º I.

EXTRAIT D'UN RAPPORT

Concernant la méthode proposée par madame Vander-Bruck, pour apprendre à lire et à écrire aux Enfans.

Cette Méthode est le résultat de longs essais qui ont été faits par une mère de famille très-instruite ; sûre de la bonté de ses procédés, elle ne demande qu'à être autorisée à en faire une expérience plus en grand.

J'ai examiné cette méthode avec soin : elle m'a paru aussi simple qu'ingénieuse. Chaque leçon, à partir de l'*a b c d,* est bien graduée, et prépare à la leçon suivante. En peu de temps l'Enfant a connu l'emploi de toutes les lettres et de toutes les syllabes, et prononcé toutes les désinences et tous les sons que les combinaisons diverses des lettres et des syllabes peuvent produire.

Toutes ces leçons sont inscrites sur une feuille de papier qui, insérée dans un petit stiratore ou cadre, est recouverte d'un morceau de papier lucidonique ; ces objets, qu'on peut se procurer à vil prix, mettent le livret à l'abri de l'esprit destructeur de l'Enfance.

Dans les leçons de lecture, déjà les enfans ont été préparés à la connaissance des différentes terminaisons de la plupart des temps et des verbes ; de petites historiettes qui toutes ont pour but d'inspirer d'excellens sentimens, leur ont appris à lire de suite et avec intérêt. Passant à l'écriture, ils apprennent bientôt, tout en traçant des lettres, des mots et des exemples, à distinguer les différentes parties du discours et leurs fonctions dans la langue.

Ces exemples sont lithographiés : on pourrait demander plus de correction dans la formation des lettres et dans le corps de l'écriture ; elle est de la nature de celle qu'on appelle *cursive*, laquelle on semble vouloir faire prévaloir depuis quelque temps dans nos écoles, sans doute parce qu'elle paraît plus facile ; mais il est à desirer qu'elle ne finisse point par faire disparaître cette belle écriture française qui, composée de la *bâtarde*, de la *romaine* et de la *coulée*, offre un ensemble si agréable à l'œil, et si varié dans ses détails, et dont les exemples des Frères de la Doctrine chrétienne, présentent, dans toutes leurs écoles, des modèles si parfaits.

N° II.

Page 102. — *Donner le ton à toutes les langues de l'Europe.*

Ce n'est pas sans motif que je me sers de cette expression. Depuis le grand siècle de Louis XIV, la langue française n'est pas seulement devenue d'un usage universel en Europe : elle a fait plus ; elle a communiqué ses inflexions, ses habitudes, ses tours aux langues étrangères. Ceux qui sont versés dans la connaissance un peu approfondie de quelques langues vivantes, ont pu remarquer qu'à dater de cette époque, toutes ont perdu, avec plus ou moins de promptitude, cette espèce d'âpreté native, de couleur particulière et d'originalité nationale qui les caractérisaient. Elles se sont insensiblement rapprochées de nos formes régulières, de la netteté de notre phrase, et elles se sont pliées à ces contours arrondis, à ces inversions simples, naturelles et précises dont les chefs-d'œuvre de nos grands écrivains ont fourni les modèles. Aujourd'hui, dans tous les auteurs étrangers, qui sont éminemment classiques, ou qui n'ont point sacrifié à ce goût fantasque et bizarre dont on a prétendu faire un *genre* en littérature, en lui donnant la dénomination de *romantique*, vous retrouverez généralement une couleur presqu'uniforme, un genre de perfection à-peu-près égal et commun, un air de parenté, enfin, dont on peut faire honneur à la langue française, sans trop craindre de se tromper. C'est ce qui rend singulièrement facile, surtout dans les prosateurs, l'intelligence des idiômes employés par les écrivains des diverses nations. Quiconque aura lu avec quelque attention, Driden, Pope, Littleton, Hume, Robertson, Gibbon, Blair et autres, aura pu s'apercevoir de ce que j'avance.

N° III.

PREMIER RAPPORT

SUR LA MÉTHODE DE M. ORDINAIRE.

La Commission, nommée pour l'examen de cette Méthode, était composée de MM. Poinsot, *Inspecteur-général*, Président; Guéneau de Mussy, *Directeur de l'École normale*; Frédéric Cuvier, l'Étendart, de Feletz, *Inspecteurs*.

M. F. Cuvier, *Rapporteur*.

Messieurs,

Nous avons examiné, conformément à la demande que vous nous en avez faite, et à l'aide des éclaircissemens que nous a donnés M. Ordinaire, l'ouvrage qu'il vous a présenté, et qui a pour titre: *Méthode pour l'enseignement des langues.*

Nous allons vous faire connaître cet important travail; mais avant d'en parler, nous croyons devoir considérer d'une manière rapide les modifications principales que la Méthode d'enseignement du latin a éprouvées chez nous, ainsi que les causes qui les ont amenées; par là, rattachant les idées nouvelles aux idées anciennes, nous les ferons mieux apprécier, et nous rendrons plus évidentes les conclusions qui terminent notre rapport: car, en cette matière, comme en toute autre, un changement ne peut être avantageux qu'autant qu'il est la conséquence nécessaire des circonstances qui l'ont précédé.

Notre enseignement a cela de particulier qu'il a eu d'abord pour objet la langue latine, non pas comme langue morte, mais comme langue vivante; c'est la seule dont l'usage fût admis dans nos écoles à l'époque où le besoin de l'instruction se fit sentir aux nations barbares qui envahirent les Gaules; elle devint notre langue littéraire et scientifique, et conserva cette honorable distinction jusqu'au siècle où la langue française fut assez riche pour être fixée. Pendant ce long espace de temps, toutes les leçons durent se donner en latin, et les grammaires furent naturellement écrites dans cette langue. D'un autre côté, les thèmes devinrent l'exercice principal des écoliers qui, ne pouvant trouver que dans la langue de Cicéron, ou dans celle de l'école, les moyens d'écrire et de traiter convenablement les différens objets de leurs études, lui subordonnèrent toutes les autres. Cette méthode d'enseignement, conséquente jusqu'à un certain point, était fondée sur la nature des besoins, et devait durer autant qu'eux. Mais comme les usages se conservent long-temps encore après que les causes qui les rendaient nécessaires ont cessé d'agir, nous trouvons dans nos Colléges les grammaires et les dictionnaires écrits en latin, et l'usage exclusif des thèmes, lorsque la langue latine n'y était plus parlée; que la française, en devenant classique elle-même, s'était emparée de la prééminence qui lui convenait chez un peuple dont elle formait la langue usuelle, et que, pour satisfaire aux besoins nouveaux réclamés par le changement de la langue des écoles, plusieurs ouvrages, et notamment la grammaire de Port-Royal(1), avaient été publiés afin de donner aux enfans, dans la langue qu'ils comprenaient, les leçons de celles qu'ils devaient apprendre. Aussi, Rollin, dans la première moitié du 18ᵉ siècle, en appelle-t-il au sens commun contre cet usage alors tout-à-fait dépourvu de raison.

Cependant ces ouvrages furent admis : mais, quoique modifiés dans quelques-unes de leurs parties, pour rendre leur étude ou leur emploi plus facile, ils présentaient encore des difficultés que les Maîtres et les Élèves ne parvenaient à surmonter qu'à l'aide de beaucoup d'efforts et de beaucoup de temps. En effet, les grammaires qui n'étaient guère que des traductions ou des extraits de celles qui les avaient précédées (2), continuaient à s'adresser d'abord à l'esprit par des généralités hors de la portée des enfans, et les dictionnaires donnaient toujours à résoudre à l'écolier le problème, ordinairement insoluble pour lui, du sens dans lequel avaient été employés les mots qu'il cherchait.

L'on a peine à imaginer la cause d'une pratique aussi contraire à la nature de l'intelligence : on dirait que, dans l'origine, ces ouvrages ne furent composés que pour des hommes faits qui possédaient les élémens de la langue, et qu'insensiblement, et par l'influence de l'habitude, ils furent appliqués à l'Instruction de l'enfance.

Quoi qu'il en soit, ce défaut se fit d'autant plus vivement sentir, que l'instruction s'étendit à plus d'objets, et pénétra plus avant dans les différentes classes de la

---

(1) La première édition parut en 1650.
(2) Port-Royal avait tiré sa Grammaire des ouvrages de Sanctius, et surtout de celui qui a pour titre : *De Causis Linguæ latinæ*.

nation. Alors la critique de l'enseignement, et les projets de méthodes nouvelles se multiplièrent, et nous voyons l'autorité sentir enfin que cette branche importante de l'administration avait besoin d'être modifiée: le Parlement de Paris, par un arrêt du 3 septembre 1762, reconnut la nécessité d'améliorer les études, mais cet arrêt ne fut suivi d'aucun résultat.

Dès ce temps il était bien établi que toute instruction devait commencer par des idées particulières; mais principalement pour les enfans chez qui la mémoire est la faculté intellectuelle la plus développée; et les idées particulières d'une langue consistent dans les mots et leur signification. Ce fut aussi par la connaissance des mots qu'on proposa de commencer l'enseignement des langues mortes; mais quoique chacune des méthodes qui furent imaginées eût des avantages réels, elles n'ont amené aucun changement essentiel dans nos usages, si ce n'est l'exercice des versions. Nos rudimens commencent encore par la définition la plus abstraite; et si nos dictionnaires se sont perfectionnés, c'est en présentant, d'une manière plus complète encore, les divers sens dans lesquels ont été employés les mots.

Cette espèce d'indifférence pour une amélioration possible et généralement réclamée, ne peut pas être entièrement attribuée à cet empire de la routine sous lequel il semble être dans la destinée de l'homme de fléchir: une autre cause s'était jointe à celle-là; mais, pour mieux l'apprécier, et, surtout, pour juger si la méthode de M. Ordinaire peut fructifier dans nos écoles, examinons celles qui avaient été proposées avant la sienne.

Toutes se réduisent à trois principales: La première

consiste à enseigner le latin comme les langues vivantes ; d'abord, oralement, par l'usage journalier ; et, ensuite, par les règles, d'autant plus faciles à apprendre, qu'elles ne seraient, en quelque sorte, que l'expression des faits qu'on posséderait déjà ; puisque la plupart des constructions auraient été acquises et seraient familières. C'est par cette méthode que Montaigne commença à apprendre le latin, et c'est elle que Locke recommande ; mais la langue du siècle d'Auguste ne peut point devenir usuelle chez les nations modernes sans se corrompre. Une telle méthode ne saurait donc être admise.

La seconde aurait pour but de prendre les phrases latines dans les livres classiques eux-mêmes, et d'en donner le sens par celui des mots, en faisant apprendre, en même temps, une plus ou moins grande partie de la grammaire : c'est proprement la méthode des traductions interlinéaires de Dumarsais, dont l'idée était dans Locke. Mais doit-on changer la construction des phrases latines en construction française, comme le voulait notre grammairien ; ou conformer la construction française à la construction latine, comme le demandaient Luneau de Boisjermain et Maugard ; ou bien enfin ne rien changer aux constructions des deux langues, et rendre, le plus exactement possible, l'une par l'autre, ainsi que le proposent Pluche et Lemare ? et faut-il ou non joindre à l'enseignement du sens des mots et des phrases, un enseignement de la grammaire ? car Dumarsais a donné naissance à ces quatre propositions différentes, dont nous allons dire un mot.

Il est trop évident qu'il y a un inconvénient réel et grave à dénaturer la langue latine ; car il ne suffit pas, pour les élèves, de comprendre le sens des auteurs, il faut encore qu'ils se pénètrent de leur esprit, et qu'ils se forment à leur goût. L'inconvénient n'est guère moindre à calquer la langue française sur celle qui emprunte son secours pour se faire entendre ; aussi les essais qui ont été tentés laissent peu d'espoir de succès à cette mutilation monstrueuse. Il n'en est peut-être pas de même de l'idée d'habituer les élèves au sens des mots et des phrases par un exercice simultané de ces phrases avec leur signification française; idée dont Lemare a rendu l'exécution possible, au moyen de ses phrases prénotionnelles, plus ou moins courtes, dit-il, plus ou moins faciles, « et qui présentant toujours les « difficultés séparées, ne peuvent jamais accabler l'é- « tudiant. »

Son but a été d'obtenir les avantages de la méthode suivant laquelle les langues vivantes s'enseignent, sans les inconvéniens qui résultent de cette méthode pour les langues mortes, et de telle manière que les règles de la grammaire fussent, pour les élèves, des conséquences aussi faciles à concevoir et même à déduire, que le sont celles de notre langue pour quiconque en a le bon usage et la parle correctement. Nous ne dirons point si ce but a été atteint; seulement il nous paraît que le travail de M. Lemare méritait plus d'attention qu'il n'en a obtenu, malgré le langage singulier dont il s'est quelquefois servi.

Quant à la partie rationnelle de la langue, aucun des auteurs qui se sont occupés à modifier la méthode de Dumarsais, n'a cherché, plus que ce grammairien ne l'avait fait, à l'associer méthodiquement au sens des mots et des phrases: les uns voulaient qu'on se bornât aux parties du discours; quelques autres permettaient les premières règles de la Syntaxe ; et Radonvillier comme Lemare n'admettent l'étude des règles de toute espèce qu'après que la langue est apprise, et que les classiques ont été expliqués. Nous verrons bientôt que la cause de ces variations consiste entièrement dans l'idée incomplète qu'on s'était faite de cette partie de la grammaire.

Enfin la troisième méthode consiste à apprendre d'abord les mots isolément, avec leur signification, pour passer ensuite à l'explication des auteurs et à l'étude des règles. On connaît le *Janua linguarum* de Bathe (1), et celui de Coménius (2) ; faits dans des vues systématiques et dans l'esprit du temps, ils sont aujourd'hui sans objet. Pomey, depuis, publia son *indiculus universalis* (3), qui, ne se rattachant point spécialement aux ouvrages classiques, ne s'est pas soutenu. Et c'est à la même raison qu'il faut, sans doute, en partie, attribuer l'éclat éphémère dont brillèrent, à la fin du dernier siècle, la méthode latine de Delaunay et le cours de latinité de Vanière.

Si nous recherchons actuellement quels sont les vices communs aux diverses méthodes que nous venons de caractériser, dans la vue de découvrir la cause qui borna

---

(1) Janua linguarum, seu modus maxime accomodatus quo patefit aditus ad omnes linguas intelligendas. *Salamanque*, 1611, in-4°, 144 pages.

(2) Janua linguarum reserata. *Lesna*, 1631, in-8.

On a encore du même auteur :

— Januæ linguarum novissimæ clavis grammatica latino vernacula, seu Grammatica janualis.

— Lexicon januale, seu silva latinæ linguæ, etc., etc.

(3) Paris, 1667.

leurs succès aux éducations particulières, nous croyons l'apercevoir, d'abord, dans le peu d'accord des auteurs sur des points principaux, sur des questions capitales, qui donnaient lieu de supposer, avec raison, que leurs idées avaient encore besoin d'être mûries par l'expérience et la réflexion; et ensuite, dans les rapports incomplets qui se trouvaient entr'elles et la méthode ordinaire, méthode généralement admise, établie par une longue succession de temps, et sur laquelle toutes les institutions publiques d'enseignement étaient fondées. Des habitudes aussi profondément enracinées peuvent se changer par des améliorations successives, mais non point se reformer tout-à-coup, ou subitement se détruire. Quelle raison suffisante aurait-on eue pour remplacer un mode d'enseignement, vicieux sans doute, mais complet et en usage, par un autre, fondé sur de bons principes, il est vrai, mais sur l'application duquel on ne s'accordait point, qui était resté borné à la plus petite partie d'un cours d'étude, et dont l'admission nécessitait des changemens d'une utilité douteuse. Pour porter l'autorité à de telles mesures, il lui faut plus de motifs de persuasion et moins d'obstacles à vaincre.

C'est à la dernière des méthodes dont nous venons de parler que se rattache celle de M. Ordinaire, pour l'enseignement des langues. Il n'a point voulu, comme ses prédécesseurs, embrasser toute la nature, et faire connaître aux élèves jusqu'aux noms des choses qui furent les plus inconnues aux latins; il a sagement pris les livres en usage dans nos classes, et a commencé par le premier, l'*Epitome Historiæ sacræ*. Tous les mots qui se trouvent dans cet ouvrage ont été classés conformément à leur nature: d'abord, les *substantifs* ramenés à leurs nominatifs, dont le radical est distinct de la désinence, et suivant les déclinaisons auxquelles ils appartiennent; puis les *adjectifs* présentés de même, et avec les désinences qui les transforment en adverbes; ensuite les *verbes* rangés suivant leur conjugaison, et avec les terminaisons caractéristiques des temps primitifs; enfin les *adverbes*, les *conjonctions* et les *noms de nombre* de toute espèce, disposés méthodiquement, etc., etc. Cette nomenclature, comme l'appelle M. Ordinaire, quoique assez compliquée, ne coûte cependant que la plus facile attention à l'enfance pour être apprise, parce que, disposée en forme de tableau, elle se grave dans la mémoire, comme le font toujours les faits, lorsqu'ils sont offerts à plusieurs sens à-la-fois. Cette étude primitive, qui se fait simultanément par tous les élèves, se partage, durant les heures des classes, et pour éviter la fatigue, entre les différens tableaux qui en contiennent le sujet, de manière à ce que chacun d'eux ne reste pas plus d'une demi-heure sous les yeux des élèves; et comme ce principe est appliqué à toutes les autres parties de cette méthode d'enseignement, nous n'y reviendrons plus.

Dès que ces premiers tableaux sont imperturbablement gravés dans la mémoire, on fait passer l'élève aux tableaux des désinences, qui lui apprennent les divers élémens du discours, les *déclinaisons*, les degrés de signification des *adjectifs*, les *pronoms*, les *conjugaisons* et les mots invariables, « c'est-à-dire les *prépositions* avec l'indication
« de leurs régimes, les *adverbes* avec leur principales
« divisions, les *conjonctions* avec l'énonciation de leurs
« différentes valeurs ; et enfin les *interjections*. » Les

matériaux de ce second ordre de tableaux sont tirés, et encore par respect pour les livres qui sont en usage dans nos Colléges, du rudiment de Lhomond.

Il serait inutile que nous indicassions la marche prescrite par M. Ordinaire à l'Instituteur, pour exposer tout ce que ce second enseignement contient ; sa méthode est toujours naturelle : jamais il ne parle d'une idée complexe sans en avoir auparavant montré les élémens. Mais nous devons nous arrêter un moment pour considérer les rapports qui s'établissent dans l'intelligence de l'enfant entre l'enseignement des tableaux de nomenclature et celui des tableaux de désinences. Par les premiers, sa mémoire seule a été exercée, ce qui était indispensable, car toutes les autres facultés de l'esprit ont besoin pour agir de faits ou d'images ; mais dès que les seconds ont passé sous ses yeux, aussitôt ce jugement d'analogie, qui semble naître en nous en même temps que la mémoire, s'exerce pleinement, et non plus sur des aperçus vagues et trompeurs, mais sur des idées claires et précises. Ainsi, dès qu'il sait le premier exemple de sa première déclinaison, il aperçoit et conclut à l'instant même tous les cas des deux cents noms de cette déclinaison que ses premiers tableaux lui ont appris ; effet précieux qui grave toutes ces idées fondamentales dans l'esprit, en caractères ineffaçables, et qu'aucune autre méthode n'a l'avantage de produire. Il en sera donc ainsi successivement pour toutes les autres déclinaisons et pour les conjugaisons, c'est-à-dire que toute cette première partie du Rudiment, qui fatigue, qui ennuie, qui décourage les enfans les plus studieux, parce qu'elle est pour eux sans but, ne se présentera jamais à leur intelligence dans la méthode nouvelle, sans résultat, sans intérêt ; et cette attention sans laquelle tous les objets extérieurs passent devant nous comme des ombres, ce jugement du premier âge, qu'il est si important de conserver pur, de nourrir, ne seront jamais exposés, comme par la méthode ordinaire, à s'épuiser en de vains efforts sur des classifications inintelligibles et des mots sans signification. Toutefois, et il importe de le faire remarquer, les cas et les temps n'ont point encore pour l'enfant de sens logiques : ils ne diffèrent les uns des autres que par la place qu'ils occupent dans la déclinaison et la conjugaison, par les désinences et les terminaisons, et par les mots qui les représentent en français ; c'est-à-dire qu'ils ne sont encore liés qu'à des idées vues extérieurement par l'attention, et que M. Ordinaire nomme idées de *fait*, pour les distinguer de ses idées du second ordre, c'est-à-dire de celles qui sont formées ou aperçues en nous par la réflexion.

C'est à l'aide de cette distinction essentielle et fondée sur la nature, qu'il est conduit à admettre, dès les premières classes, l'étude des règles de la Syntaxe, que nous avons vues repoussées par Dumarsais et ses successeurs, comme inintelligibles pour les enfans ; et en effet, dans le système de ce grammairien, comme dans le système ordinaire, sous quelque rapport qu'on les envisage, les règles sont dépourvues de toute espèce de sens, du moins lorsque les enfans les entendent pour la première fois : car alors ils ne comprennent pas même les mots auxquels elles s'appliquent ; mais pour n'avoir pas de sens, elles n'en ont pas moins un très-réel dans la méthode de M. Ordinaire, qui, en commençant par enseigner les mots, a pu graver dans l'esprit les désinences, leurs classifications et les parties du discours auxquelles ces règles se rapportent. Ainsi, dans cette dernière méthode, dès qu'on dit à un écolier : on met l'adjectif au même genre, au même nombre, au même cas que son substantif, EXEMPLE : *Deus sanctus*, etc., il acquiert à l'instant même de cette règle une idée de fait qui reste ineffaçable, et si quelques-unes des autres renferment des idées de rapports qui sont encore hors de sa portée, elles sont en petit nombre, et ne peuvent point arrêter sa marche progressive.

La Syntaxe de M. Ordinaire est encore prise de Lhomond; seulement, par une disposition nouvelle, il l'a mise en rapport avec ses tableaux de nomenclature et de désinence, de telle sorte que ses trois systèmes de tableaux sont étroitement liés. Ainsi, dès que l'élève les possède complètement, et qu'il s'est essayé à la traduction, sur les exemples des règles, il s'exerce aux difficultés qui naissent des inversions et des diverses propositions qui peuvent se rencontrer dans une même phrase, exercice avec lequel il se familiarise d'autant plus vite, qu'aucune autre espèce de difficultés ne l'arrête; et c'est après ces dernières leçons qu'il passe à l'explication de l'*Epitome Historiæ sacræ*, c'est-à-dire qu'il arrive au terme d'une carrière parcourue librement, mais dans laquelle ses pas ont été dirigés de manière que les difficultés n'ont jamais pu croître que dans la proportion de ses forces. En effet, nous voyons la mémoire s'appliquer aux tableaux de nomenclature, le jugement d'analogie résulter des tableaux de désinences, et des jugemens d'un ordre plus élevé se produire avec les règles.

L'exposé que nous venons de faire, et qui ne présente que le cours d'instruction d'une année de première classe élémentaire, donne une idée complète de la méthode dont nous devons rendre compte, et l'esprit peut aisément l'étendre et l'appliquer aux classes suivantes et aux livres qui y sont en usage. Cependant ces classes n'auront plus besoin des tableaux de désinences, si ce n'est pour les répéter, et les tableaux de nomenclature diminueront progressivement, ce qui, d'après le calcul très plausible de M. Ordinaire, donnerait les moyens de réduire à près de moitié, les cinq années durant lesquelles s'enseignent actuellement les élémens de la grammaire: avantage inestimable dans l'état actuel des études, qui, faute de temps, ne se complètent jamais.

Jusqu'à présent nous n'avons rien dit des thèmes; c'est un exercice que M. Ordinaire renvoie à une époque plus éloignée, et lorsque ses élèves pourront employer la réflexion à l'application des règles, ce qu'il ne les a pas encore mis dans le cas de faire; mais soit qu'on l'approuve ou qu'on le blâme en ce point, on ne peut s'empêcher de reconnaître que les motifs qui le déterminent sont fondés sur les raisons les plus plausibles, et dans tous les cas, sa méthode pourrait admettre les thèmes s'ils étaient jugés nécessaires. Les élèves y procéderaient, et non sans quelque succès, au moyen des idées de *fait* qu'ils ont acquises par les règles : c'est même la facilité que cette méthode prête à l'amélioration dans toutes ses parties, qui nous a empêché d'indiquer les modifications légères dont elle nous a paru susceptible dans quelques détails. L'expérience les indiquera inévitablement et avec plus de justesse que nous n'aurions pu le faire.

C'est ici que nous devrions terminer ce rapport; cependant nous ne pouvons nous défendre d'ajouter un mot sur la partie de la méthode de M. Ordinaire qui n'est point encore publiée, mais qui forme le complément naturel de celle dont nous avons le commencement sous les yeux : je veux parler de l'enseignement des idées du second ordre, c'est-à-dire de ces idées de rapports que renferment les cas, les temps et les règles de la Syntaxe. Cet enseignement, qui n'existe point dans nos Colléges, d'une manière spéciale du moins, a fait aussi l'objet de ses recherches, et plusieurs d'entre nous ont pu s'assurer que les moyens qu'il emploie pour communiquer à ses élèves les idées les plus abstraites, donnent à cet enseignement toute la précision de celui qui aurait pour objet de simples idées de *fait*, et lorsqu'on réfléchit à l'influence que la rectitude du langage aurait sur la rectitude du jugement; quand on envisage quel appui la raison trouverait dans l'habitude contractée par l'esprit du sens précis et des justes rapports des mots; quand on pense combien ces connaissances serviraient utilement d'introduction à la Logique et à la Philosophie, on ne peut que faire des vœux pour que le Conseil encourage la publication de ce travail important et nouveau, non moins propre que le premier à perfectionner notre enseignement public.

Ici finit, Messieurs, la tâche que vous nous avez imposée. Il nous paraît résulter de l'examen que nous venons de faire, que M. Ordinaire résout en grande partie le problème qui, depuis un siècle, occupait les meilleurs esprits; que, dans sa méthode, il réunit à l'avantage d'enseigner les langues mortes de la manière la plus naturelle, celui de développer, par un exercice proportionné aux forces de l'enfance, les facultés de l'esprit: l'attention, la mémoire et le jugement; que cette méthode, appliquée seulement aux basses classes, ferait gagner un temps que l'on pourrait faire tourner à l'avantage des sciences qui le réclament; qu'elle peut être introduite dans nos établissemens sans nécessiter de grands efforts, et qu'on serait libre de ne la faire passer que successivement des classes élémentaires aux classes plus élevées, et à mesure que son utilité serait démontrée dans les premières.

Ces avantages nous porteraient donc à conclure immédiatement à l'adoption dans nos Colléges de la Méthode pour l'enseignement des langues; mais comme, dans une matière de cette importance, l'expérience et le jugement doivent marcher de concert et se servir mutuellement d'appui, nous demandons que le Conseil accorde à M. Ordinaire la faculté de faire sous nos yeux l'application de cette méthode durant tout le temps nécessaire, et qu'en conséquence il nous autorise à chercher, avec ce fonctionnaire, les moyens qui seraient pour cela les plus convenables, moyens que nous ferons connaître par un nouveau rapport, et pour l'emploi desquels nous demanderons une nouvelle autorisation.

N° IV.

RAPPORT

Des quatre Inspecteurs de l'Académie de Paris, chargés par M. le Recteur d'examiner les Résultats obtenus dans l'Établissement de M. MORIN, par l'application de la Méthode de M. ORDINAIRE, à l'enseignement de la langue latine.

M. Ordinaire, Recteur de l'Académie de Besançon, après avoir soumis à de fréquens essais et à de longues épreuves une Méthode qu'il a imaginée pour l'enseignement de la langue latine, vint à Paris, en 1821, pour la proposer à l'Académie et au Conseil de l'Instruction publique.

Il la présentait sous un point de vue bien propre à exciter l'attention (1).

Le Conseil royal de l'Instruction publique s'empressa de nommer une Commission chargée de l'examiner. Cette Commission fut présidée par M. Poinsot, inspecteur-général. D'après le rapport raisonné et favorable qui fut fait, par M. Frédéric Cuvier, on décida que M. Ordinaire serait invité à faire, à Paris, un essai de sa méthode.

Il choisit l'établissement de M. Morin, rue de Louis-le-Grand. Il ne pouvait mieux s'adresser. Là, il trou-

---

(1) J'en ai fait l'exposé dans le Chapitre III, il est inutile de le répéter ici.

vait des enfans de huit, neuf et dix ans introduits, avec le plus grand succès, dans la connaisance entière de la langue française, par les procédés de l'Enseignement mutuel modifié et perfectionné.

M. Ordinaire se mit à l'œuvre au mois de juin 1821. Au bout de quelques mois, on eut lieu de craindre qu'il ne pût continuer cet essai qui, déjà, promettait d'heureux résultats. Plusieurs membres du Conseil Royal, tels que MM. Cuvier, Rendu, Guéneau de Mussy et M. le Recteur, avaient pu déjà en juger dans une séance particulière. Le délabrement de la santé de M. Ordinaire le força d'interrompre tout-à-fait ses travaux.

Mais deux jeunes maîtres de l'établissement, MM. Julien et Auguste Taillefer, s'étaient déjà familiarisés avec le mode d'instruction dont M. Ordinaire avait fait la première application, et par leur zèle, ils purent maintenir dans l'esprit des enfans les notions qui y avaient été déposées. Après trois mois de maladie, M. Ordinaire, à peine rétabli, reprit ses travaux avec cette ardeur que peut inspirer la persuasion qu'on fait une chose éminemment utile, et les suivit avec cette constance que donne la certitude du succès. Bien des obstacles pouvaient cependant le rendre douteux; mais surtout les absences fréquentes de presque tous ses élèves, et les interruptions apportées dans leurs leçons par l'irréflexion des parens, qui ne songent point assez combien ces lacunes sont nuisibles aux progrès de leurs enfans.

M. le Recteur considérant que le temps était venu de connaître quels pouvaient être les résultats obtenus, desira que les enfans instruits d'après cette Méthode, fussent examinés, et il nous chargea, le 25 septembre 1822, de procéder à cet examen. A cet effet, nous

nous sommes transportés, le 28 septembre même année, à l'établissement de M. Morin.

Mais, avant de rendre compte des observations que nous avons pu faire, nous croyons qu'il est convenable de donner un aperçu rapide des bases sur lesquelles repose cette Méthode, et de faire connaître les procédés de la Méthode elle-même.

M. Ordinaire ne trouve dans les langues, comme dans toutes les sciences, que deux espèces d'idées qui se distinguent les unes des autres par le mode et l'époque de leur formation.

La première espèce est composée des idées que l'esprit reçoit immédiatement du dehors, et qui ne sont que des représentations plus ou moins conformes aux objets extérieurs ou aux signes par lesquels on désigne ces objets. Il les appelle *idées de fait*.

Les idées de la seconde espèce forment le produit d'un acte spontané de l'esprit, d'un travail de l'intelligence qui opère par sa propre puissance sur les idées de fait d'une même classe, qui les compare pour en saisir le lien, pour déduire les rapports qui les rassemblent, et il les appelle *idées déductives*.

Les idées de fait sont soumises à l'empire de l'*attention*, faculté qui porte les forces de l'âme sur les objets extérieurs et préside à la formation des images.

Les idées déductives sont plus particulièrement du ressort de la *réflexion*, faculté qui replie les forces de la pensée sur la pensée elle-même, et dont l'exercice suppose que celui de l'*attention* est très familier.

La séparation générale des *idées* en deux espèces, dont chacune est du ressort d'une faculté différente, ne semble-t-elle pas demander que l'enseignement des langues, qui a essentiellement pour objet les signes des idées, soit aussi divisé en deux parties bien distinctes?

Sans examiner ici si l'expérience ne vient pas contrarier quelquefois ces classifications idéales et séduisantes au premier coup-d'œil; sans chercher à reconnaître si l'esprit lui-même ne se fait pas comme un jeu de déplacer ces limites si bien tracées, et de franchir ces bornes posées par la plume méthodique du Philosophe métaphysicien, nous dirons que d'après les principes ci-dessus exposés, M. Ordinaire partage sa Méthode en deux parties.

La première qu'il a publiée, et dont l'application se fait chez M. Morin, est relative aux connaissances de fait, et a pour objet le matériel du langage. Elle comprend les études qui ont lieu dans les classes *élémentaires*.

La seconde n'a point encore vu le jour, nous n'avons donc point à nous en occuper.

C'est la première seule dont nous avons à faire connaître les résultats.

Elle comprend trois sections.

La première section règle les exercices préparatoires qui disposent l'Élève à concevoir le sens des textes latins et à les traduire; les exercices sont relatifs aux radicaux contenus dans ces textes, aux terminaisons de toute nature, et enfin aux règles syntaxiques extraites du *Rudiment* de Lhomond, et classées de manière que toute désinence réveille les règles qui y sont relatives.

Ces exercices peuvent exiger un espace de cinq à huit mois, selon les dispositions de l'élève, l'ordre et la discipline des classes.

La seconde section embrasse l'explication des textes

dont l'élève connaît d'avance les radicaux. Elle comprend la traduction en français correct, la reproduction mot à mot des textes latins sur l'énonciation orale du texte français rétabli par le Maître, et enfin la reproduction successive des textes latins par parties séparées, et en tant qu'elles offrent chacune l'application d'une des lois importantes de la Syntaxe.

La troisième section s'occupe spécialement des compositions latines ; elle doit compléter la première partie du cours.

D'où il résulte, 1° que les exercices préparatoires sont nécessaires pour que l'élève puisse concevoir les textes et les traduire avec fruit, et que dans ce système, il ne doit s'occuper de traductions que lorsqu'il a été profondément familiarisé avec les objets infiniment variés de ces exercices ; 2° que les traductions dans la forme où elles sont établies, sont à leur tour des exercices préliminaires absolument indispensables, non pas seulement pour rendre l'Élève propre à concevoir et à traduire régulièrement toutes sortes de textes latins, mais plus spécialement encore pour lui donner la possibilité et les moyens d'en former plus tard des imitations et de composer lui-même à leur exemple.

Mais quel est le mode employé dans les exercices indiqués ? c'est ce qu'il faut exposer.

M. Ordinaire en trouva les bases dans la Méthode d'enseignement simultané des Frères de la Doctrine Chrétienne et dans celle de l'enseignement mutuel. Le succès de ces Méthodes est dû à ce que les idées qu'elles embrassent sont toutes de même nature, toutes *des idées de fait*. Ces Méthodes remplissent toutes les conditions nécessaires pour opérer la transmission de cette espèce d'idées.

M. Ordinaire considéra la langue latine sous ce point de vue. Il reconnut que les significations, les désinences, les formules énonciatives des règles, sont les *idées de fait* de cette langue, et qu'elles en constituent la partie positive et matérielle; car il est à remarquer que les règles elles-mêmes, qui semblent, au premier coup-d'œil, appartenir à cet acte de l'esprit qui produit les idées déductives, ne sont au fait que le modèle des désinences précises, et des formes déterminées qu'on doit employer pour exprimer correctement sa pensée; par conséquent, elles ont dû être classées comme les significations et les désinences, et former la troisième des sections dont se compose la première partie du cours.

Pour exciter et faciliter la reproduction des faits relatifs aux significations, aux désinences et aux règles, M. Ordinaire sentit le besoin de les placer sur des tableaux distincts et dans l'ordre le plus favorable. Delà trois espèces de tableaux qui contiennent dans sa méthode le genre entier des faits de la langue latine.

1° *Tableaux de nomenclature* ou *des radicaux* pour donner la connaissance des significations. Ces tableaux sont destinés à remplacer le dictionnaire, dans l'emploi duquel l'auteur a reconnu de graves inconvéniens qu'il signale. Il a jugé au moins inutile de faire connaître par anticipation aux élèves des significations dont la plupart ne leur serviraient que plusieurs années après. Les premières, qu'il leur importe d'apprendre, sont celles des mots employés dans le premier ouvrage qu'ils auront à expliquer, c'est-à-dire dans l'*Epitome historiæ sacræ* : c'est dans le texte de cet *Epitome* que M. Ordinaire a extrait les premiers mots dont la signification doit être apprise aux enfans. Après les avoir séparés par espèces, et rapprochés dans chacune d'elles par familles, il les a placés sur des tableaux distincts vis-à-vis les mots français qui en expriment le sens.

2° *Tableaux de désinences.* Ces tableaux présentent toutes les terminaisons, tant régulières qu'irrégulières, que les mots variables peuvent recevoir, et les terminaisons fixes que les mots invariables affectent : ils comprennent ainsi l'ensemble des parties du discours. Chacun d'eux porte un numéro de rappel. Ce numéro est répété au-dessus de chaque famille de mots renfermée dans les tableaux de nomenclature, et réveille ainsi les désinences du tableau modèle auquel cette famille se rapporte.

3° *Tableaux de règles.* Ils ne doivent être présentés à l'élève que lorsque les précédens lui sont parfaitement familiers. A cette époque du cours, l'ordre dans lequel les cas se succèdent étant invariablement fixé dans la mémoire des enfans, M. Ordinaire a choisi cet ordre des cas pour la classification des règles. Dix tableaux contiennent la totalité des règles éparses dans le *Rudiment* de Lhomond. Chacune d'elle, placée sous l'énonciation du cas précis qu'elle gouverne, réveille l'espèce de désinence particulière à ce cas, et se trouve à son tour réveillée par la désinence qu'elle détermine. Ce procédé a l'avantage d'exiger de l'élève des analyses régulières jusque dans les moindres détails, et de le familiariser parfaitement avec la Syntaxe purement pratique.

Les tableaux des désinences et des règles sont destinés à remplacer le *Rudiment* de Lhomond, dans lequel l'auteur a puisé les Élémens.

En employant et l'*Epitome* et le *Rudiment* de Lhomond, M. Ordinaire a prouvé qu'il regardait comme plus important, en ce moment, de réformer le mode d'enseignement que la matière enseignée.

Ce qui caractérise cette méthode, c'est donc la succession graduée des exercices qu'elle prescrit. Ils sont enchaînés de manière qu'à l'exception des deux derniers tableaux, chacun d'eux complète celui qui précède et devient nécessaire à celui qui suit.

Aussi, ne rien exiger de l'élève que ce qu'on lui a antérieurement donné les moyens de produire, tel est le principe dont on ne doit pas s'écarter.

A l'usage des tableaux est joint celui de livrets qui offrent la représentation exacte des grands tableaux, et que chaque élève emporte chez lui. Il peut ainsi employer utilement et d'après les ordres du Maître, le temps qui s'écoule entre les leçons. Les parens peuvent être eux-mêmes les répétiteurs de leurs enfans, s'assurer chaque jour de leurs progrès, sans que par là l'uniformité de l'enseignement soit détruite.

Munis et pénétrés de la plupart de ces notions tirées, en partie, de l'article de M. Michelot dans la *Revue encyclopédique*, et dont M. Ordinaire nous a fait lui-même un court exposé, nous avons procédé, le 28 septembre, à l'examen des élèves de M. Morin.

Mais il faut se rappeler, 1° que la méthode ayant reçu sa première application chez M. Morin, le 1er juin 1821, cinq mois après, elle avait subi trois mois d'interruption par suite de la maladie de M. Ordinaire ; 2° qu'il n'y a pas un élève qui, depuis cette époque du 1er juin, n'ait manqué aux exercices des classes au moins pendant deux mois ; 3° que la maladie de M. Ordinaire ayant suspendu la rédaction en tableaux ou en livrets de divers objets d'étude indispensables dans son système (travail qui aujourd'hui est terminé en grande partie), une telle circonstance a retardé la marche des élèves de six semaines à deux mois, et qu'ainsi ceux du groupe le plus avancé ne pouvaient être considérés que comme ayant à peu près dix mois d'exercice.

Six groupes nous ont été présentés. Les quatre premiers tenus par M. Julien, dont un sous la direction immédiate de M. Ordinaire; les deux derniers par M. Auguste Taillefer.

Le second groupe ne comptait que sept semaines d'exercice.

Interrogés d'après les tableaux des désinences, les élèves ont récité dans tous les sens, en prenant, soit au milieu, soit au commencement, soit à la fin, toutes les déclinaisons, tous les cas, tous les noms réguliers et irréguliers, et cela avec une sûreté de mémoire, une précision, une rapidité très remarquables. Il en a été de même pour les adjectifs et les pronoms, jusqu'aux verbes exclusivement. Quelques hésitations ont eu lieu, mais en très petit nombre.

Le second groupe comptait sept mois d'exercice.

Aux objets précédens, les élèves ont joint la récitation des adverbes et de tous les verbes réguliers et irréguliers, dans toutes les conjugaisons, dans toutes les formes, modes, voix, etc., et toujours aussi dans tous les sens. Même sûreté de mémoire, même prestesse dans les réponses.

Le troisième groupe comptait à peu près neuf mois d'exercice.

Les élèves présentaient tout l'*Epitome* qu'ils expliquèrent avec une grande facilité, remettant ensuite par phrase partielle le français en latin, et rendant compte, par l'analyse grammaticale, de toutes les parties du discours, dont toutes les désinences leur sont familières.

Le quatrième groupe comptait dix mois d'exercice.

Les élèves ont expliqué *Phèdre*, et rétablissaient sur les phrases françaises le texte de l'auteur; faisant aussi l'analyse grammaticale. Ils présentaient aussi le tiers du *Cornelius Nepos*.

Un cinquième groupe ne comptait que sept mois de travail; dans le nombre des élèves il y en avait un qui ne comptait que quatre mois.

Tous ont fort bien expliqué l'*Epitome*, et répondu très pertinemment sur l'analyse grammaticale.

Le sixième groupe, le plus nombreux de tous, était composé de douze élèves. Ils comptaient dix mois d'exercice; et tous ont répondu.

Ils présentaient tout *Phèdre* et le tiers du *Cornelius Nepos*. Ils ont expliqué ces deux auteurs avec une facilité toujours soutenue, et reproduit sur le français le texte latin.

Il ne faut pas oublier que ces divers groupes, qui expliquent les auteurs, répondent aussi sur l'analyse, d'après les tableaux des significations, des désinences et des règles, que même ils ne manquent pas de traduire un même mot français par ses synonimes latins, *et vice versâ*; qu'ils sont très exercés, et d'une manière étonnante, sur toutes les combinaisons des noms de nombre, sur les conjonctions, les prépositions et leurs divers régimes, ainsi que sur les règles.

La langue latine se compose de deux mille radicaux

à-peu-près; il y en a quatorze cents, dont la connaissance est indispensable. On peut estimer que ces élèves possèdent déjà douze cents radicaux, et qu'ils savent en tout sept mille mots de la langue.

On doit ajouter que tous sont très exercés sur les principes de la langue française et l'écrivent correctement.

D'après ce que nous avons dit plus haut, on sent que le moment n'était pas encore arrivé de les soumettre à l'épreuve du thème. Cependant, il était facile de reconnaître qu'ils n'auraient point été embarrassés pour traduire déjà en latin avec correction une foule de phrases françaises relatives aux règles qui leur sont familières, ainsi que quelques-uns de nous avaient pu l'éprouver antérieurement à cet examen général. Aujourd'hui tous les matériaux étant préparés et les exercices préliminaires à peu près achevés, M. Ordinaire estime que d'ici à cinq mois ils seront en état de traduire facilement du français en latin, et pourront être rendus alors sans inconvéniens à l'usage des dictionnaires. De sorte qu'il résulterait que les élèves des groupes les plus avancés, qui compteraient alors quinze à seize mois d'exercice, seraient en état d'entrer en *Cinquième*.

Nous avons remarqué qu'une bonne moitié de ces élèves n'avait pas plus de dix à onze ans, et que quelques-uns étaient des enfans de huit à neuf ans.

Dans l'origine, M. Ordinaire en faisant l'exposé de sa Méthode, avait annoncé que les enfans auxquels on en ferait l'application seraient en état, au bout d'un an, d'expliquer l'*Epitome historiæ sacræ* : il a fait beaucoup plus qu'il n'avait promis. Voilà deux groupes d'élèves qui ne comptent guère plus de dix mois d'exercice, et qui traduisent tout le *Phèdre* et le *Cornelius* et qui rendent compte de toutes les parties du discours et de la plupart des règles qui déterminent les rapports et les terminaisons de ces parties.

Des quatre premiers groupes, un seul a été exercé sous la direction immédiate de M. Ordinaire, les deux autres n'ont travaillé que d'après sa Méthode, sans sa participation directe.

Ainsi, d'après la facilité avec laquelle les deux jeunes Maîtres, Julien et Auguste Taillefer, ont pu se rendre familier ce mode d'enseignement, il est naturel de conclure que dans tous les établissemens où l'on voudrait l'essayer, les Maîtres qui s'en occuperaient sérieusement, n'éprouveraient pas plus de difficulté pour en faire une heureuse application.

Nous n'exposerons pas une foule de considérations propres à faire reconnaître combien il serait nécessaire d'amener, surtout dans l'enseignement des classes élémentaires, une prompte amélioration. Elle est appelée impérieusement, et par le vœu de tous les gens éclairés et par le besoin si bien senti d'accélérer l'instruction des jeunes élèves, si l'on veut qu'ils soient, à temps, au courant des connaissances qu'exige l'ordre actuel des choses. Cette amélioration est commandée aussi par la nécessité de faire disparaître le mode évidemment vicieux qu'on suit depuis trop long-temps; mode contre lequel s'était inscrit en vain le sage Rollin lui-même. La méthode de M. Ordinaire renferme-t-elle complètement tout ce qui peut assurer cette amélioration, et porter un remède efficace aux inconvéniens dont on ne peut nier l'existence? C'est ce que nous ne nous permettrons pas d'affirmer. Cette méthode n'est point encore entièrement jugée. Pour qu'on puisse asseoir sur elle et sur ses résultats un jugement définitif, il lui reste encore deux épreuves décisives à subir. La première est celle de son application à la traduction du français en latin ; la seconde, est celle de l'admission des élèves uniquement instruits d'après elle, dans nos classes de *Cinquième* des Colléges, et la connaissance du rang qu'ils y occuperont.

Mais, d'après tout ce que nous avons observé, nous nous croyons autorisés à le dire : une méthode qui paraît être le fruit de longues et profondes méditations sur la marche naturelle de l'esprit humain dans l'acquisition de ses connaissances ; une méthode dont toutes les parties sont si bien coordonnées entre elles, et exercent les unes sur les autres une dépendance si exacte et si suivie, qu'il est aussi facile d'en embrasser tout l'ensemble que d'en suivre toutes les diverses ramifications ; une méthode qui, au mérite rare de la clarté et de la simplicité, joint l'avantage de n'employer que les élémens consacrés par un long usage, et qui par conséquent ne change presque rien aux habitudes des Maîtres actuellement en fonctions ; une méthode à l'aide de laquelle, dans un si court espace de temps, et au milieu de bien des incidens fâcheux et des contrariétés de toute espèce, on a déjà obtenu des résultats aussi extraordinaires ; une méthode qui paraît devoir écarter à jamais tant d'inconvéniens inséparables de celles qui ont été suivies jusqu'aujourd'hui ; une telle méthode mérite sans doute qu'on la distingue de ces essais malheureux, de ces plans informes et avortés, de ces dispositions bizarres qu'ont enfantés tour-à-tour le caprice, l'amour de la nouveauté, la fureur des innovations et le desir de la singularité ; elle veut être mise à part aussi de ces efforts estimables d'ailleurs, mais infructueux, faits par des hommes animés d'un zèle recommandable, mais dont les travaux n'ont point donné de résultats satisfaisans. Nous pensons donc qu'elle est digne de toute l'attention et de tout l'intérêt du Chef suprême de l'Instruction publique et de tous ceux qui concourent avec lui au perfectionnement des études ; et que le digne et respectable Chef d'Académie, qui s'est consacré à des travaux si considérables et si pénibles pour lui donner son dernier degré de perfection, et qui s'est dévoué à en faire lui-même l'heureuse épreuve, ne saurait être entouré de trop d'encouragemens.

Nous terminerons en disant que pendant toute la séance, qui a été de quatre heures à-peu-près, tous ces jeunes enfans se sont maintenus dans un ordre, une tranquillité et une décence parfaite. En même temps ils ont manifesté une confiance aimable et modeste qui, en faisant leur éloge, fait aussi celui des maîtres qui les dirigent; ce qui prouve que si, dans son établissement, M. Morin environne ses élèves de tout ce qui peut leur procurer une bonne instruction, il ne néglige rien non plus de tout ce qui peut leur assurer une excellente éducation.

Paris, ce 2 Octobre 1822.

MM. Poinsot,
Guéneau de Mussy,
Frédéric Cuvier,
l'Étendart de Feletz.

N° V.

SECOND RAPPORT

Concernant la Méthode de M. Ordinaire.

D'après l'invitation de M. le Recteur de l'Académie de Paris, nous nous sommes rendus de nouveau, le 16 Juin 1825, à l'Institution de M. Morin, à l'effet de donner suite à l'examen qui, au 28 de Septembre dernier, avait eu lieu pour constater les résultats obtenus par la Méthode de M. Ordinaire; nous nous référons, sur ces résultats, au rapport que nous avons présenté à cette époque.

M. Ordinaire, empressé de se rendre au désir qu'on avait manifesté de s'assurer si ces mêmes élèves, déjà si bien exercés à la traduction du latin en français, obtiendraient le même succès quand il s'agirait de traduire du français en latin, avait annoncé que dans cinq ou six mois ils seraient en état de subir les épreuves auxquelles ils devaient être soumis pour cette dernière partie.

Bien que cet empressement ait dû gêner un peu la marche de sa Méthode, dès la fin d'avril dernier, il nous appelait à vérifier les résultats déjà obtenus. Des occupations plus pressantes ne nous ayant pas permis, à cette époque, d'aller les constater officiellement, la séance fut remise au jour susdit.

M. le Recteur était présent.

Avant de procéder à l'épreuve annoncée, M. Ordinaire demanda qu'il lui fût permis de présenter quelques observations qu'il avait rédigées par écrit.

Nous avions dit, dans notre premier rapport, que sa méthode nous paraissait être *le fruit de longues et profondes méditations sur la marche naturelle de l'esprit humain dans l'acquisition de ses connaissances.*

Les développemens lucides donnés dans cette dernière séance, par M. Ordinaire, nous ont paru mettre cette vérité dans son plus grand jour. Nous croyons devoir en présenter ici un aperçu rapide.

« Toute langue morte ne peut être apprise ni enseignée par l'usage. Pour la langue latine, il ne reste des auteurs qui ont écrit, soit en prose, soit en vers, que les textes qui nous offrent les seules traces par lesquelles nous puissions l'apprendre et en retrouver le génie. Mais pour cela, il faut concevoir 1° les propositions; 2° les phrases; 3° les périodes; c'est-à-dire, les *idées* que les textes représentent *logiquement*, et les *signes* ou *mots* par lesquels les idées sont exprimées *grammaticalement*. Pour comprendre le sens des propositions, il faut connaître la valeur des termes qui les composent; c'est là l'objet des exercices préliminaires dont nous avons fait connaître la nature dans notre précédent rapport.

« Ces exercices, consignés sur les tableaux indiqués, donnent dans les deux premières séries, la connaissance de la double valeur attachée à chaque mot et à sa forme, savoir : 1° au *radical*; 2° à la *désinence*, qui montre le rapport des idées. La troisième série des tableaux relative à la Syntaxe, expose les lois fixes et arrêtées, qui, dans la langue latine comme dans toutes les autres, déterminent telle ou telle désinence; lois qu'il est indispensable de bien saisir pour se rendre propre à imiter les auteurs et à composer dans leurs langues.

« Or, ce n'est qu'après avoir été familiarisés avec ce genre de connaissances préliminaires et fondamentales, que les élèves parviennent à exécuter nettement et fructueusement, ce qui constitue l'objet de la seconde section de la méthode qui consiste à comprendre et à traduire le texte des auteurs, et à le reproduire sur la traduction qui en a été faite.

« Delà résulte une foule d'avantages qu'il serait trop long d'énoncer, mais dont deux sont trop essentiels pour les passer sous silence : le premier, c'est de dispenser de l'usage des dictionnaires dont M. Ordinaire indique les graves inconvéniens ; le second est un accroissement journalier de connaissances relatives aux radicaux, à leurs dérivés, à leur synonimie, à leurs caractères distinctifs, ce qui amène pour l'élève un accroissement journalier aussi, des moyens préparatoires qui lui sont indispensables pour essayer une composition latine, pour faire un thème.

« Car, où peut-il puiser plus sûrement ces moyens que dans les textes, avec les textes et par les textes ? Or, ces textes ont passé déjà tout entiers dans leur mémoire et dans leur esprit par l'exercice sur les tableaux et par celui de la traduction et de la recomposition, qu'a fécondé sans cesse, non-seulement l'analyse grammaticale la plus complète qui se puisse faire, mais encore l'analyse syntaxique dans ses principes généraux, auxquels succède graduellement la connaissance des caractères particuliers qui distinguent et individualisent chaque règle. »

L'exercice des *thèmes* est donc un exercice complémentaire qui ne peut être fait avec quelqu'utilité que lorsque l'exercice des *versions* a produit tous ses fruits ; comme la *traduction* elle-même n'a dû être entreprise que lorsque les connaissances préparatoires et classées dans les trois espèces de tableaux, ont été complétement acquises : ordre dont il est bien essentiel de ne pas s'écarter, car c'est là tout l'esprit de la méthode.

Ces principes posés, M. Ordinaire a fait encore observer, 1° que dans la circonstance actuelle il avait cédé à l'opinion commune et erronée que c'est avec des thèmes et des versions simultanément opérés, qu'on acquiert la connaissance des langues mortes ; opinion repoussée et par la théorie et par l'expérience ; qu'en conséquence il s'était vu forcé, sinon à quitter entièrement la ligne logique qu'il a tracée, au moins à la parcourir avec moins de liberté, à abréger certains exercices, à précipiter l'emploi de quelques autres ; ce qui a dû causer quelqu'embarras dans la marche des élèves.

2° Que les dérangemens et les interruptions inévitables dans un Externat, et occasionnés dans l'enseignement des élèves, soit par des maladies, soit par des vacances plus ou moins nécessaires, plus ou moins renouvelées, et surtout par les exercices préparatoires à la première communion, qui naturellement devaient passer avant tout, avaient pris beaucoup sur le temps, déjà très court, qu'ils avaient employé à l'étude du latin.

3° Que les époques fixées pour cet examen ayant été successivement retardées et changées, l'ordre des travaux avait été plusieurs fois dérangé. 4° Enfin, que le genre d'éducation donné dans l'établissement, n'étant pas de nature à ce qu'on exigeât un emploi rigoureux et exclusif de tous les momens des élèves qui étudient le latin, et que l'instruction qu'ils obtiennent étant due uniquement au développement libre de leurs facultés, par l'influence d'une méthode graduée et naturelle, il devait s'ensuivre de toutes ces observations, que les deux années écoulées depuis que l'essai de la méthode a été commencé, ne pouvaient équivaloir qu'à 14 ou 15 mois de travaux régulièrement suivis dans un établissement définitivement organisé.

Après ces observations présentées par M. Ordinaire, dans l'intérêt de la vérité bien plus que dans celui de son amour-propre, il a ajouté qu'il s'était profondément convaincu et qu'il était en mesure de démontrer que la méthode suivie généralement, et surtout dans les cours élémentaires de latinité, est subversive de l'ordre naturel selon lequel les idées se forment et se développent, et incompatible avec l'état actuel des sciences en Europe; qu'il pensait que la Religion elle-même, amie de toutes les vérités dont elle est l'auguste et impérissable foyer, n'a pas moins d'intérêt que la Science à obtenir des rectifications que tous les pères de famille réclament à grands cris; que, pénétré de ces sentimens, il a travaillé et il travaillera de toutes ses forces à montrer non-seulement la nécessité, mais la possibilité, la facilité d'une réforme nécessaire. « L'obscurité de mes travaux, a-t-il dit, en finissant, n'empêchera pas que leurs résultats, s'ils sont dignes d'être pris en considération, ne parviennent à la connaissance du Chef suprême de l'Université, et ne trouvent en lui, s'il les juge utiles au bien de la jeunesse, un auguste et puissant protecteur. »

Cette lecture finie, on s'est mis en devoir de commencer l'épreuve. M. le Recteur avait apporté un thème donné récemment en composition dans la classe de *Sixième*, au collége de Sainte-Barbe. Il fut dicté au premier groupe, composé de 12 à 15 élèves, d'un âge différent, depuis 9 jusqu'à 12 ans. Pendant que, retirés dans un appartement voisin, ils étaient occupés de cette composition, sous la surveillance de deux d'entre nous (1), M. le Recteur renouvela toutes les épreuves qui avaient été faites au mois de septembre dernier, sur les différens groupes des élèves de cet établissement qui apprennent le latin, lesquels présentaient un ensemble de quatre-vingt à quatre-vingt-dix enfans, dont les âges variaient de huit jusqu'à dix ans. Les résultats ont été les mêmes, et nous dirons plus satisfaisans encore que ceux dont nous avons rendu compte dans notre précédent rapport.

Mais il est une remarque que la justice nous fait un devoir de ne pas omettre. Cette fois-ci, dans l'examen des enfans on a cru devoir procéder d'une manière toute différente de celle qui avait été observée la première fois : on ne s'est conformé à aucun des erremens de la méthode. C'est d'après ceux généralement suivis dans les classes qu'ils ont été interrogés sur tout ce qui tient à l'analyse des mots, des phrases, à l'application des règles, etc., etc. On les mettait ainsi sur un terrein auquel ils semblaient devoir être tout-à-fait étrangers; cependant ils n'en ont pas moins répondu avec autant de justesse que de précision et d'assurance, et surtout avec un air de liberté qui n'annonçait ni contention ni effort pénible.

Le thème achevé, on a procédé à l'examen des copies. Le devoir en lui-même présentait d'assez grandes diffi-

---

(1) MM. Bourdon et Tranchant, Inspecteurs de l'Académie.

cultés pour des enfans dont les facultés intellectuelles, soumises à suivre le développement des facultés physiques, n'avaient pas dû encore être élevées à la compréhension de beaucoup d'idées au-dessus de cet âge. La lecture des copies fut faite comparativement avec celles de quelques élèves de *Sixième* de Sainte-Barbe. On a remarqué qu'elles ont soutenu la concurrence, et que si dans celles des élèves de Sainte-Barbe il y avait quelques-unes de ces expressions et de ces tournures qui annoncent plus d'exercice dans le choix des formules, on trouvait dans les devoirs des élèves de l'Institution Morin, plus de facilité, plus de naturel et plus de rectitude.

Le desir d'obtenir des données plus certaines et plus positives encore sur les résultats d'une méthode qui nous paraît devoir être d'une aussi grande importance, a fait décider qu'une nouvelle épreuve aurait lieu : elle consisterait à réunir un certain nombre d'élèves des autres établissemens, avec lesquels on ferait concourir ceux qui ont été enseignés d'après la méthode de M. Ordinaire.

Au reste, tout ce que nous avons vu nous a confirmés dans l'opinion que nous avons déjà manifestée sur les avantages qu'elle peut présenter.

De nouveaux moyens d'en constater la supériorité se préparent encore. Un établissement rural qui serait formé sous les auspices de l'Université, et dont le local est offert par M. Morin à Fontenay-aux-Roses, doit mettre M. Ordinaire ainsi que les deux jeunes maîtres, MM. Julien et Taillefer, qui travaillent sous sa direction, plus à même encore d'en suivre les développemens sans distraction, sans interruption, sans aucun de ces empêchemens qu'entraîne pour les élèves le séjour de la capitale. Alors on pourra mieux apprécier la juste durée de temps nécessaire pour l'entier accomplissement des résultats. Nous ne croyons pas nous trop avancer en annonçant que dix à douze mois d'un travail bien organisé et bien suivi pourront suffire pour amener des enfans de dix à douze ans, au point où nous avons trouvé ceux que nous avons examinés.

Cette considération seule peut faire sentir quels titres cette méthode et son Inventeur paraissent présenter à tous les encouragemens, mais il en est une autre d'une importance bien plus grande encore; elle nous est suggérée par ces mots de M. Ordinaire, que nous avons cités plus haut: *la Religion elle-même, amie de toutes les vérités dont elle est l'auguste et impérissable foyer, n'a pas moins d'intérêt que la Science à obtenir ces rectifications*, etc. On sait quelle est en France la pénurie de sujets propres à remplacer les pertes que fait chaque jour le ministère sacré des autels. On sait quelle est la faiblesse extrême de l'enseignement de la langue latine dans les petits séminaires. Quel moyen plus prompt et plus efficace, pour le relever dans les écoles ecclésiastiques, pour hâter les progrès des jeunes gens que Dieu appelle à cet état, et pour leur assurer les connaissances nécessaires qui les aideront à faire avec succès leurs études théologiques?

La théorie et la pratique de cette méthode, si faciles d'ailleurs à saisir, pourraient être importées avec succès dans les établissemens ecclésiastiques. Nous n'avons pas besoin d'indiquer toutes les conséquences heureuses d'une telle mesure, mais ce que nous pouvons affirmer, c'est que MM. Ordinaire et Morin mettraient le plus grand empressement à seconder de semblables vues, et s'estimeraient très heureux de pouvoir contribuer ainsi pour leur part, au plus grand bien des études et de la Religion.

M. le Recteur voit dans le Collége dirigé par M. son frère, les heureux résultats obtenus déjà par suite des essais qu'on y a faits de cette méthode modifiée, et que quelques-uns d'entre nous ont constatés. Qui peut mieux que lui indiquer tous les moyens d'en tirer les plus grands avantages pour l'Instruction publique?

N° VI.

EXTRAIT D'UN RAPPORT

Concernant la situation des Écoles primaires et secondaires et des Maisons d'enseignement public des trois arrondissemens de la rive gauche de la Seine, et de l'arrondissement rural de Sceaux, en 1818.

Voici les résultats des observations que je présentais alors sur les écoles primaires:

Elles sont divisées en écoles d'enseignement mutuel, en écoles des Frères et en écoles suivant les méthodes anciennes.

Je commence par les premières. La méthode nouvelle qu'on y suit est maintenant si connue, qu'il n'est pas nécessaire de s'étendre sur cet article. Les résultats seuls peuvent vous intéresser.

J'ai pu remarquer qu'il en était de cet enseignement

comme de tous les autres : que le plus ou moins de succès de chaque école de ce genre dépendait du plus ou moins de zèle, d'attention et de capacité des Maîtres qui s'en trouvent chargés. Telle école qui réussissait sous tel Maître a décliné sous tel autre, et s'est relevée sous un Maître plus actif, plus intelligent et plus pénétré de l'esprit d'ordre et de discipline. Par là, j'ai déjà désigné celle de la rue Saint-Jean-de-Beauvais. Elle avait besoin de se trouver sous la direction d'un homme comme M. Badoureau, qui par son zèle, son activité, et son esprit d'ordre, a acquis des droits à l'estime publique (1). Rien donc de plus important que de montrer une grande sévérité sur le choix des Maîtres, si l'on veut que cet enseignement se soutienne.

L'attention particulière avec laquelle j'en ai suivi toutes les parties, en me faisant découvrir les avantages qu'il promet, m'a laissé aussi des inquiétudes sur quelques-uns des inconvéniens qui l'accompagnent. Je crois devoir vous en faire part.

1° Il est bien certain que les Maîtres de ces écoles, en général, ne s'appliquent point assez à donner à leur enseignement et aux exercices qui le composent, cette empreinte religieuse, cette sorte de gravité et de solennité chrétiennes, qui les aideraient à s'emparer plus aisément de l'attention et de l'imagination des enfans, et à les préparer au joug de la Religion et de la discipline. On voit en ceux-ci une sorte de tendance à ne point assez distinguer les actes importans de Religion qu'ils pratiquent, des autres exercices indifférens en

(1) M. Badoureau continue de diriger cette Ecole toujours avec le même zèle et le même succès.

eux-mêmes qu'on leur fait suivre. J'ai cru devoir en dire mon avis au *Cours normal* de la rue Carpentier. On a paru l'accueillir avec déférence, mais je crois qu'il serait bon, peut-être, que la Commission en fît l'objet d'une recommandation spéciale et pressante pour toutes les Académies (1).

2° J'ai trouvé que la multiplicité des mouvemens, des marches, des contre-marches qui, pour être exécutés avec ordre et précision demandent un peu de lenteur, font perdre beaucoup de temps. Ils emportent, de compte fait, la bonne moitié des heures consacrées au travail. Ne serait-il pas possible d'en diminuer le nombre et d'en abréger la durée? Car je ne serais pas d'avis qu'on les supprimât entièrement. Je les tiens pour bons et pour salutaires aux enfans, en ce qu'ils rompent la trop grande uniformité des exercices, et qu'ils leur causent une distraction innocente et agréable, tout en les astreignant à une sorte de régularité dans leurs changemens de place.

3° Les enfans sont reçus beaucoup trop jeunes : on les prend depuis l'âge de quatre à six ans. Il en résulte que la leçon de la première classe est à-peu-près nulle ; les enfans jouent avec le sable qu'ils ont sous les mains, et n'entendent rien à ce qu'on leur demande, et à ce qu'on veut leur faire faire. Ils sont négligés par les Maîtres et par les Moniteurs. Tolérer cette admission prématurée, c'est réduire la condition des Maîtres qui s'en plaignent, à n'être plus que celle de Gardiens d'enfans. Sans doute cela convient à beaucoup de parens

---

(1) C'est ce qui a eu lieu depuis, et une grande amélioration en est résultée pour un bon nombre d'écoles.

qui ne sont pas fâchés de s'en débarrasser pendant une bonne partie de la journée, mais il en résulte un grand retard dans les progrès des autres, et la méthode de l'enseignement en souffre.

4° L'enseignement n'est pas donné avec une uniformité assez scrupuleuse dans chaque école. Les uns rejettent arbitrairement ce que les autres ont admis. Des améliorations importantes, introduites dans quelques écoles, sont inconnues ou négligées dans d'autres. On se permet des modifications qui ne sont pas toujours allouées par l'autorité supérieure, et de toutes ces divergences il peut résulter que l'enseignement perde insensiblement son caractère, et finisse par se dénaturer entièrement.

5° La lecture est loin d'être parvenue au degré de perfection auquel semblaient devoir la porter ces nouvelles analyses des élémens du langage, qui composent les tableaux. Cet exercice est confié trop tôt à des Moniteurs trop jeunes, trop peu exercés, et qui eux-mêmes auraient encore besoin de leçons. Delà tous les défauts de prononciation, d'articulation, le ton chantant, nazillant, bredouilleur, qui a toujours régné dans toutes nos écoles, et auquel cette méthode paraît être loin de porter remède.

6° On fait lire les enfans dans les épîtres de S. Paul, de S. Jean, etc., dans des Bibles même, qui pourraient être suspectes, car quelques-unes nous ont paru émanées des imprimeries protestantes; il est impossible que ces enfans y comprennent quelque chose. Ne serait-il pas mieux qu'on se bornât aux abrégés de l'Ancien Testament et du saint Évangile, et au Catéchisme. On pourrait y joindre quelques-uns de ces petits ouvrages moraux qui ont été composés pour ces écoles, tels que l'Abrégé de Robinson, Simon de Nantua et autres, et surtout les feuilles lythographiées de M. Selves; mieux appropriés à l'intelligence de ces enfans, à leur état, à leur condition, ces ouvrages les intéresseraient en les amusant et leur seraient bien plus utiles.

7° L'écriture de ces écoles est généralement mauvaise. Les meilleures pages qui m'aient été présentées n'approchaient pas de celles des autres écoles. Cela tient, je crois, à l'usage trop prolongé des schistes: les enfans prennent l'habitude de trop appuyer sur les traits, et s'en défont difficilement quand ils prennent la plume; on ne soigne pas assez la pose du corps et de la main des élèves, la taille des plumes et la manière de les employer. Dans des classes si nombreuses, il serait difficile que le Maître pût suffire à tous ces détails, et rarement les Moniteurs sont suffisamment instruits pour le suppléer.

8° L'Instruction religieuse ne peut être encore que bien légère. Cependant, les maîtres font apprendre le Catéchisme et l'Evangile assez exactement à ceux qui savent lire; mais je ne vois rien de bien réglé sur tout cela, et on paraît loin encore de l'esprit qui doit diriger cette partie si essentielle.

Les maîtres conduisent les enfans à la messe, tous les dimanches et fêtes, mais non à vêpres; encore, un très grand nombre manquent-ils de se rendre à l'école. Comme ils ont des enfans de plusieurs paroisses, et que les parens sont très insoucians sur cet article, il ne leur est pas aisé de parer à cet inconvénient.

Toutes ces observations concernent particulièrement les écoles de charité: mais plusieurs personnes se sont emparées de cette méthode, et cherchent les moyens de l'appliquer à l'étude des langues, et même de l'Histoire et de la Géographie. Leurs essais, plus ou moins heureux, méritent d'être observés : c'est ce dont je me suis occupé. Je n'ai rencontré dans mes arrondissemens, que des commencemens d'essais assez informes; tandis que de l'autre côté de la Seine, plusieurs écoles paraissaient déjà obtenir des succès marqués. J'ai dû m'y transporter pour les examiner avec soin, afin d'avoir des objets de comparaison.

D'après les résultats qu'elles commencent à obtenir, on pourrait penser que nous touchons à une époque où une révolution salutaire serait sur le point de s'opérer dans le premier enseignement de cette classe d'enfans que leur condition appelle à des études plus relevées. En modifiant la méthode de l'enseignement mutuel, ces maîtres l'ont déjà perfectionnée, et ils semblent devoir étendre son domaine.

J'ai remarqué cependant que, sentant selon toute apparence, l'insuffisance de l'enseignement mutuel pour l'étude des langues mortes, ils y ont ajouté plusieurs pratiques modifiées de la méthode de feu l'abbé Gauthier, en conservant encore une bonne partie de celles des Colléges royaux, ce qui fait un amalgame assez singulier, et ne promet pas des résultats bien avantageux.

L'établissement de ce genre qui m'a paru mériter le plus d'attention, est celui que M. Morin a formé rue du Port-Mahon (1).

J'ai remarqué que ce maître obtenait une écriture aussi belle qu'il est possible de l'avoir avec cette mé-

---

(1) Aujourd'hui rue Louis-le-Grand.

thode. Mais c'est qu'il ne laisse pas les enfans s'appesantir trop sur les schistes; c'est qu'il ne leur fait tracer sur ces ardoises que les simples linéamens des lettres, et dès qu'il s'est assuré qu'ils les assemblent bien, et dans de justes proportions, il les fait écrire sur le papier; c'est qu'au lieu de se servir de tableaux de bois pour les analyser, il emploie des toiles cirées et noircies sur lesquelles les enfans, ne faisant usage que de crayon mou, prennent l'habitude d'écrire avec légèreté et correction. Il met sous leurs yeux, dans une grande dimension, les images qui peuvent le mieux frapper leur imagination et aider leurs premiers essais; il multiplie les tableaux, il a recours à une foule de petits moyens propres à exciter l'émulation, à redoubler, à soutenir l'attention des élèves, et par là il se trouve presqu'entièrement dispensé d'infliger de tristes punitions. Cependant les copies qui m'ont été présentées ne m'ont pas paru beaucoup mieux écrites ni mieux rédigées que celles des enfans du même âge dans nos Colléges. Ils savent imperturbablement il est vrai, à force de les avoir lus et répétés sur leurs tableaux, les premiers principes de grammaire, soit française, soit latine; mais je n'ai pas trouvé qu'ils en fissent plus sûrement l'application (1).

Les succès obtenus aussi dans l'établissement rue du Cours Mandar, me paraissent devoir être notés. Le maître, homme très habile (2), s'occupe beaucoup de

(1) On fera attention que ce Rapport, qui est de 1818, est bien antérieur aux essais que M. Ordinaire a faits dans cette École, et qui n'ont commencé qu'en 1821.

(2) M. de Boismont.

cette partie ; il paraît rempli d'idées saines et justes sur la nature de cet enseignement, et songe à en faire d'heureuses applications.

En définitive, à la manière dont cet enseignement est donné, il est facile de reconnaître que ce sont les sens qu'il attaque particulièrement, et que tout se réduit à un pur mécanisme dans la manière de présenter les élémens des sciences. Mais, ne parler jamais qu'aux facultés physiques de l'enfant, est-ce bien le moyen de faciliter en lui le développement des facultés morales ? Condillac s'est attaché à prouver que l'enfant de l'âge le plus tendre était susceptible lui-même de jugement, de réflexion et de raisonnement. Ne doit-on pas craindre qu'on ne retarde en lui, et peut-être qu'on n'empêche pour toujours le libre exercice de ces facultés ?

Autre sujet d'inquiétude. C'est en se jouant en quelque sorte, en causant, en gambadant, pour ainsi dire, que ces enfans mettent dans leurs têtes les principes généraux des langues qu'ils semblent attraper à la volée ; la réflexion ne paraît avoir aucune part dans ces opérations de leur esprit. Quand il en faudra venir à cette application suivie, à ces attitudes stationnaires et silencieuses, à ces combinaisons et à ces analyses logiques et compliquées qu'entraîne l'exercice de la traduction des auteurs et de la composition des devoirs, seront-ils bien préparés à ce genre de travail ? Ne faudra-t-il pas recommencer un ouvrage que l'esprit de légèreté et de dissipation naturel à cet âge, et renforcé par ces sortes de jeux, n'aura fait que rendre plus difficile (1) ? Ce ne

(1) Lorsque je manifestais ces craintes, j'étais loin de soupçonner

sera que par l'expérience et par de bons résultats que ces inquiétudes pourront être dissipées. J'ai pris note, dans quelques écoles, du point où se trouvaient plusieurs enfans, afin d'être à même, dans quelques mois, de juger avec connaissance de cause de leurs progrès réels.

Quoi qu'il en puisse être, il n'en est pas moins vrai qu'on m'a présenté des enfans qui n'avaient pas neuf ans, et qui, étant étrangers à toute espèce de connaissances, même à celle des lettres de l'alphabet, sept à huit mois auparavant, m'ont assez bien analysé les parties du discours, et ont réduit des fractions à leur plus simple expression, avec une facilité extrême ; ils écrivaient passablement et avec assez de correction.

Un des premiers avantages attachés à cette méthode, c'est de pouvoir mieux que toute autre, remplir le vœu exprimé par Rollin (1), *d'égayer les études de l'enfance et de lui éviter cette contention d'esprit et ce repos du corps trop prolongé et si contraire au caractère vif et remuant de cet âge.* Elle en présente d'autres encore non moins importans, c'est d'avoir trouvé un moyen simple et facile de fixer à-la-fois, et dans un même temps donné, l'attention d'un très grand nombre d'enfans réunis ; c'est d'avoir assuré l'instruction de tous par des divisions multipliées, et de ne laisser aucun d'eux échapper à l'aiguillon de l'émulation ; c'est d'avoir établi une

---

que le Recteur de l'Académie de Besançon (M. Ordinaire) s'occupait si efficacement des moyens de les dissiper, et devait, quelques années après, faire, dans ce même Établissement, un essai aussi heureux de sa Méthode. Voyez les deux Rapports, n° 3 et n° 5.

(1) Dans son écrit sur les petites Écoles.

heureuse graduation dans l'enseignement, laquelle, si elle est bien observée, doit amener des résultats prompts et positifs; c'est de les soustraire tous sans exception, aux inconvéniens de l'inaction ; c'est enfin de leur épargner ces chagrins, ces larmes, ces mauvais traitemens, ces punitions abrutissantes, dont l'emploi se retrouve encore trop fréquemment dans les écoles où l'on suit les anciennes méthodes (1).

Quant aux résultats positifs de la méthode, d'après les données que j'ai recueillies dans les différentes écoles que j'ai examinées, j'ai trouvé que la masse des enfans qui composaient la moyenne de chaque école, et dont les dispositions n'ont rien que d'ordinaire, avait pu, dans l'espace de deux ans, savoir lire, écrire et calculer passablement. De l'aveu de la plupart des Maîtres, ce temps est nécessaire pour arriver à ce résultat. Or, les frères, par leur méthode, obtiennent le même avantage dans un même temps donné : c'est d'eux dont je dois faire mention maintenant.

J'ai parcouru et examiné avec le plus grand soin toutes les écoles de ce genre qui se trouvent dans les arrondissemens dont je suis chargé. Il est difficile de

---

(1) Ces avantages, que je n'ai fait qu'indiquer ici d'après mes observations, ont été exposés depuis dans une foule d'ouvrages, où peut-être ils ont été exagérés; mais il est peu d'écrits où ils aient été plus heureusement développés, et avec plus de talent que dans celui intitulé : *L'Enseignement mutuel aura-t-il tort* ? par M. Derode. Seulement je me permettrai de faire observer que l'auteur, en voulant trop faire valoir une Méthode au détriment d'une autre, a supposé, dans celle des Frères, des inconvéniens qui ne s'y trouvent pas, qui appartiennent plutôt aux autres Ecoles, et contre lesquels ils ont pris toutes les précautions qui, autant que possible, devaient les faire disparaître de leurs classes.

penser que quelque chose de mieux puisse être imaginé pour atteindre les deux buts essentiels qu'on doit avoir en vue dans l'enseignement des enfans de la classe à laquelle ces frères se sont consacrés. Ces deux buts sont: premièrement, de donner à ces enfans une instruction proportionnée à leurs besoins; ce qui pourtant n'est que l'objet secondaire de leurs travaux ; secondement, c'est de les former aux habitudes et aux pratiques qui doivent en faire des chrétiens et des citoyens bons et utiles, objet essentiel de leur précieuse institution.

Là, tout respire l'ordre, la discipline, le calme, le silence et l'harmonie. Quelques bancs, une petite chaise, une longue baguette, deux tableaux seulement, l'un pour les élémens de la lecture, l'autre pour les calculs et un léger instrument dont la main du Maître est armée, voilà tout ce qui suffit pour instruire et maintenir dans une parfaite tranquillité un grand nombre d'enfans, qui tous sont enseignés en même temps, sans qu'il soit nécessaire de faire la moindre dépense de paroles; le petit instrument suffit à tout : il sert à marquer le changement des exercices, à corriger ou à reprendre, à indiquer les fautes et à les faire rectifier par d'autres élèves. Des pratiques religieuses animent chaque heure qui se renouvelle et chaque leçon qui succède à une autre. Quelques-unes de ces pratiques pourraient paraître superflues; mais regarderait-on comme tel tout ce qui tend à imprimer fortement dans ces esprits durs et grossiers l'idée de la présence de celui qui voit tout? Quelques personnes trouveront un peu trop d'ascétisme dans le livre qu'on met entre les mains des enfans, pour les exercer à la lecture ; on pourra blâmer aussi l'usage d'un petit martinet que le frère cache sous sa robe, mais qui n'en sort que dans des cas extraordinaires. On peut désirer qu'ils soignent un peu plus qu'ils ne le font, au moins dans quelques classes, le ton que les enfans prennent en lisant; qu'ils ne les laissent pas chanter en parlant, ou exagérer le développement de leur voix et de la prononciation. Enfin, dans les chants des Cantiques qui interrompent agréablement les travaux, on pourrait demander que les enfans modérassent un peu plus leur voix et ne criassent pas de manière à se rompre les organes de la parole, et à blesser l'ouie la plus robuste. Je m'unirais à ceux qui désireraient que ces Cantiques n'eussent pas été composés sur des airs trop connus et par trop profanes. Indiqués avec les paroles à la tête de chaque pièce, ils peuvent faire naître l'envie de connaître les sources impures d'où ils sont tirés (1). Il serait bon, peut-être, que quelques-uns de ces Cantiques ou fussent retranchés, ou du moins fussent modifiés de manière à ne pas exprimer les sentimens d'amour de Dieu, avec des expressions qui se rapprochent trop de celles qu'emploient les victimes d'un sentiment bien moins pur. Mais ces légers inconvéniens sont si peu de chose en comparaison du bien que cet enseignement peut produire, que les vœux doivent se réunir pour qu'il se propage sur tous les points de la France, et qu'il obtienne la prépondérance et la faveur qu'il nous paraît mériter sous tous les rapports.

Après ces détails sur ces deux enseignemens, il me

(1) Il a été remédié depuis à ce dernier inconvénient, et les titres des airs ont disparu. Il serait à souhaiter que tous pussent être composés exprès, comme quelques-uns que nous avons entendus, et qui sont dus au beau talent de M. Choron.

reste peu de chose à dire des écoles particulières, soit de charité, soit payantes, qui suivent l'ancienne méthode. Lorsqu'on sort des écoles des frères ou des salles de l'enseignement mutuel et qu'on entre dans ces écoles particulières, on est autant étonné qu'affligé de voir une aussi grande partie de la génération naissante soumise encore à un enseignement aussi pitoyable, aussi contraire à tous les principes d'une éducation raisonnable. On gémit de voir un si grand nombre d'Enfans sous l'empire de Maîtres qui, sauf cependant d'honorables exceptions, sont aussi ignares que peu pénétrés du sentiment de leurs devoirs, et dont plusieurs sont trop dénués de ressources pour se procurer des locaux convenables et salubres. Mais que faire ? Il y aurait une sorte de barbarie à retirer tout-à-coup de leurs fonctions des hommes qui les exercent depuis plus de vingt ans, surtout lorsque l'on n'a aucun moyen de pourvoir à leur existence. Il ne reste donc qu'à les laisser s'éteindre, et que d'attendre du temps une amélioration bien desirable. Mais ce qui pourrait du moins atténuer le mal et préparer pour l'avenir un composé meilleur, ce serait une extrême sévérité, soit sous le rapport de la capacité, soit sous celui de la conduite, des mœurs et des principes, à l'égard de quiconque se présente aujourd'hui pour remplir ces fonctions.

Nota. — Depuis l'époque où j'ai fait ce rapport, on a beaucoup parlé, beaucoup écrit contre et pour l'Enseignement mutuel. Souvent j'ai pu remarquer que, parmi les personnes qui se prononçaient de la manière la plus décisive et la plus tranchante, soit pour le proscrire entièrement, soit pour en exalter les avantages, il y en avait peu qui se fussent donné la peine d'aller visiter une seule des écoles où cet Enseignement est suivi. Pour nous, qui avons été à même de l'observer dès son origine, qui en avons suivi et constaté les progrès et examiné les résultats, soit dans la Capitale, soit au dehors, peut-être pouvons-nous réclamer quelque confiance, dans le jugement que nous en portions, lorsque nous faisions le rapport qu'on vient de lire.

Il n'est que trop vrai qu'à l'époque où l'Enseignement mutuel fut apporté ou plutôt rappelé dans notre patrie, il se présentait sous des auspices propres à inspirer de justes défiances. Comme il est dans sa nature de pouvoir être adressé également aux enfans, aux adultes et aux hommes faits, et qu'il semble, au premier coup-d'œil, n'exiger, pour être parcouru dans son ensemble, qu'un très court espace de temps, on a vu certains personnages concevoir l'idée extravagante d'en faire très promptement un instrument de mort et de destruction morales. L'imagination va vite chez nos Français. On pensa bientôt, qu'à l'aide des cercles, des tableaux, des marches et des contre-marches et de quelques coups de sifflet, les individus qui suivaient les Écoles Lancastériennes, allaient être transformés tout-à-coup en autant de Pédagogues d'un jour et de Docteurs improvisés, capables de se transmettre réciproquement le commentaire des Droits de l'homme et des principes de l'égalité. Heureusement, ces rêves, enfans de cerveaux encore malades, se sont évanouis avec rapidité. L'Enseignement mutuel est resté ce qu'il était réellement, c'est-à-dire un mode tout particulier, qui a ses avantages et ses inconvéniens, mais qui est très innocent en lui-même, et dont les bases se retrouvent dans la méthode des Frères de la Doctrine. Il n'avait besoin que d'être bien compris d'abord, et de recevoir une sage direction pour devenir, comme cela a lieu maintenant, un moyen précieux et très facile de donner à la classe indigente cette instruction qui, dans l'ordre social, est essentiellement due à tous, parce que, nécessaire à tous, *elle est la portion commune du patrimoine que le Chef de la Société doit répartir à tous les membres qui la composent* (1).

Or, lorsque la pénurie de bons Maîtres pour tout autre Enseignement primaire, se fait sentir si vivement partout, parce que partout on ne fait que des sacrifices très insuffisans, pour assurer aux hommes utiles qui s'y consacrent, un sort convenable, irait-on, sur des allégations dictées par des préventions assez peu fondées, se priver des ressources que présente l'Enseignement mutuel ? Cesserait-on de l'admettre et de l'encourager, comme un moyen très simple, ménagé par la Providence, pour suppléer à l'insuffisance des Écoles des Frères ? Car ceux-ci, malgré leur zèle infatigable et leur dévoûment, seront toujours dans l'impossibilité, à raison des frais qu'entraînent leurs établissemens, d'ouvrir leurs Écoles ailleurs que dans les villes. Les Chefs-lieux de canton et les Communes peu riches ne peuvent pas espérer de participer jamais à leurs excellentes leçons. Mettrait-on ces Communes dans la triste nécessité de recourir toujours à l'ancienne Méthode reconnue aussi imparfaite pour le fond qu'ingrate et détestable pour la forme ? Si l'En-

---

(1) Rapport sur l'Instruction publique, fait à l'Assemblée nationale en 1791.

seignement des Frères mérite, sous tant de rapports, ainsi que je l'ai fait remarquer, une préférence fondée essentiellement sur l'esprit religieux, et sur les résultats moraux attachés à leur Institution et à leur Méthode, ce n'est pas, je crois, un motif de méconnaître tous les avantages qu'on peut retirer de l'autre Enseignement qui est si supérieur à l'ancien mode des Écoles primaires. Je ne crains donc pas de le dire : employez l'Enseignement mutuel là où vous ne pouvez admettre celui des Frères ; mais donnez-lui une bonne direction. Il sera *bon* quand les Maîtres chargés de le transmettre seront *bons* eux-mêmes. Or, on pourrait citer plus d'une École de ce genre où ce double avantage se rencontre.

CHAPITRE IV.

CLASSES DES HUMANITÉS.

Je ne m'étendrai pas sur ce qui concerne l'Enseignement des classes des humanités. Rien de plus sage que les dispositions du Statut du 4 septembre 1821, qui règle l'ordre à suivre dans les divers objets dont s'occupent les Élèves de ces classes : mais peut-être n'était-il pas nécessaire de spécifier d'une manière si précise tout ce qui a rapport aux dictées, aux leçons, aux corrections, etc., etc. (Voyez n° 171 — 178.) D'abord, il est difficile que ces instructions soient exactement suivies, et dès-lors elles sont à-peu-près inutiles; ensuite il y a beaucoup de détails qu'il sera toujours mieux de laisser à la disposition et au choix des Professeurs. C'est à ceux-ci de juger ce qui convient à leurs jeunes auditeurs, d'après le plus ou moins de facilité qu'ils reconnaissent en eux, pour tels ou tels objets. Ils doivent trouver dans les inspirations de leur zèle, les moyens les plus efficaces de suppléer à ce qui manque, d'ajouter à ce qui existe, et de mettre toutes les parties de leur Enseignement, en harmonie avec les besoins de leurs Classes.

Quant à ce qu'on appelle *les Devoirs*, ce qui

constitue, pour les Élèves, la tâche de chaque jour, il faudrait être bien prévenu, pour ne pas reconnaître généralement dans le choix des matières, le goût et la sagesse qui y président habituellement; et il est bien rare que tous ces morceaux de traduction ou de composition, ne répondent pas exactement à l'idée que j'ai dû en donner dans mes Renseignemens en 1815 (1).

Sans doute il est bon que, dès la *Seconde*, les élèves soient préparés à la *Rhétorique* par la connaissance de toutes les figures du style et de tout ce qui tient aux principes de Philologie; mais n'est-ce pas anticiper sur les droits de cette même *Rhétorique*, que d'exercer dès les premiers mois de l'année, les jeunes gens qui suivent la *Seconde*, à des compositions qui semblent appartenir exclusivement aux Rhétoriciens (Statut, art. 177) (2). Ce serait beaucoup que les deux derniers mois du cours de *Seconde* fussent employés à ce genre d'exercices.

Ainsi, au lieu de ces narrations indiquées pour les mardis et samedis, ne serait-il pas bon d'exiger qu'on rappelât aux élèves avec plus de soin que cela ne se fait ordinairement, les différens rythmes de la Versification latine. Cette étude est presque généralement négligée aujourd'hui. Je suis loin de la regarder comme une des plus essentielles, mais n'est-il pas

(1) Voir les notes du Chapitre II, n° 2.
(2) Beaucoup d'Élèves redoublent la Rhétorique, ils feront donc des narrations pendant trois ans de suite : il y aura bien du malheur, si, à la fin de leurs études, ils ne savent pas bien raconter.

singulier que des jeunes gens qui lisent, traduisent et apprennent Ovide, Horace et d'autres poètes, ne connaissent absolument que la marche et la coupe du vers hexamètre? Cependant, combien d'autres espèces de vers forment le caractère distinctif de différentes espèces de poèmes ! Chacun de ceux-ci fait un tout à part qui a ses règles et ses beautés particulières, et qui souvent tire son plus grand agrément du mélange de ces différentes sortes de vers. « Cette « variété, dit Rollin, n'est pas certainement l'effet du « hasard. Elle est fondée sur la nature, qui, ayant « mis dans l'oreille un vif sentiment des sons, porte « aussi à choisir des mesures, des cadences, des orne-« mens tous variés selon les matières que l'on traite, « selon les passions que l'on veut exprimer (1). »

Pourquoi nos élèves ne sont-ils pas accoutumés de bonne heure à reconnaître et à imiter ces diverses

---

(1) Il est certain qu'au sortir du Collége, on ne connaît guère d'autres formes de vers latins que celles des vers *hexamètres* et *pentamètres*, dont le mélange donne à la poésie latine une facilité et une simplicité exquises. Mais a-t-on une idée de la force et de la grandeur que prêtent au vers *alcaïque*, les deux vers qu'on y adapte dans les strophes ; savoir, celui du mètre *redondant* et l'*archiloquien* de quatre mesures ? Est-on exercé à sentir la douceur du vers *saphique*, dont les molles inflexions reçoivent un nouveau charme du vers *adonique* qui termine si agréablement chaque strophe ? Sait-on apprécier la légéreté, la finesse du vers *phaleuque*, si propre à tout ce qui tient à un doux badinage et aux jeux de l'esprit ? Est-on à même enfin de goûter la marche simple et naturelle, quoique assez soutenue, du vers *Iambique*, si convenable pour les entretiens familiers ? Or, comment se ranger parmi les Latinistes, quand on ignore ces choses de pure pratique ?

mesures? En trouverait-on beaucoup aujourd'hui qui, au sortir de leurs études, fussent en état de distinguer et d'indiquer les causes de ces nuances si délicates et si fines, de cette grâce toute particulière que les différentes espèces de vers répandent sur les poèmes où elles sont employées? Cependant, loin de nous l'idée qu'il faille consacrer un temps précieux à une étude détaillée et approfondie de toutes les formes si variées que le goût des auteurs a pu introduire. Mais n'est-ce pas une obligation pour les Professeurs de cette classe, d'apprendre au moins en passant, à leurs élèves, celles qui sont les plus ordinaires et les plus communes? Une considération importante leur en fait aussi une sorte de devoir. Ce sont des Chrétiens qu'ils instruisent, et chaque jour ils chantent avec eux, dans nos Églises, ces chefs-d'œuvre dans lesquels le Pindare et l'Horace chrétiens (Santeuil et Coffin), ont célébré, en vers dignes de l'antiquité, nos plus augustes mystères. Pourquoi ne mettraient-ils pas leur Élèves en état d'en apprécier les beautés sous le rapport du rythme et de l'harmonie, comme sous celui des pensées et des images?

De tous les moyens qui pourraient être employés pour réveiller l'attention des Professeurs sur cette étude, le plus sûr, peut-être, serait que les candidats pour l'Aggrégation fussent prévenus qu'on pourrait exiger d'eux quelque composition de divers morceaux dans ces mètres variés. S'il me paraît très-convenable de ne pas trop négliger, pendant le cours des études, cette partie de l'Enseignement assez peu attrayante en elle-même, et d'ailleurs d'une importance très secondaire, c'est qu'il est bien rare que, dans le reste de la vie, on y revienne, quand on a laissé passer ces premières occasions de s'en occuper.

A l'époque des examens dans les divers Colléges, on a remarqué généralement que les élèves de *Troisième* et de *Seconde* étaient trop peu exercés à rendre compte de l'arrangement de la phrase, soit latine, soit française, de l'heureux artifice des périodes, et de toutes les formes délicates que donne au langage le style figuré. Cela tient, je crois, à ce qu'on ne met pas assez d'importance d'abord à l'étude de la grammaire générale, ensuite à celle des *tropes*, qui doit toujours venir immédiatement après. Des thèmes, toujours des thèmes, des versions, toujours des versions, du grec, des vers latins; lesquels ne sortent presque jamais de la forme de l'hexamètre, voilà ce qu'on fait en *Quatrième*, ce qu'on fait en *Troisième*, ce qu'on recommence en *Seconde*. Cependant quelle foule de notions sur le mécanisme du langage et sur les règles de l'art d'écrire, viennent se ranger tout naturellement dans l'ordre de ce travail ! Les secours ne manquent point pour ces divers objets, le P. Bouhours, Port-Royal, Rollin les ont prodigués. Condillac, d'Olivet, Dumarsais ont été plus loin encore. L'ouvrage de M. Sylvestre de Sacy, et le Manuel de Fontannier ne laissent rien à desirer. Quand les enfans commencent l'étude des langues, je suis bien d'avis qu'on ne leur en présente les élémens qu'à l'aide d'une pratique facile, claire, surtout bien graduée, et appropriée aux développemens successifs des facultés intellectuelles de cet âge. Mais ici il ne doit plus être question d'élémens. Le moment est venu où il faut que la théorie vienne confirmer la pratique, et porter la lumière dans les détours secrets que l'esprit humain sait prendre pour arriver à ces énonciations fines et délicates qui rendent exactement ses idées et ses sentimens, et qui claires, mais animées, précises, mais gracieuses, exactes, mais pleines d'énergie, l'aident à communiquer rapidement les impressions qu'il veut exprimer. Or, à quelles classes ces études appartiennent-elles plus particulièrement qu'à celles des Humanités?

A ces observations générales, j'en ajouterai quelques-unes de détail, qui me paraissent mériter qu'on y donne quelque attention. Que signifient ces devoirs d'une longueur excessive, que quelques Professeurs croient devoir imposer à leurs Élèves? Il faut que ces tâches journalières soient terminées dans un espace de temps réglé, et qui suffirait à peine à un homme exercé, pour que le tiers en fût fait avec soin. Que de temps il a fallu pour les dicter! Que de temps il faut pour les rédiger et pour les transcrire! Cependant les instans sont comptés. Le travail de nos jeunes adolescens se réduira donc, en grande partie, au simple exercice des doigts. L'attention, la réflexion, à coup sûr, n'y seront pour rien, ou pour bien peu de chose : voilà des momens bien employés! On veut, dira-t-on, ne laisser aux Élèves paresseux aucune facilité de troubler l'ordre, lorsqu'ayant satisfait trop promptement à des devoirs trop peu étendus, ils ont des momens de reste dont ils abusent. Je plains les Maîtres qui n'ont pas d'autres moyens de les atteindre, mais je plains encore plus les Élèves laborieux et appliqués, qui se fatiguent, qui s'épuisent en pénibles efforts pour achever à temps une tâche qui ne laissera que bien peu de chose dans leur esprit. Ce travail précipité ne peut perfectionner leur jugement, ni leur donner l'habitude de la réflexion; encore moins permet-il cette élaboration lente et progressive si nécessaire aux idées, pour qu'elles se placent avec ordre dans la mémoire, et s'y gravent d'une manière ineffaçable. Quel temps d'ailleurs leur laisserez-vous pour l'exercice de la lecture, si nécessaire à cet âge, et qui faisant passer des préceptes aux exemples, seule peut remplir leur esprit de faits, de pensées, de tours et d'expressions qui ne manquent jamais de se présenter dans le besoin, quand on a pu y donner l'attention suffisante? Faudra-t-il donc sans cesse redire, et toujours inutilement, ces mots d'Horace : *est modus in rebus, sunt*, etc.

Je présenterai encore une autre observation de détail. D'après l'article 143 du Statut de 1821, on doit faire composer, dans les classes, une fois par semaine. c'est bien souvent, surtout pour les classes des humanités, et dans un temps où le nombre des Élèves, par chaque classe, n'est guère au-dessous de soixante. Que doit-ce être quand il s'élève à plus de quatre-vingts, ainsi que cela a lieu dans plusieurs Colléges? Aussi combien de fois ai-je entendu les Professeurs les plus zélés et les plus exacts se plaindre de ce qu'ils étaient obligés de prendre sur leur repos, et de consacrer une partie des nuits au travail pénible de la correction des copies. Comment trouvent-ils le temps pour les préparations que demandent et l'explication des auteurs et le travail journalier des classes? Si l'on fait attention que ces compositions n'intéressent ordinairement que le quart de la classe tout au plus, que tout le reste, bien sûr de l'inutilité de ses efforts, pour parvenir à se placer dans les premiers rangs, ne songe qu'à se débarrasser le plus promptement possible de la tâche imposée, on reconnaîtra que pour le plus grand nombre des Élèves, il en résulte une perte sensible d'instruction, et qu'on pourrait faire un usage bien autrement profitable de ces momens enlevés par de trop fréquentes compositions.

Parlera-t-on d'émulation? Il est bien d'autres moyens que celui des compositions pour qu'elle devienne journellement le mobile du travail de chaque classe : le blâme et l'éloge appliqués à propos; les luttes de récitation, d'explication, de rédaction ; les notes plus ou moins avantageuses consignées, chaque jour, sur un registre; les changemens de places, les bulletins..... Tous ces artifices ingénieux, dont un professeur de Louis-le-Grand, M. Goffaux, faisait un si utile emploi dans sa classe, et dont on peut trouver les détails imprimés chez M. Delalain, libraire; enfin ceux qui sont indiqués par le modèle de tous les Instituteurs, par Rollin lui-même. Je pense donc qu'une composition tous les quinze jours serait suffisante, 1° dans les classes de Grammaire, parce qu'elles sont ordinairement très nombreuses; 2° dans celles des Humanités, parce que les matières de travail y sont beaucoup plus variées.

CHAPITRE V.

RHÉTORIQUE.

Nous passons à la classe de Rhétorique. Quelle sera notre surprise d'y voir que généralement, dans 'esprit des Maîtres comme dans celui des Élèves, il règne une sorte de tendance à négliger l'étude des préceptes ! Afin de justifier cette espèce d'éloignement pour tout ce qui tient à la théorie, on pourrait s'autoriser des réflexions judicieuses de Rollin, sur l'abus des règles, quand elles ne sont point appuyées par l'exemple et par la pratique. On pourrait citer aussi des Écrivains non moins recommandables, qui ont signalé également l'inutilité de cet amas de préceptes que des Rhéteurs plus érudits qu'habiles, se sont plu à entasser dans leurs épais traités; et ce ne serait pas sans de justes motifs qu'on rejetterait l'emploi de ces gros ouvrages didactiques qui, dans les temps de décadence, ont abondé d'autant plus, qu'alors disparaissaient plus sensiblement des discours et des écrits, les vraies beautés du style et de l'éloquence.

Mais jamais ni Rollin, ni les auteurs qui l'ont suivi, n'ont prétendu qu'on pût s'affranchir de la nécessité de connaître les règles. Sans doute il est bon qu'elles soient peu nombreuses et réduites à l'expression la plus simple; elles doivent être nettes, claires et précises, mais encore faut-il que dans un cours de Rhétorique il en soit fait une mention expresse, et qu'elles y soient exactement apprises et suffisamment développées; car ce serait méconnaître la nature de cet Enseignement que de le borner, ainsi que cela a lieu dans plusieurs de ces cours, à la seule explication des auteurs et à l'exercice de la composition. Quoi donc? laisserait-on le jeune Rhétoricien étranger à ces principes de goût, dont l'application se renouvelle à chaque instant, et qui doivent le diriger dans le choix même des beautés? N'est-il pas essentiel qu'il sache bien ce qui constitue l'ordre, le plan, la division d'un discours; à quels caractères se distingue ce qui sied et ce qui ne sied pas; de quelle manière on dispose les preuves; comment on prépare l'esprit des auditeurs avant d'exciter les passions; comment l'orateur, tantôt donne du poids à ses raisonnemens, tantôt enrichit ses développemens d'ornemens, de figures et de tout ce qui cause ces impressions douces et cet entraînement irrésistible qui assurent son triomphe sur l'esprit et la volonté de ses auditeurs.

Les habiles Professeurs qui sont chargés de cet Enseignement, ne manquent pas, je le sais, d'appeler dans leurs savantes explications, l'attention de leurs jeunes auditeurs sur ces objets divers. Mais leurs observations, quelque précieuses qu'elles puissent être, n'étant faites que de vive voix et d'une manière rapide et passagère, ne peuvent laisser des traces bien profondes dans ces esprits que les notions d'une sage théorie n'éclairent point encore. Aussi combien peu citerait-on d'Élèves aujourd'hui, qui, après avoir passé une année et même deux, dans un cours de Rhétorique, fussent en état de répondre d'une manière satisfaisante sur les *moyens* qui concourent à former l'orateur ; sur la *nature* même de la Science qu'ils ont dû étudier ; sur ses *parties* distinctes et sur l'heureuse division que les anciens nous ont laissée de l'*invention*, considérée sous le triple rapport des *mœurs*, des *preuves* et des *passions* ; sur les *trois genres d'oraison* ; sur le véritable caractère de l'*amplification oratoire* ; sur les ressources que présentent les deux espèces de *lieux communs* ; sur la juste distribution de toutes les parties du discours ; sur l'ingénieux et délicat artifice des *précautions oratoires* ; sur l'emploi du puissant ressort des *passions* ; sur la variété des *styles* ; et enfin sur l'usage modéré des tours et des *figures*. Cette dernière partie, il est vrai, n'est pas tout-à-fait exempte de difficultés, et elle pourrait absorber un temps considérable, à cause de la multiplicité des détails, mais elle serait déjà bien simplifiée et bien abrégée si on s'occupait, comme je l'ai dit plus haut, de l'étude des *tropes*, dès l'époque où l'on suit les cours de *Troisième* et de *Seconde* (1). Quelle est enfin

(1) Il y aurait encore un moyen de donner plus de facilité et plus d'attrait à cette étude des *figures*, ordinairement un peu embrouillée chez les Rhéteurs : ce serait d'adopter une division plus raisonnée et plus méthodique que celle qui est offerte dans la plupart des Traités, et de les partager en trois classes différentes, se rapportant aux trois parties de l'*invention*. Par exemple : 1° les *figures* qui

la classe de Rhétorique où il soit traité *ex-professo* de la partie que Démosthène indiquait comme la plus essentielle de toutes, je veux dire de l'*action ?*

On pourra se récrier sur l'arbitraire de toutes ces divisions, sur le peu de ressources que présentent dans l'occasion toutes ces connaissances purement théoriques. Il est bien vrai que si elles règlent le talent elles ne le créent pas, et qu'elles ajouteront bien peu aux qualités oratoires de celui que la nature aura formé éloquent. Mais qui pourrait nier les avantages qu'elles procurent à la plupart des Étudians ? On sait très bien que tous ne sont point appelés à étonner leurs semblables par ces traits qui n'appartiennent qu'aux génies supérieurs. Mais tous cependant, à l'aide de ces notions précieuses, peuvent prendre l'heureuse habitude, ainsi que l'observe Daguesseau, de saisir le vrai et le beau comme par goût et par instinct, et de s'exprimer convenablement sur toutes sortes de sujets.

Ces considérations m'avaient fait songer à publier le petit Traité de Rhétorique que, d'après le plan tracé par Rollin, j'avais rédigé pour mes Élèves, à l'époque où je professais cette classe. Mais un de nos Rhéteurs, aussi distingué par son talent que recommandable par ses utiles travaux (1), a composé aussi et publié une Rhétorique bien propre à remplir le

---

conviennent à la *preuve*, 2° celles qui sont propres aux *passions*, 3° celles qui ne sont que de pur ornement. (Voyez le *Dictionnaire de Littérature* de l'abbé Sabatier.)

(1) M. Leclerc, Professeur de Rhétorique au Collège Charlemagne, et éditeur des *Traductions de Cicéron*.

but. Il a suivi d'une manière si complète et si heureuse les idées et le plan de Rollin, qu'il ne reste plus qu'un vœu à former, c'est que son Traité devienne le manuel de chaque Etudiant de Rhétorique, et que les Professeurs à qui il fournit le texte le plus entier pour tous les développemens à donner sur leur art, fassent sentir à leurs Elèves la nécessité de le savoir par cœur, à moins que ceux-ci n'aiment mieux apprendre le Traité de Quintilien, abrégé par Rollin, ou le *de Oratore* de Cicéron.

Ici se présente une question souvent débattue, mais qui reste encore indécise, malgré l'usage qui a prévalu dans l'Université: c'est de savoir s'il ne serait pas convenable que l'étude de la *Logique* précédât dans nos écoles, celle de la *Rhétorique*. Je n'entends pas indiquer ici cette Dialectique parleuse (*nimium loquax*)(1) dont les anciens ont trop préconisé l'emploi, et que Cicéron écarte avec tant de raison. Composée uniquement de raisonnemens généraux, minutieux dans la spéculation, et inutiles dans l'usage, elle ne mène à rien, et se contente de substituer à la connaissance des choses, une vaine série de noms et de définitions. Je parle de la Logique réduite aux principes élémentaires de cette partie de la Philosophie qui s'occupe de la justesse des idées, pour donner celle de l'expression, qui commence par faire connaître la manière de prouver, avant d'arriver à l'art de persuader, et qui, en exerçant à penser et à raisonner, prépare à la vraie et solide Eloquence.

(1) *Cicér. de Orat.*, l. 2, n° 87.

D'après le plan d'études, tel qu'il est tracé et exécuté aujourd'hui, il deviendrait difficile de ramener les choses à la méthode des anciens ; ceux-ci n'avaient jamais séparé la Philosophie de l'Éloquence ; ils avaient jeté les fondemens de l'art de bien dire sur les principes de l'art de bien penser ; et pour s'en convaincre, il suffit de lire Aristote, Cicéron et Quintilien. Nous devons respecter les motifs qui, sur ce point comme sur tant d'autres, ont encore empêché de secouer le joug de la routine, et qui ont fait rejeter un ordre d'Instruction consacré par l'autorité des grands maîtres de l'antiquité, indiqué par le bon sens, et appelé, dans ces derniers temps, par les vœux et par les efforts des hommes instruits qui se sont le plus occupés de ces matières. Je citerai entre autres le Critique célèbre qui, en développant avec la supériorité de ses lumières et de son talent, les principes et les règles du goût, a élevé un si beau monument à la gloire de notre littérature, et a obtenu à si juste titre le nom de Quintilien français (1).

Mais ne serait-il pas possible au moins de suppléer à cette absence de notions fondamentales, en mettant entre les mains des Elèves de *Seconde*, vers le dernier tiers de l'année classique, une Logique appropriée à leur âge et à leurs connaissances (2).

---

(1) La Harpe, *Cours de Littérature*, tom. XVI.

(2) M. Constant Dubos, Professeur de Rhétorique au Collége de Louis-le-Grand, connu par des productions poétiques si gracieuses et d'un goût si pur, a senti pour ses Elèves le besoin de cet ouvrage ; dans son Cours, il se rapproche, autant qu'il lui est possible, de la

Ils sont déjà exercés par l'usage des langues anciennes ; et par elles ils se sont accoutumés à la pratique journalière d'une logique naturelle, exacte et précise. Je les suppose en outre suffisamment imbus des principes de la Grammaire générale qu'ils ont puisés, dès la *Troisième*, dans l'ouvrage que j'ai déjà cité (1). Le manuel classique pour l'étude des *tropes* les a familiarisés, en *Seconde*, avec tout le mécanisme du langage, et avec toutes les couleurs du style figuré. Dès-lors, combien ne sera-t-il pas facile de les introduire dans l'étude des premières opérations de leur intelligence ? L'édition nouvelle de l'*Art de penser*, par M. Petitot, est l'ouvrage qui leur en découvrirait les résultats les plus essentiels. Car ici il ne s'agit pas de leur donner une connaissance approfondie des opérations mystérieuses de la pensée, ni d'arrêter leur marche par l'étalage de ces principes idéologiques dont on a fait tant de bruit pendant quelque temps, et dont le moindre inconvénient serait de faire perdre des momens précieux à la recherche de notions assez incertaines en elles-mêmes, quand elles ne sont pas purement oiseuses; encore moins devra-t-on les plonger dans les profondeurs de la Métaphysique, ou dans les abstractions d'une morale toute spéculative. Des idées exactes et arrêtées sur l'âme et sur sa nature,

---

marche ici indiquée. Il a aussi abrégé, pour eux, un petit *Traité de Logique*, qu'il leur présente chaque année comme devant être une étude préparatoire à celle de la Rhétorique ? Au besoin, on a encore la petite *Logique* de Dumarsais.

(1) Celui de M. Silvestre de Sacy.

sur Dieu et sur ses attributs; des principes fixes sur les devoirs de l'homme considéré comme individu, comme être sociable, et comme créature de l'Auteur de toutes choses, sans doute ne nuiraient en rien aux progrès et au talent du jeune Orateur; mais ces dernières leçons doivent être données ailleurs; car, si j'ai bien compris l'article du Statut du 4 septembre 1821, c'est dans les *conférences* pour les classes supérieures qu'il doit en être question. C'est donc à la classe de *Seconde* que semblent devoir appartenir les principes élémentaires de la Logique; si l'on n'admet point cet ordre, on permettra du moins de trouver étrange qu'on exige de jeunes gens qui à peine ont franchi les premiers pas du sanctuaire de l'Eloquence, que déjà ils creusent un sujet, qu'ils développent une matière, qu'ils inventent, qu'ils disposent, qu'ils discutent, qu'ils écrivent enfin, lorsqu'ils sont encore dans une ignorance profonde de l'art qui doit diriger leur esprit dans l'emploi de ses facultés. *Découvriront-ils en effet, comment ils doivent écrire,* a dit Condillac, *quand ils ne savent pas comment ils conçoivent?* Qu'ils soient préparés au contraire par les études préliminaires dont je viens de parler et auxquelles se joindrait une connaissance suffisante des règles et des préceptes; avec quelle facilité ils pénétreront alors dans les trésors de l'art oratoire! avec quel tact sûr et délicat ils saisiront bientôt les beautés de l'Eloquence, laquelle ne sera jamais qu'une figure morte, si la raison d'abord, et les passions ensuite, ne lui donnent le mouvement et la vie. Redisons donc encore avec Horace ce qui a été répété tant de fois :

> Scribendi recte sapere est et principium et fons,
> Rem tibi Socraticæ poterunt ostendere chartæ. ART POETIQUE.

Que si dans la suite ils se trouvaient appelés, soit à peindre, dans la Chaire évangélique, les douceurs du joug de Jésus-Christ, soit à défendre, au barreau, les droits de la veuve et de l'orphelin, soit à exposer, à la tribune, les grands intérêts de l'ordre social, et les droits de la Monarchie, soit à figurer enfin parmi cet essaim nombreux d'Ecrivains qui ne craignent pas de prendre sur eux le soin de former et de diriger l'opinion des hommes de leur temps, sur les actes de la Politique comme sur les productions de la Littérature (car, faites-y attention, Instituteurs, ce n'est pas à de moins honorables fonctions que se trouvent destinés un grand nombre de ces Elèves confiés à votre sollicitude); si, dis-je, leur carrière était marquée parmi celles qui exigent un exercice continuel de la parole, au moins ils auraient recueilli, dans leur cours de Rhétorique, une moisson suffisante de principes fixes et fondamentaux, dont, à chaque instant, l'application leur deviendrait nécessaire. Le plan d'un discours à tracer, celui même d'un ouvrage entier, n'auraient rien qui dût les effrayer. Ils sauraient que dans toute composition, l'ordre et la méthode doivent avant tout se faire connaître et sentir. Ils auraient appris à ne jamais s'écarter du point de vue sous lequel ils présentent un sujet quelconque; à éviter les digressions inutiles, les redites fastidieuses; à rejeter les idées trop communes, ainsi que les expressions surabondantes et parasites ; à lier les parties d'un tout, de manière qu'elles forment entr'elles comme un faisceau de vérités particulières qui, de conséquences en conséquences, amènent à la découverte, ou du moins à l'énonciation claire d'une vérité générale et utile. Avant de prétendre au noble rôle d'éclairer leurs semblables, ils auraient reconnu la nécessité de réunir à une Instruction étendue et bien digérée, les grâces d'un style pur et correct, plus ou moins animé, plus ou moins élégant, et par dessus tout, la connaissance sinon très approfondie, au moins suffisante de la langue dans laquelle ils composent.

Or, qu'on jette un coup-d'œil sur les productions de la plupart de ces jeunes Ecrivains de nos jours, qui, à peine échappés des murs du Collége, se sont lancés tout-à-coup dans les routes aventureuses de la Littérature ; combien en est-il où l'on retrouve les traces de ces qualités indispensables, quoique bien souvent leurs compositions soient brillantes de grâces et d'esprit ? Disons-le, c'est que dans nos classes de Rhétorique, on se hâte trop de livrer les Elèves exclusivement aux exercices de la composition, avant qu'ils puissent être dirigés par les principes régulateurs du bon sens. Ils sont abandonnés à toute la fougue, à toute l'exubérance de leur imagination, avant que leur jugement ne soit formé, et la *Folle de la Maison*, ainsi que l'appelait Mallebranche, est la directrice de toutes leurs idées, lorsque la raison n'en a point encore réglé suffisamment l'usage.

CHAPITRE VI.

SECTION PREMIÈRE.

PHILOSOPHIE.

Déja la Philosophie et ses hautes méditations réclament tous les efforts des facultés intellectuelles de nos jeunes Elèves. *L'éducation doit finir par des pensées*, a dit M. de Bonald, et c'est la Philosophie qui les donne. C'est à cette science que Cicéron attribuait le titre glorieux qu'il s'était acquis dans l'art de parler : *Fateor me oratorem, si modo sim, non ex Rhetorum officinis sed ex Academiæ spatiis extitisse* (1). Ces mots prouvent assez combien, sous ce seul rapport, l'étude de la Philosophie est nécessaire; mais à combien d'autres objets non moins essentiels s'étend son utilité! Rollin les a fait connaître. Je ne répéterai pas ce qu'il en a dit. Ne point considérer cette Science sous les divers points de vue qu'il a indiqués, ce serait oublier quel en est l'objet et le but.

Lorsque je poursuis la tâche que je me suis imposée, je desirerais écarter de l'esprit de mes lecteurs l'idée que j'aie pu avoir la prétention de tracer un

---

(1) *De Orat.* n° 12.

plan général d'Instruction et d'Education. Toutes mes vues se bornent à fixer les regards, s'il est possible, sur quelques modifications qu'il me paraît nécessaire d'introduire dans le système d'enseignement établi aujourd'hui et adopté, et qu'un long usage a confirmé. Je n'aurai donc que quelques observations à présenter sur ce qui concerne l'étude de la Philosophie.

Le cours entier consacré à cette science comprend *la Logique, la Métaphysique, la Morale, les Mathématiques et la Physique;* en d'autres termes, *l'art de raisonner, la connaissance des esprits et de leurs attributs, la connaissance des corps et de leurs propriétés.*

Il devient assez difficile de concevoir comment, vu l'état actuel de la Science, l'espace de deux années seulement peut suffire à faire passer sous les yeux des Elèves tous les élémens des objets divers de cet Enseignement, combiné surtout comme il l'est aujourd'hui. Aussi l'expérience a-t-elle déjà prouvé que toutes les parties ne peuvent en être parcourues dans leur ensemble que par un travail, ou qui ne peut laisser que des traces bien légères, quand il est trop rapide et trop superficiel, ou qui devient dangereux pour cet âge, quand il est forcé et exagéré. Quelques Elèves veulent-ils éviter l'un ou l'autre de ces inconvéniens, il faut alors qu'ils sacrifient ou l'étude des *Sciences exactes* ou celle des *Sciences morales,* et alors le système de l'*Instruction secondaire* devient incomplet pour eux.

Mais ne serait-il pas possible de faire disparaître

cette espèce d'encombrement qui devient ainsi un sujet d'achoppement pour notre jeunesse studieuse, et qui l'empêche souvent de compléter son cours d'étude? Je crois qu'on y parviendrait si d'abord on faisait précéder, comme j'en ai manifesté le vœu plus haut, l'étude de la *Rhétorique* par celle de la *Logique*. Détachée alors du cours de Philosophie, la Logique laisserait un champ plus libre pour l'étude de tout ce qui a rapport, dans ce cours, aux *Sciences morales* proprement dites, telles que *la Théodicée*, *la Psycologie* et *l'Ethique*. Quant aux *Sciences exactes*, qui comprennent *les Mathématiques* et *la Physique*, il y aurait aussi un moyen de ménager pour l'enseignement de ces Sciences un espace plus étendu: ce serait de reporter l'étude d'une partie des élémens des Mathématiques à l'époque des cours des Humanités.

En 1816, conformément aux réglemens de l'Université, du 28 septembre 1814, j'avais adopté pour l'Enseignement préparatoire et supplémentaire des Elémens des Mathématiques, un plan de travail qui fut exécuté avec succès (1). Il n'a point été maintenu; j'en ignore les raisons. Je crois cependant que ce plan avait surtout l'avantage de se trouver en harmonie avec les besoins des divers Elèves qui sont réunis dans nos établissemens. Car les uns se destinent au Commerce, les autres à l'Agriculture, ou aux états dont la base essentielle est l'exercice d'une honnête industrie; quelques-uns doivent entrer ou à l'Ecole de Saint-

---

(1) Voir à la suite de ce Chapitre, la note n° 1.

Cyr, ou à celle de la Marine. Pour ceux qui doivent suivre une de ces carrières, le cours complet des Humanités n'est plus d'une nécessité absolue. Aussi en est-il plusieurs qui ne l'achèvent pas. Il serait bien important pour cette classe particulière d'Elèves, ainsi qu'il serait très utile pour les autres classes, que des notions un peu étendues sur les Elémens des Mathématiques fussent données à tous indistinctement, même pendant les cours des Humanités. D'un côté, ceux qui sont dans la nécessité de ne point pousser leurs études au-delà de ce qui est exigible pour les professions auxquelles ils se destinent, puiseraient dans ce cours préparatoire des connaissances qui leur sont indispensables, tandis qu'elles leur manquent tout-à-fait, d'après le plan tracé dans le statut de 1821. D'une autre part, les élèves qui doivent compléter leur cours d'études, se trouveraient préparés très avantageusement pour le cours entier de Philosophie, dans lequel ils pourraient avancer d'un pas plus libre et plus rapide.

Le point important était que, par ce plan, rien ne fût changé aux heures, à l'ordre et à la distribution des études ordinaires, et que le travail essentiel des classes ne subît aucune diminution. C'est à quoi j'avais pourvu. Ce travail accessoire prenait très peu de temps sur la somme des études; il était extrêmement lent, presque insensible et placé à des heures qui ne touchaient en rien à l'ordre général. Or, d'après le Statut de 1821, je vois que les leçons d'Arithmétique, qui se donnent deux fois par semaine, s'arrêtent à la classe de Cinquième inclusivement, et il n'est plus question des Elémens des Mathématiques dans tous e reste des cours, jusqu'à celui de Philosophie. Je laisse à penser quel préjudice réel, pour l'ensemble des études, peut résulter de cette disposition.

Je trouverais encore un moyen non moins efficace de donner plus de facilité et plus de liberté au cours entier de Philosophie, et par conséquent d'en rendre l'enseignement plus profitable. Ce serait que MM. les Professeurs cédassent moins à l'ardeur qui les anime pour les succès de leurs élèves au Concours général; ce serait surtout qu'ils se laissassent moins entraîner par un motif qui, bien que plus noble et plus désintéressé, amène des résultats fâcheux : c'est ce desir trop vif d'ajouter toujours, le plus qu'ils peuvent, à la somme des connaissances qu'ils donnent à leurs disciples; car il est certain que chacun, dans sa partie, tend toujours trop à élargir le cercle de son Enseignement.

La vraie cause de cet empressement trop marqué, de cette ardeur presque exclusive peut tenir à une idée fausse que chacun se fait de la Science à laquelle il s'est consacré. Chaque Professeur est porté à *tout* ramener à celle qu'il cultive plus particulièrement; et il se plaît à y voir le complément de la Science philosophique.

Ainsi le *Logicien* persuadé, avec raison, que les autres Sciences sont tributaires de l'art qu'il enseigne, regarde la Logique comme la dominatrice souveraine des facultés de l'esprit humain; elle seule en règle le nombre et la nature; les dirige dans l'emploi des moyens les plus propres à acquérir des connaissances; détermine les diverses espèces des idées; établit l'ordre à suivre dans la recherche de la vérité, et indique les méthodes à l'aide desquelles on doit parvenir à la compréhension de ce qui peut exciter la curiosité des hommes. Quelle est donc, à ses yeux, l'importance d'un art aussi utile ! pourra-t-on jamais se plaindre des efforts qu'il fait, des soins qu'il se donne pour inculquer assez profondément les principes aux élèves qui lui sont confiés?

Le *Métaphysicien* dont la Science embrasse tous les êtres, parce qu'elle est à-la-fois la Science des vérités sensibles, et celle des vérités abstraites, la considère avec fondement, comme devant présider à l'ensemble de nos connaissances, puisqu'elle nous élève au-delà de ce que nous voyons, de ce que nous sentons, et nous place jusqu'aux pieds du trône de la Divinité. Comment ne verrait-il pas en elle la science qui réclame l'attention et l'application exclusive de ses Elèves?

Le *Moraliste*, peu touché de la beauté de ces Sciences spéculatives rappelle sans cesse ses jeunes auditeurs à l'étude de la noble science de la vie, *qui seule peut imprimer à nos divers travaux la direction la plus utile* (1). Nous verrons toujours, avec plaisir, la jeunesse écouter celui-ci de préférence.

(1) M. Droz, dans l'excellent ouvrage qu'il vient de publier sur la morale.

Mais le *Géomètre*, appuyé sur l'évidence de fait, soumettant à ses calculs les choses même qui se dérobent à nos yeux, saisit le système de l'Univers, et mesure et la terre et le ciel qui contient toute chose : *Quod continet omnia cœlum* (OVIDE.) Quelle Science est préférable à celle qu'il professe, et ses disciples pourraient-ils s'y livrer avec trop d'enthousiasme et trop d'ardeur?

Félicitons la jeunesse qui trouve de semblables dispositions dans les Maîtres chargés de l'instruire. Mais c'est à ceux qui dirigent les études à calmer cette ardeur intempestive. On doit faire entendre à ces Professeurs si zélés que, dans l'enseignement secondaire, il est certaines limites qu'on ne peut franchir dans une partie, sans risquer de porter un grand préjudice aux autres; que toutes doivent être présentées aux Elèves dans une mesure proportionnée à leurs besoins; qu'il n'est pas question, d'ailleurs, de donner à ces jeunes esprits des connaissances complètes et achevées; qu'il s'agit seulement d'en poser les fondemens; que ce dont il faut s'occuper, c'est bien plus de la manière dont ils devront s'y prendre pour acquérir ces connaissances, que de l'Instruction elle-même; que prétendre aller plus loin, c'est vouloir semer et récolter en même temps; qu'enfin, les fonctions des Professeurs d'*Ecole secondaire* consistent seulement à ouvrir à leurs adeptes les portes du temple, mais non à les introduire dans le Sanctuaire, puisque c'est dans les cours spéciaux que doit s'achever l'initiation.

On pourrait inviter ces Maîtres à se rappeler encore

que ce qui constitue la Philosophie, ce n'est pas la connaissance d'une seule Science, mais bien la réunion de toutes; que l'art consiste donc à coordonner l'étude des principes élémentaires de chacune, de manière qu'au lieu de se nuire réciproquement, elles se prêtent, au contraire, un mutuel secours. Enfin, je me permettrai de leur répéter avec Fleury, « que ce « sont toutes les sciences, jointes à toutes les vertus, « qui forment à la Philosophie, à laquelle consé- « quemment on ne peut arriver que dans un âge « mûr. (1) » C'est donc passer le but, au lieu de l'atteindre, que de vouloir, dans ces premiers cours, dévoiler tous les mystères de la Science.

Malgré les inconvéniens dont je viens de parler, l'enseignement de la Philosophie proprement dite, a pris dans nos Colléges une direction bien meilleure. Elle a cessé d'être abandonnée à un arbitraire et à un vague funestes qui laissaient les élèves sans cesse flottans à tout vent de doctrine. Qu'on jette un coup-d'œil sur la série de questions où doivent être prises celles qui sont proposées au Concours général, ainsi qu'aux épreuves pour l'Aggrégation, et l'on reconnaîtra à quel degré d'amélioration a été porté cet enseignement resté trop long-temps dans un délaissement presque général et bien fâcheux pour la jeunesse (2). Ce travail, qui a été achevé sous la direction

---

(1) *Choix des Etudes*, n° 19.

(2) Le Discours prononcé dernièrement, au Collége de Saint-Louis, par le Professeur de Philosophie M. Valette, est bien propre à donner l'idée qu'on doit avoir de l'état actuel de cet enseignement. Rien ne

d'un Recteur aussi actif qu'éclairé, en faisant honneur aux hommes habiles qui l'ont rédigé, manifeste assez le bon esprit qui préside aujourd'hui aux leçons de Philosophie. Quant à la forme de l'enseignement : ce que le savant Mabillon, le sage auteur de l'*Art de penser*, le judicieux Fleury, et, dès les temps anciens, Aristote lui-même, Cicéron, Sénèque avaient demandé ; ce que Mallebranche, Descartes, Paschal, Locke, Condillac et tant d'autres ont pratiqué avec plus ou moins de succès, obtient au moins un commencement d'exécution dans nos Écoles, et le langage de la raison paraît devoir reprendre tous ses droits. Le style *dogmatique*, le seul qui convienne à cet Enseignement, a prévalu. La *Scolastique* avec son langage factice et son attirail pédantesque, la *Dialectique* avec le cortége de ses argumens captieux, de ses subtilités et de son jargon ergoteur, ont fait place à la forme purement *discursive*. Sans doute celle du syllogisme s'y rencontre encore; mais ce n'est plus qu'autant qu'elle pourrait servir à presser un adversaire de mauvaise foi, à mettre un argument dans sa plus grande évidence, à bien établir un principe, à démêler un sophisme.

---

peut mieux aussi en faire reconnaître l'utilité que le *Cours de Philosophie*, publié par le Professeur du Collége de Louis-le-Grand, M. Maugras, la surabondance et le choix des matières, en attestant l'érudition du Maître, prouvent en même temps la pureté et l'excellence de sa doctrine. Peut-être eût-il rendu un plus grand service à l'Instruction, si, resserrant les résultats de ses nombreuses connaissances dans un cercle plus étroit, il se fût contenté de donner un *Cours élémentaire*, bien complet, bien méthodique, qui aurait pu être d'un usage général pour tous les Colléges.

Quant à ce langage étrange et bizarre, emprunté à quelques Ecoles du nord de l'Europe, et dont certainement les Bossuet, les Paschal, les Fénélon, les auteurs de la perpétuité de la Foi et les Abadie, n'auraient jamais imaginé la forme et encore moins adopté l'usage, c'est avec grande raison qu'on en a fait entière justice; car il était temps qu'on s'opposât à l'introduction de ces expressions singulières et prétentieuses qui, le plus souvent, ne cachaient qu'un grand vide d'idées sous un étalage moins pompeux que baroque, et qui aurait pu couvrir d'un voile officieux et facile les principes les plus dangereux. Encore un pas de plus, et bientôt on eût vu, sous une forme nouvelle, reparaître sur nos bancs cette ignorance artificielle et ce docte jargon que Locke proscrit si énergiquement. Notre Ecole eût été envahie par des rêveries équivalentes à-peu-près à celles des Occham, des Dunscot, des Raimond-Lulle, et de tous ces *Réalistes* ou *Nominaux* qui n'ont laissé d'autre souvenir que celui de l'inutilité de leurs travaux et du ridicule de leurs querelles. Comment ce mode si extraordinaire pourrait-il se naturaliser chez nous quand, dans les ouvrages des Descartes, des Mallebranche, des Fontenelle, des Laromiguière, des Droz, des Châteaubriand, des Lemestre, des de Bonald et de tant d'autres, nous avons sous les yeux des preuves frappantes de ce que peut le vrai talent pour répandre de la grâce et de l'intérêt sur les questions les plus abstruses de la Philosophie. Aussi n'a-t-on pu qu'applaudir aux soins qui ont été pris pour repousser les tentatives des imprudens fauteurs d'une doctrine équivoque, qui, mêlant quelques sentences vraies et judicieuses à des discours insensés, *Involventes sententias sermonibus imperitis* (Job), allaient jetant le trouble dans les esprits, mêlant les intérêts de la politique à la prétendue recherche du bien commun, exaltant l'orgueil d'une jeunesse naturellement présomptueuse pour l'entraîner plus facilement dans l'erreur, flattant ses goûts et ses penchans impétueux pour s'assurer de ses suffrages, et s'annonçant comme les défenseurs des droits de la pensée, alors qu'enveloppant d'un nuage ténébreux les bases des connaissances humaines, ils sappaient les fondemens de toute vérité. Qu'on renvoie donc aux lieux d'où elle avait été apportée, cette terminologie si peu conforme au langage d'une saine Philosophie, et que nos modernes Euclydes, nos Chrysippes (1) et nos Zénons de fraîche date, auraient voulu introduire parmi nous; langage d'autant plus dangereux « qu'il tendrait à « détourner la jeunesse d'études positives, pour lui « faire consumer son temps dans de vaines subti-« lités (2). »

Quelques personnes ont marqué leur étonnement de voir l'usage de la langue latine rappelé dans les études de la Philosophie. Elles s'effraient à l'idée d'entendre retentir de nouveau sur nos bancs ce latin des

---

(1) Voyez dans le *Voyage du Jeune Anacharsis*, tom. IV, page 168, *et passim*.

(2) M. Stapfer, dans la *Biographie*, art. *Kant*.

écoles, plus propre à corrompre la pureté du langage, qu'à faciliter l'exercice du raisonnement, et capable de faire perdre le fruit des Humanités, et d'étouffer tous les germes heureux du talent. Qu'elles se rassurent : avec la Scolastique a disparu la nécessité de recourir à ce langage barbare. Certes, lorsque dans les questions de *Logique* on emploiera le latin des *Tusculanes* de Cicéron, dans celles de la *Métaphysique*, celui du traité *de Natura Deorum*, et pour la *Morale*, le style du *Traité des Devoirs*, ou la manière des livres académiques, ou encore celle de quelques ouvrages de Sénèque, on ne sera pas exposé à perdre le goût de la bonne latinité. D'ailleurs l'emploi du Latin n'est pas exclusif. On a senti que la langue française, si riche en ouvrages parfaits en ce genre, était devenue essentiellement la langue de la Philosophie. C'était donc une nécessité d'en maintenir l'usage dans nos classes. « Rien n'empêche effective- « ment qu'on ne philosophe en parlant bien sa « langue, dit Fleury, (Ve Discours sur l'Hist. Ecclé- « siastique, N° 16). Les écrits d'Aristote sont en bon « grec, les ouvrages de Cicéron en bon latin, et Des- « cartes a exprimé sa doctrine en bon français, et « dans un style net, précis, qui a pu servir de mo- « dèle à tous ceux qui ont écrit sur ces matières. »

SECTION II.

PRIX D'HONNEUR.

Puisqu'on avait l'intention d'encourager et de maintenir l'usage parallèle des deux langues dans tout le cours des études, on ne pouvait mieux faire que d'assigner un prix, au Concours général, à la meilleure dissertation latine, comme à la meilleure dissertation française. Mais fallait-il que le prix de latin de la classe de Philosophie fût décoré du titre pompeux de *Prix d'honneur*, titre réservé jusqu'alors exclusivement au prix de latin de la classe de Rhétorique? Fallait-il, à la distribution générale, changer l'ordre que l'ancien Chef de l'Instruction publique s'était empressé de rétablir, pour redonner aux lettres latines la prépondérance qu'elles devront toujours avoir dans l'enseignement secondaire, si l'on veut que le goût s'y conserve sans altération? Deux points essentiels relevaient surtout la gloire attachée à ce prix : d'abord il était unique; ensuite le lauréat entendait proclamer son nom le premier de tous, en présence de ses nombreux rivaux. On a conservé, il est vrai, au prix de Rhétorique sa dénomination ancienne. Mais par le fait il est frappé de mort dans son principe et dans son essence. Combien de noms, qui tous appartiennent aux classes de Mathématique et de Physique, ont passé, avant qu'ait été appelé celui du vainqueur en éloquence latine? Il est donc confondu, perdu dans la foule, et dépouillé de tout l'éclat attaché jadis à ce triomphe. Aussi, cette innovation a-t-elle été vue généralement avec peine. On a trouvé qu'elle était *inutile et dangereuse*. Inutile, car c'était bien assez pour entretenir le goût et la pratique de la langue latine dans les études philosophiques, qu'on eût accordé un prix à celui qui l'emporte sur ses émules. Jamais autrefois on n'eût pensé, pour ces classes, à ce genre de distinction. Était-il besoin d'y ajouter un honneur en quelque sorte usurpé ? Honneur qui sera toujours contesté dans l'opinion commune, car l'on ne cessera de réclamer contre cette mesure, tant que l'on sentira l'importance, surtout avec la forme actuelle de notre Gouvernement, de conserver à l'Éloquence, cette reine des cœurs et des esprits, le rang suprême qu'elle devra obtenir à jamais dans l'empire des Lettres.

J'ai dit qu'on trouvait cette disposition nouvelle, *dangereuse*. N'est-il pas à craindre en effet que le zèle et l'activité des jeunes amateurs de l'Éloquence latine ne se refroidissent, quand ils verront leurs succès ainsi partagés ? Quelle sera désormais la récompense de leurs efforts extraordinaires et de leurs travaux forcés, pour acquérir ce style pur et brillant qui caractérise les grands modèles, et dont il est si important de ne point laisser s'affaiblir la tradition ?.... Une palme presque flétrie ; un prix décoloré, dépouillé de ses plus précieux avantages, et qui ne s'offre plus que dans un ordre tout-à-fait secondaire. On sait que généralement en Philosophie, avec un peu de mémoire, quelqu'étendue dans l'esprit, de la justesse dans les idées, de la rectitude dans le jugement, et surtout de la patience dans le travail, on peut, sans de très grands efforts, et avec une mesure de talent très médiocre, arriver au degré nécessaire pour réussir. Je suis loin, sans doute, de vouloir déprécier d'aussi estimables qualités, et de contester le mérite des dissertations couronnées au Concours, dans cette classe. Mais pourra-t-on jamais mettre en balance ces sortes de productions, avec ces compositions brillantes qui, presque tous les ans, au Concours de Rhétorique, ont excité notre surprise et notre admiration? Ces créations ne supposent-elles pas, dans leurs jeunes auteurs, une réunion de qualités bien autrement difficiles à acquérir, et bien plus rares en elles-mêmes, que tout ce que peut offrir la meilleure dissertation philosophique; je veux dire la connaissance des finesses du langage, des délicatesses du goût, l'heureux emploi des richesses de l'imagination, l'application juste des préceptes de l'art, le sentiment et l'observation des convenances, et l'usage facile des ressources et des inspirations de l'Éloquence.

Si on ne veut pas voir s'éteindre les étincelles du feu sacré qui anime encore ces travaux classiques, qu'on se hâte de rendre au Prix d'honneur sa véritable place et son ancien lustre. C'était toujours par les prix des classes de Philosophie et de Mathématiques que se terminait la distribution générale, et cet ordre avait été ainsi réglé par des motifs bien sages et bien puissans. Il n'eût jamais existé, qu'il faudrait l'établir, ne fût-ce que pour entretenir et soutenir dans ces assemblées nombreuses, l'intérêt qu'a toujours excité cette grande solennité. Les impressions douces et vives qu'on y vient chercher, s'évanouiraient bientôt, et vers la fin de chaque séance perdraient entièrement leur attrait, si l'attention ne devait plus se porter que

(216)

sur les succès si peu décisifs obtenus par des enfans dans les classes de *Sixième* et *Cinquième*. Mais combien elle se ranime au contraire, comme tous les esprits sont remis de nouveau en suspens, lorsque les derniers noms des vainqueurs sont ceux de jeunes gens qui ont profité de tout ce que le Gouvernement a fait pour compléter leur éducation ! Ceux-là du moins promettent à la Patrie des soutiens éclairés et habiles, et l'intérêt qu'ils inspirent s'accroît de l'idée que dans peu ils doivent prendre un rang honorable dans cette société même dont les membres les plus distingués sont venus applaudir à ces succès d'un si heureux augure.

SECTION III.

COURS DE MATHÉMATIQUES ET DE PHYSIQUE.

Je ne parlerai qu'en passant de l'enseignement des classes de *Mathématiques* et de *Physique*, les matières qu'on y traite ne m'étant pas assez familières, et n'ayant jamais été l'objet de mes études. Ne sait-on pas d'ailleurs à quel degré de perfection cet Enseignement a été porté dans ces derniers temps, et tout ce qu'on doit en ce genre aux travaux des Legendre, des Lacroix, des Laplace, des Poisson, des Biot, des Poinsot, des Ampères, des Regnaud, des Dinette, des Bourdon et de tant d'autres Professeurs distingués ? Cependant je ne crois pas devoir omettre quelques observations que j'entends faire souvent par les hommes les plus habiles dans ces Sciences. On se plaint, et non sans raison, qu'aujourd'hui, aux yeux de bien des Élèves, le mérite suprême pour eux, est de se voir en état de *subir avec avantage les examens divers auxquels ils doivent être appelés*. Là se bornent toutes leurs vues. Dès-lors une seule pensée occupe les jeunes Candidats, c'est celle des succès qu'ils obtiendront à l'examen. Mais, acquérir la connaissance approfondie des élémens qui pourraient établir solidement dans leur esprit les fondemens de la Science, c'est ce dont un grand nombre se soucie fort peu. Les Professeurs cédant trop facilement, peut-être, à cette disposition générale, arrangent leur travail en conséquence. Il peut en résulter que la Science ne soit plus étudiée pour elle-même, que le mode de l'enseigner d'après les véritables méthodes s'altère insensiblement, et que pour se présenter avec quelque distinction dans cette carrière, il suffise d'être le plus habile à entasser dans la tête des jeunes Aspirans le plus grand nombre de formules qu'il sera possible, sans trop songer à leur en faire bien connaître les bases, les rapports, l'enchaînement et l'application. Ce serait pour la Science un grand malheur. Ce que l'on vient chercher en Philosophie, c'est le moyen de donner à l'esprit plus de force, plus de justesse, plus de pénétration et plus d'étendue; c'est l'art de le former à un plus mâle exercice de ses facultés, et de l'accoutumer ainsi à tenir d'une manière plus ferme aux connaissances exactes et positives qu'il a pu acquérir. Quelles études sont plus propres à procurer cet avantage que celles des

Sciences mathématiques? Il serait donc bien à craindre qu'on ne finît par manquer ce but, si l'on venait à s'écarter tout-à-fait des routes tracées par les grands Maîtres dans cette partie. Mais espérons que ces inconvéniens n'auront pas lieu. La direction de cet Enseignement se trouve aujourd'hui naturellement placée entre les mains d'un membre du Conseil royal (1), que ses connaissances profondes dans les Sciences exactes, et ses lumières si étendues ne peuvent laisser indifférent sur ce qui pourrait altérer ces sortes d'études. Son zèle si connu pour tout ce qui tient à leur perfectionnement, le rendra toujours plus attentif à ce qui pourra en augmenter les progrès et ajouter à leur prospérité.

Dirai-je maintenant ce qu'on doit plutôt craindre? c'est que les études mathématiques et physiques ne prennent bientôt un ascendant trop marqué sur les études des Belles-lettres; c'est que la balance qu'on s'était étudié à rétablir entre les unes et les autres, ne vienne à être rompue de nouveau, et que, par les suites d'une faveur trop spéciale, de dispositions trop avantageuses, on ne réveille dans les esprits ce goût trop vif, cet engoûment trop marqué qui long-temps a caractérisé les partisans exclusifs des Sciences exactes. Il y a plus de vingt ans, j'avais cru devoir signaler le danger de cet enthousiasme exagéré, parce que j'en reconnaissais chaque jour les graves inconvéniens (2)

---

(1) M. Poisson.

(2) Voir à la suite des notes, n° o : *Dissertation sur les incon-*

Craignons-en le retour, et en favorisant l'étude ce ces Sciences autant qu'elles doivent l'être, ne négligeons rien de ce qui peut entretenir le goût des autres connaissances.

Qu'on pénètre aujourd'hui dans l'intérieur de nos Colléges, on s'étonnera des heureux préparatifs qui s'y font en ce moment pour faciliter l'étude des Sciences physiques. Des salles sont convenablement disposées; de très beaux cabinets sont arrangés à grands frais pour recevoir des instrumens de toute espèce. Rien n'est épargné pour que l'acquisition de tous les matériaux nécessaires soit complète, et l'œil est agréablement frappé par l'aspect de tous ces secours prodigués pour les nombreux adeptes de ces Sciences précieuses. Certes ce ne sera pas moi qui blâmerai ces sages mesures, puisque j'ai été des premiers à en faire sentir la nécessité, à en presser l'exécution.

Mais pourquoi ne réclamerais-je pas des dispositions analogues en faveur des Lettres, en faveur surtout de ces classes élémentaires toujours si négligées, si délaissées, quoiqu'elles soient d'une si grande importance? Lorsque des frais si considérables ont lieu pour les Élèves qui touchent au terme de la carrière classique, pourquoi en fait-on si peu pour aider et pour mieux affermir la marche de ceux qui viennent d'y entrer? Pourquoi n'est-il pas un Collége royal,

véniens du goût exclusif pour les Sciences Mathématiques et Physiques, en 1801.

Nota. Retranché pour les raisons que j'ai exposées dans l'Avant-Propos.

peut-être, où, depuis la restauration de l'Instruction publique, on soit parvenu à former une bibliothèque convenable et suffisante? Pourquoi est-il encore un si grand nombre de nos établissemens, où tout ce qui tient au Culte est si loin de présenter aux yeux des Élèves ces ornemens et ces dehors imposans qui disposent à sentir toute la dignité de nos cérémonies religieuses? Ne sait-on pas qu'une certaine pompe, simple toutefois et modeste, mais au moins propre à fixer les regards, est un des plus grands auxiliaires de notre Culte catholique, et que c'est un moyen rapide et sûr de faire descendre dans les cœurs les impressions et les sentimens que les pratiques de la Religion doivent inspirer?

SECTION IV.

CARTES ET TABLEAUX A METTRE DANS LES SALLES D'ÉTUDE.

Si je parcours l'enceinte de chacun de nos établissemens, si j'entre dans les classes et dans les salles d'étude, quelle triste nudité!... Pas un objet qui, en frappant les yeux de ces jeunes enfans, les rappelle aux notions dont ils sont entretenus chaque jour! Ni tableaux, ni cartes, ni figures!... Rien de ce qui pourrait jeter de l'intérêt sur leurs études, par des représentations sensibles propres à exciter leur curiosité! Pourquoi, à côté de ces tableaux noirs dont l'usage me paraît si essentiel, ne vois-je pas des tableaux synoptiques de la Grammaire; de grands cadres où seraient renfermés les Paradygmes, les Désinences, les Règles principales des trois langues, du grec, du latin et du français, et entr'autres le Πανελληνισμος de M. F. L. Lécluse; tous ces objets seraient tracés en caractères très apparens et de grande dimension, afin qu'ils s'emparassent plus sûrement de l'attention des enfans. Serait-ce un inconvénient que les principes et les modèles des diverses écritures fussent représentés sur les murs mêmes, ainsi que cela a lieu dans plusieurs écoles des Frères de la Doctrine, et dans quelques classes d'Enseignement primaire? Ne serait-il pas très convenable qu'on y vît aussi les chiffres et leurs différentes combinaisons, les principes de la numération, et les figures élémentaires et principales du dessin linéaire ainsi que du dessin proprement dit? Tous ces objets seraient inscrits en caractères si gros, si bien développés, qu'en frappant les yeux des enfans, ils pénétreraient facilement dans leurs jeunes cerveaux, s'y graveraient profondément à la longue, et même sans le travail de leur attention, et deviendraient pour eux, sans aucun effort de leur part, les types indélébiles de tout ce qu'ils ont journellement à tracer sur le papier.

Ne serait-ce pas une mesure très avantageuse, que d'environner cette jeunesse des images propres à remuer les cœurs et les esprits? Qu'elle ne puisse donc jeter les yeux autour d'elle sans les trouver. Qu'elle rencontre, avant tout, le signe par lequel on triomphe des ennemis du Salut (*In hoc signo vinces*), et qui élève les pensées vers l'Auteur de tout bien. Que les traits chéris de ces Bourbons auxquels les Sciences et les Lettres sont si redevables; que ceux de ce Roi si desiré qu'elles ont consolé long-temps, qu'elles délassent aujourd'hui, éveillent sans cesse dans nos Élèves les sentimens de l'amour et de la reconnaissance; que d'autres signes leur rappellent aussi qu'ils sont sous l'empire des Arts; que tout ce qu'ils regardent tende à leur en inspirer le goût, et que nos asiles enfin cessent de ressembler, par la nudité des murs, plutôt à de tristes prisons, qu'au séjour gracieux des Muses et au sanctuaire du savoir et des Lettres.

Alléguerait-on la difficulté de pourvoir aux dépenses que pourraient entraîner de pareilles mesures? On trouve bien des fonds pour les cabinets et pour les instrumens de physique qui sont si dispendieux, comment n'en trouverait-on pas pour ces objets qu'on peut faire exécuter à des prix si modérés?

On veut que les Élèves apprennent l'Histoire, et certes on a pensé un peu tard à mettre cette étude au rang des parties les plus essentielles de l'Instruction. Mais pourquoi cherché-je en vain dans nos classes, de grandes cartes de Géographie et de Chronologie. Ces deux sciences sont constamment désignées comme les deux yeux de la première, et sans leur secours il est impossible qu'on l'étudie avec un véritable profit? Les murs de nos divers établissemens ne pourraient-ils offrir de vastes tableaux peints à fresque, représentant le Globe terrestre, les différentes figures relatives à l'étude de la Sphère, les six grandes divisions de la terre, et surtout la carte de France? Que si on trouvait quelque difficulté à les peindre ainsi, ne pourrait-on au moins faire construire de grands panneaux qui s'adapteraient les uns aux autres, et sur lesquels les différentes configurations de la terre et des mers seraient représentées dans une dimension assez large pour que l'œil pût en embrasser, sans peine, les détails aussi bien que l'ensemble. Sur ces cartes aucuns noms ne seraient inscrits : seulement des numéros indiqueraient chaque pays, chaque ville, etc., etc., et les enfans aidés d'un simple livret seraient chargés de rapporter de mémoire les noms sur les tableaux, et d'y désigner les places. Ces panneaux pourraient être enlevés à volonté ou recouverts par des toiles; ou bien les tableaux ne seraient eux-mêmes que de simples toiles qui se rouleraient et se dérouleraient à l'aide de cylindres suspendus au haut des murs. Si on s'effrayait des obstacles que peut présenter l'exécution de ces diverses mesures, qu'on se rende à l'établissement de M. Boniface; je n'ai fait que rapporter ce qui, en grande partie, s'opère chez lui avec un véritable succès.

Ce qui aurait été fait pour la *Géographie*, on pourrait le faire également pour la *Chronologie*. On ne manque pas de tableaux synoptiques pour cette Science. Dans ces derniers temps, les formes en ont été multipliées d'une manière plus ou moins heureuse. Chercher les plus simples, les moins compliquées, les plus claires et les plus exactes ; les faire tracer ainsi à grands traits dans chaque classe, ce serait faciliter singulièrement les leçons des Maîtres, leur donner un attrait particulier, et en confirmer les résultats. Ce serait le moyen de graver dans la mémoire si fugitive des enfans, les grandes époques qu'on désignerait par des lettres et des traits caractéristiques, avec les faits principaux qu'elles renferment. De cette manière, elles laisseraient dans leur esprit des traces durables qui s'y présenteraient toujours avec ordre. Les arbres chronologiques, les cartes générales de Lesage, les tableaux chronologiques de Lenglez Dufrenoy, de Schœll et autres, peuvent servir à remplir ces vues; mais j'en connais peu qui soient plus propres à atteindre ce but, et qui soient mis plus heureusement à la portée de cet âge, que les *tableaux chronométriques* d'un de nos Professeurs émérites les plus distingués (1).

Par suite de ces diverses observations, je me trouve amené à parler de l'Enseignement de l'Histoire. Ce sera l'objet du chapitre suivant.

(1) M. Goffaux, ex-professeur du Collége Louis-le-Grand.

N° I.

Voici le plan que j'avais adopté pour l'enseignement des Mathématiques élémentaires dans les classes de Grammaire et des Humanités, en conformité du réglement de l'Université, daté du 28 septembre 1814.

Ire ANNÉE DE GRAMMAIRE. — *Cinquième.*

Leçon de calcul, le lundi matin, de dix heures et demie à onze heures et demie, pendant le dessin.

Les deux divisions d'élèves internes étant réunies en une seule, dans les Colléges où cette classe est partagée, un Professeur de Mathématiques élémentaires leur fera une leçon, une fois seulement par semaine, et se bornera à leur apprendre les quatre règles dans l'année. Ils n'auront pas d'auteur, et, comme la leçon doit être purement pratique, on devra les exercer tant sur les quatre opérations que sur les diverses questions qui en dépendent, et qui peuvent se rapporter aux besoins les plus ordinaires de la société.

IIe ANNÉE DE GRAMMAIRE. — *Quatrième.*

Leçon de calcul, le vendredi matin, de dix heures et demie à onze heures et demie, pendant le dessin.

Le professeur, après avoir fait repasser les quatre règles aux élèves des deux divisions réunies, leur enseignera seulement les fractions et les règles de trois pendant l'année; il pourra leur permettre de se servir du premier volume de Bezout. Ce ne sera qu'avec la plus grande circonspection, et dans la vue uniquement de sonder les dispositions des Élèves, qu'il pourra essayer quelquefois de mêler un peu de théorie à la pratique. Du reste, il devra insister spécialement sur les règles qui sont relatives aux fractions et aux proportions et varier les applications en proposant les exemples usités dans le commerce et dans les différens états de la vie civile.

Il ne pourra exiger des Élèves des deux années de Grammaire, qu'un travail particulier d'une heure, entre deux leçons consécutives; et, comme ils peuvent prendre ce temps sur les jours de congé, il est visible qu'ils n'auront aucun prétexte pour négliger le devoir de Latin, ni celui d'Arithmétique.

Ire ANNÉE DES HUMANITÉS. — *Troisième.*

Leçon d'Arithmétique et d'Algèbre, le mercredi et le samedi soir, à l'heure ordinaire de la classe (dans la supposition que la classe d'Histoire n'aurait pas lieu ce jour-là).

Le Professeur enseignera deux fois par semaine aux Élèves des deux divisions réunies, l'Arithmétique raisonnée et complète, en suivant les auteurs indiqués par l'Université. Il aura l'attention de donner la théorie numérique des Progressions et des Logarithmes, en faveur des Élèves qui, à la fin de l'année, se proposeraient de se présenter au premier examen pour l'Ecole de la Marine. Il exposera aussi les premiers élémens d'Algèbre.

II ANNÉE DES HUMANITÉS. — *Seconde.*

Leçon d'Algèbre et de Géométrie, le lundi et le vendredi soir, à l'heure ordinaire de la classe.

Après avoir fait repasser l'arithmétique et les premiers principes de l'Algèbre, le Professeur enseignera, pendant cette année, les quatre premiers livres de Géométrie. Il devra insister sur les applications les plus importantes, telles que le toisé, l'arpentage, etc., etc.; mais il ne pourra exiger des Élèves des deux classes des Humanités plus d'une heure de travail particulier entre deux leçons. Il sera même tenu de veiller à ce que le devoir se fasse les jours de congé.

ANNÉE DE RHÉTORIQUE.

Pour empêcher que les élèves qui passent de Seconde en Rhétorique ne perdent, par l'interruption d'une année, les connaissances acquises les années précédentes, le professeur fera la leçon une fois seulement par semaine le jeudi matin. Elle sera consacrée uniquement à faire repasser ce qui aura été vu dans les années précédentes. On peut reconnaître facilement l'utilité, la necessité même de ce plan : car si les Mathématiques, sérieusement approfondies, ne sont vraiment utiles qu'à un petit nombre d'Élèves, à ceux surtout qui se destinent au génie, à l'artillerie, il n'en n'est pas de même des premiers élémens de cette science, et particulièrement de l'Arithmétique, dont la connaissance est nécessaire à tous les hommes sans exception et dans tous les états.

Or, la plupart des Élèves qui sortent du Collége sans avoir suivi les cours réguliers de Mathématiques, sont privés, par suite de l'organisation actuelle, de la science du calcul, la plus indispensable après celle de la Lecture et de l'Écriture.

Les premiers réglemens sur l'Instruction publique prescrivaient l'enseignement des Mathématiques dans les premières classes de latinité, mais il était impossible qu'ils reçussent une entière exécution, 1° parce qu'on voulait faire de cet objet un travail principal pour les élèves, tandis qu'il ne doit être qu'accessoire; 2° parce que pour les deux années de Grammaire il ne doit être question que de l'Arithmétique pratique, et qu'on prétendait, au contraire, exiger une Arithmétique rigoureusement démontrée; 3° parce qu'on avait chargé les Professeurs de latin de ce premier enseignement auquel ils doivent être étrangers, ce qui devait les fatiguer inutilement et enlever aux Élèves une partie précieuse des autres leçons de la classe.

Par le Statut du 28 septembre 1814, on a cherché à remédier à ces inconvéniens; mais bientôt on s'aperçut combien ce serait une mesure préjudiciable aux études de Seconde et de Rhétorique, si celles d'Arithmétique, d'Algèbre et de Géométrie, se trouvaient mêlées à tant d'autres parties qui font l'objet de ces deux classes.

D'après notre plan, dont les dispositions, pour la plupart, avaient été fournies par feu M. Guillard, Professeur de Mathématiques au Collége de Louis-le-Grand, où il a laissé des souvenirs de son zèle et de son activité, il nous semble que tout est concilié, et les besoins des élèves et la nécessité de ne pas trop les détourner des études des langues anciennes. D'abord il n'est pas dispendieux, puisqu'un seul Professeur peut y suffire pour tout un Collége; ensuite on voit que par le seul sacrifice d'une leçon de dessin par semaine, chaque élève reçoit l'instruction qui lui est indispensable dans cette partie. L'ordre, l'heure et les travaux ordinaires ne sont pas changés, et le travail essentiel ne peut être diminué par un travail accessoire presque insensible, et qui prend si peu sur tous les autres.

A la fin de la seconde année de Grammaire, l'élève sortant du Collége peut entrer dans le Commerce. A la fin de la première année des Humanités, on le voit entrer dans le Commerce ou dans la Marine, ou dans une Ecole militaire. A la fin de la Deuxième des Humanités, on le voit commerçant ou marin, ou officier de ligne, ou cultivateur ou manufacturier. Enfin, après sa Rhétorique et même après sa Seconde, il a l'avantage, s'il suit les cours réglés de Mathématiques, d'étudier avec plus de facilité et plus de fruit les élémens de Physique, de Chimie et d'Histoire naturelle, et de pouvoir se présenter avec avantage, à la fin de sa deuxième année de Philosophie, pour être admis à l'École Polytechnique.

Si la distribution des heures pour les divers travaux présentait quelques difficultés, on aurait un moyen de les lever en grande partie : ce serait d'admettre la méthode simple et abbréviative que j'indique, au Chapitre II, pour les classes Élémentaires. On a pu reconnaître quel temps considérable cette méthode fait retrouver ; on verra, au Chapitre XIII, ce qui fait le plus grand obstacle à toute espèce d'amélioration, et comment on pourrait y remédier.

CHAPITRE VII.

ENSEIGNEMENT DE L'HISTOIRE.

Il serait en quelque sorte ridicule, aujourd'hui, de s'étendre sur l'importance de l'Enseignement de l'Histoire, sur la nécessité de l'admettre dans toutes nos Écoles, et sur les grands avantages qui peuvent en résulter (1). Ce sont des vérités qui ne peuvent plus être la matière d'un seul doute. Mais on aurait peine à concevoir à quel point cet Enseignement si essentiel a été négligé dans presque tous les établissemens, soit de l'ancienne, soit de la nouvelle Université. Il y avait plusieurs années que, réunissant mes vœux à ceux d'un grand nombre de personnes qui se sont occupées du perfectionnement de l'Instruction publique, j'avais appelé l'attention de l'autorité supérieure sur la nécessité de réorganiser l'étude de l'Histoire dans nos Colléges, lorsqu'enfin a paru l'Arrêté qui, à ce sujet, créait des chaires spéciales (2). Rien de plus simple que le plan que j'avais proposé en 1815, et qui fut adopté alors. L'ensemble

(1) Historia si adsit, ex pueris facit senes; sin absit, ex senibus pueros. (Vives. lib. De tractandis Disciplinis.)
(2) Voir à la suite de ce Chapitre, n° 1, le Travail sur l'Étude de l'Histoire dans les Colléges.

de l'Histoire se trouvait partagé en plusieurs divisions fixes et déterminées, graduées d'après l'ordre des classes, et réglées de manière que d'année en année, depuis la classe de *Sixième* jusqu'à celle de *Seconde* inclusivement, les Élèves en arrivant au cours d'Éloquence, se trouvassent avoir parcouru le système entier de l'Enseignement historique. Une division était assignée à chaque Professeur, et il ne devait pas franchir la limite qui lui était tracée. J'avais pensé que cet Enseignement ne devait pas être compris dans les Études des Élèves de Rhétorique, parce qu'ils ont déjà assez d'objets à traiter, sans qu'on y joigne encore ce travail. Ce cours est comme le complément de ceux de Grammaire et des Humanités. Les Élèves y viennent faire, chaque jour, l'application des connaissances qu'ils ont acquises précédemment, dans l'art si difficile d'écrire, en s'exerçant, soit à la traduction, soit à l'explication des auteurs, soit à la lecture des prosateurs, des poètes, des historiens et des orateurs. Il est donc nécessaire qu'ils aient déjà des notions arrêtées sur tout ce qui tient à l'Histoire ancienne, sacrée et profane, à celle du moyen âge, à l'Histoire des temps modernes, à celle enfin de leur pays; car c'est à ces différentes sources que sont puisées la plupart des matières qu'ils ont tous les jours à développer. Ce n'est donc plus le temps pour eux d'apprendre à les connaître ; elles doivent leur être familières; autrement ce sont des Rhétoriciens incomplets. Aussi j'avais demandé que le travail indiqué aux Professeurs de *Rhétorique* par l'art. 3 de l'Arrêté, fût reporté à la classe de *Seconde*, et qu'on fît reculer de même chaque partie jusqu'à la classe de *Septième* inclusivement. On voit que ce mode, sans trop surcharger les Professeurs, devait, avec le temps, donner au travail général de chaque classe, un attrait de plus, et jeter une sorte d'intérêt sur toutes les autres leçons. Mais un autre avantage résultait de ces dispositions : c'est qu'elles ne causaient dans les établissemens presque aucune dépense extraordinaire, et rien n'était dérangé dans l'ordre commun et accoutumé.

Mais il était nécessaire que les succès, dans cette étude, eussent, comme dans toutes les autres, leur part de triomphe au Concours général. Je l'avais demandé; on ne put l'accorder. Aussi le zèle des Professeurs qui, d'abord, avaient accueilli ces mesures avec empressement, ne tarda pas à se refroidir, et bientôt cette étude fut de nouveau entièrement négligée.

Je n'examinerai point les autres raisons qui firent abandonner ce plan admis d'abord avec une sorte de faveur. On prit, en 1818, des mesures bien tardives pour ranimer le goût de cette étude. L'expérience justifia promptement les appréhensions qu'on avait manifestées sur le plan qui prévalut alors et dont on ressentit bientôt les fâcheux effets. Depuis, les efforts réitérés du Recteur parvinrent à remédier à des inconvéniens qui frappaient tous les regards. Il s'occupa à ramener, autant qu'il était possible, cet Enseignement dans les justes bornes qu'il ne doit pas franchir. Une sage direction fut donnée à toutes les leçons ; on en dispensa les Élèves de Rhétorique, et elles furent reportées à l'exacte mesure où elles doivent s'arrêter dans une instruction secondaire.

Cependant, aux yeux de bien des personnes, il est encore douteux qu'on se soit fixé au meilleur parti. On demande s'il a été avantageux, pour l'Instruction publique, que de jeunes Aggrégés, pleins de talent et de mérite, aient été retirés des classes des Humanités, où ils étaient éminemment utiles, pour être chargés tout-à-coup d'un travail aussi important. Sans doute il ouvrait devant eux une carrière digne de leur noble ambition. Mais son immense étendue n'était-elle pas capable d'arrêter les Professeurs même les plus robustes et les plus expérimentés ? Elle eût fait pâlir les hommes du savoir le plus profond, accoutumés, depuis long-temps, à consacrer leurs veilles uniquement à ce genre d'occupation. On demande encore s'il était bien nécessaire de créer pour cet enseignement des chaires spéciales et nouvelles, et de faire peser ainsi sur l'Université et sur les établissemens une dépense qu'il eût été facile d'éviter.

D'autres inconvéniens ont résulté de ces diverses dispositions. Les Professeurs d'Histoire sont obligés de réunir à leurs cours une trop grande quantité d'Élèves, qui souvent appartiennent à différentes classes. Ils ne peuvent les connaître assez, parce qu'ils ne les voient que transitoirement une fois au plus par semaine, et ils ne sont point à même d'exercer sur eux la surveillance si nécessaire dans ces trop nombreuses aggrégations. Il est physiquement impossible qu'ils puissent s'assurer du travail de tous. Les peines qu'ils se donnent et les efforts qu'ils font pour suffire à leurs obligations sont connus, et l'on sait avec quelle scrupuleuse attention ils se font remettre les rédactions de chaque Élève. Mais à qui persuadera-t-on qu'ils aient le temps de les voir toutes et de les juger? Ce qu'il y a de plus fâcheux, c'est que la santé de plusieurs d'entre eux succombe sous le poids d'un travail forcé et par trop pénible : et cela ne doit pas surprendre; car ils n'ont pas seulement à préparer, à disposer les matériaux de leurs leçons, à combiner les résultats de leurs recherches pour présenter la suite et l'ensemble des histoires diverses dans un ordre clair, exact et précis; il faut encore, et c'est là ce qui doit leur coûter le plus d'efforts, qu'ils s'attachent à ramener continuellement l'instruction qu'ils donnent, dans le cercle étroit où ils sont circonscrits, vu le petit nombre de leçons qu'ils ont à faire. On sent que de difficultés présente un pareil travail pour de jeunes Maîtres chargés d'un Enseignement si vaste, et qui tiennent à honneur d'en parcourir toute l'étendue.

Mais comment y parviendraient-ils? comment, forcés de condenser, d'entasser les faits, de presser toutes les parties de leur Enseignement, pourraient-ils fixer suffisamment l'attention de leurs élèves sur ce qui doit être l'âme de cette étude ; « je veux dire, sur les
« observations relatives aux usages et aux coutumes
« des peuples, sur la recherche de la vérité des faits,
« sur la découverte des causes de l'agrandissement et
« de la chute des empires, du gain et de la perte des

« batailles et des événemens décisifs pour le sort des
« États, sur l'étude du caractère des Nations et des
« grands hommes, sur ce qui regarde les mœurs et la
« conduite de la vie, et enfin sur les remarques à
« faire successivement pour tout ce qui a rapport à
« la Religion (1)? »

Maintenant, que l'on considère le travail et ses résultats relativement aux Élèves; quelle utilité réelle le plus grand nombre en peut-il retirer? Je vois ceux qui s'y appliquent et qui le suivent avec le plus de constance et de soin : ils sont forcés de consacrer un temps très considérable à rédiger trop rapidement le résultat de la leçon de chaque semaine. S'ils veulent un peu soigner leur diction, donner à leur style une couleur convenable, et s'ils tâchent de faire en sorte que le seul matériel de leurs rédactions soit digne par l'exactitude et la propreté qu'ils y mettent, de l'importance des sujets qu'ils traitent, il ne leur reste plus alors assez de momens pour les autres parties de leur instruction. Rien de ce qu'ils font ne peut être médité; rien n'est combiné ni réfléchi. Ils copient servilement les notes, souvent imparfaites, qu'ils ont recueillies à la hâte, et ces feuilles qu'ils entassent sous leurs plumes ne doivent laisser dans leurs têtes que bien peu d'idées saines et arrêtées sur les hommes comme sur les choses. Remarquez que je ne parle point ici de la masse des élèves de chaque classe, pour qui cette étude est à-peu-près nulle, et qu'il n'est question que du

_____
(1) Rollin, *Traité des Études.*

petit nombre de ceux qui s'en occupent avec intérêt. Mais qu'arrive-t-il? Toutes les autres tâches sont négligées : plus de soin, plus d'application dans le travail général, partant plus de fruit, plus de succès. Aussi, sans trop craindre de se tromper, pourrait-on indiquer ces inconvéniens attachés à l'Enseignement historique, tel qu'il est organisé aujourd'hui, comme une des causes de l'affaiblissement qu'on remarque depuis quelques années dans plusieurs parties des études.

Je sais qu'on opposera à ces assertions les compositions d'Histoire, si remarquables, qu'on a citées à la fin des derniers Concours ; qu'on rappellera cette sorte de supériorité, qui, dans chaque classe, a caractérisé, en tout genre, quelques-uns des devoirs couronnés. Mais quand il s'agit de l'Instruction générale et publique, n'est-ce pas la masse des élèves qu'il faut considérer avant tout? N'est-ce pas la plus grande utilité que tous pourront retirer d'un enseignement qui fixe et détermine l'opinion qu'on doit en avoir. S'arrêtera-t-on à des faits isolés, à des exceptions qui ne peuvent manquer de se rencontrer toujours, parce que toujours il y aura, bien qu'en très petit nombre, de ces esprits favorisés de la Nature qui suffisent à tout, qui s'irritent des obstacles au lieu d'en être abattus, et qui brisent toutes les entraves que multiplient autour d'eux l'imperfection des méthodes et les irrégularités de l'Instruction.

Il resterait donc encore à examiner si aux sages mesures qui, déjà, ont été prises, et qui n'ont pu remédier qu'en partie aux inconvéniens que je viens d'exposer, il ne serait pas mieux d'en ajouter de nouvelles encore, et si pour l'avantage des Élèves, comme pour l'intérêt des Maîtres, il ne serait pas convenable qu'on eût recours à un parti plus décisif. Il ne m'appartient pas de l'indiquer. Mais quel que soit celui auquel on s'arrête, toujours est-il que les estimables Professeurs qui se sont consacrés à un travail aussi pénible aux dépens de leur santé, de leur repos, et même des avantages que leur assurait dans l'Université leur talent reconnu, auront un grand mérite aux yeux des amis de la Jeunesse et de l'Instruction ; ce sera celui d'avoir facilité pour les Élèves l'étude de l'Histoire. Dans les travaux qu'ils se sont empressés de publier, ils ont donné des gages de leur talent, de leur zèle et de leur activité. Leurs tableaux sommaires, chronologiques et synchroniques deviennent des textes tout préparés et présentent, pour les Professeurs des Colléges de toutes les Académies, un travail tout fait et bien fait. Sans doute on aura distingué les travaux, en ce genre, de MM. Caïx, Poirson et Durozoir, et surtout le tableau chronologique de l'*Histoire du moyen âge*, par M. C. Desmichel. Ce chaos immense il paraît l'avoir heureusement débrouillé, et le plan d'étude de cette partie si ingrate de l'Histoire, est tracé d'une main aussi ferme qu'exercée.

Nota. — L'étude de la Géographie est liée trop nécessairement à celle de l'Histoire, pour que je ne fasse pas mention ici des cartes lythographiques de M. Selves, et des services que, par elles, il rend aux Élèves qui suivent ces études. Le prix modéré auquel il peut les livrer fournit à tous les Élèves le moyen de mieux profiter des leçons de l'Histoire qui, sous le rapport géographique, ont toujours laissé beaucoup à dire. On peut augurer aussi que la carte présentée à l'Exposition dernière par M. Firmin Didot, et le système qu'il a imaginé, attireront l'attention de tous les Instituteurs.

N° I.

TRAVAIL

Que j'avais présenté, en 1815, sur l'Enseignement de l'Histoire et de la Géographie.

Le 24 décembre 1815, j'adressai la lettre suivante à MM. les Professeurs du Collége de Louis-le-Grand, en y ajoutant, pour chaque classe, un extrait du tableau ci-joint.

Messieurs,

La Commission de l'Instruction publique, par son Arrêté du 30 septembre 1815, article 3, recommande particulièrement de faire en sorte *que l'Enseignement de la Géographie et de l'Histoire soit mis à exécution tel qu'il a été ordonné et distribué, pour chaque classe, par les articles* 129, 138, 139 *et suivans du Réglement sur la discipline et sur les études.*

Il devient d'autant plus important que MM. les Professeurs du Collége de Louis-le-Grand, organisent le plus promptement possible et règlent ce travail dans leurs classes respectives, que déjà il est en pleine exécution dans d'autres Colléges de la Capitale.

En conséquence, en attendant qu'il ait été statué définitivement par la Commission, sur la demande qui a été faite pour que cette partie si essentielle des études figure aussi au Concours général, voici les dispositions dont MM. les Professeurs sont invités à donner connaissance à leurs Élèves, et dont ils voudront bien presser l'exécution.

Art. Ier.

Des cartes de Géographie sont placées dans les classes, d'après l'ordre indiqué par le tableau ci-joint. Elles y sont sous la responsabilité de tous les Élèves composant la classe. Ils sont priés de veiller à leur conservation, et de se procurer, dans le plus court délai, les ouvrages qui sont indiqués comme *obligés*.

Art. II.

Pour mieux suivre l'ordre de travail qui doit être observé dans cette étude, quelques heures prises dans le cours de la semaine, sur les classes ordinaires, sont exclusivement consacrées à ce genre d'Enseignement.

Ainsi, à dater du premier samedi de janvier 1816, *pour les classes des Humanités,* la classe du soir du samedi de chaque semaine, est remplie toute entière, et par l'examen des rédactions historiques qui ont été imposées le samedi précédent pour toute la semaine, et par les explications et développemens que MM. les Professeurs jugent convenable de donner.

Dans les classes de Grammaire, la même classe du soir des samedis est consacrée à la récitation et à la lecture des morceaux d'Histoire indiqués pour être étudiés ou écrits dans le courant de la semaine.

Art. III.

Une demi-heure prise, deux fois par semaine, sur

une des Classes du Lundi et du Vendredi, soit le soir, soit le matin, est particulièrement destinée aux leçons qui doivent diriger les Élèves dans l'étude de la Géographie et de la Chronologie.

Art. IV.

Tout Élève rendant compte de son travail ou de quelques faits historiques, est tenu d'indiquer, sur la carte, les contrées et les lieux où ces faits ont dû se passer.

Art. V.

Ces mesures devant être communes aux Colléges de l'Académie de Paris, MM. les Professeurs sont invités à ne consacrer à ces occupations ni plus ni moins de temps qu'il n'est indiqué.

Il est bien entendu que dans les questions qui pourraient être proposées au Concours général, s'il a lieu, on ne s'étendrait jamais ni au-delà ni en deçà des parties de l'Histoire qui sont assignées pour chaque Classe, et que les tableaux indiqués seraient la mesure des cadres dans lesquels devraient se renfermer les personnes chargées de la rédaction des matières à traiter.

Cette disposition essentielle à observer indique aussi à MM. les Professeurs le cercle particulier que chacun d'eux ne doit pas franchir, et dont il ne sortirait qu'au détriment des Élèves de sa classe.

Art. VI.

MM. les Professeurs ont soin d'accoutumer leurs Élèves à lier les connaissances historiques qu'ils peuvent puiser chaque jour, dans les auteurs latins et grecs qu'on explique, avec celles qu'ils prennent plus directement dans les livres *indiqués*, et c'est pour cette raison qu'il n'est pas question, dans les tableaux ci-joints, des *Auteurs anciens*.

Art. VII.

MM. les Professeurs exercent aussi les Élèves à établir avec méthode, dans un ordre chronologique, la série des faits, et à les bien coordonner entre eux; ils rattachent continuellement ce que les Élèves ont appris dans les années précédentes, à ce qu'ils leur font voir dans les Classes où ils sont parvenus; et ils forment un ensemble systématique, dont toutes les parties unies entre elles, dans de justes proportions, puissent être saisies facilement par l'intelligence des jeunes gens.

Pénétrés de cette idée que l'Histoire est essentiellement l'école des mœurs, ils s'attachent à fixer l'attention de leurs Élèves sur les faits qui peuvent élever leur âme, imprimer dans leurs cœurs les sentimens honnêtes, et leur inspirer le goût de la vertu.

Ils ne négligent rien de tout ce qui peut éclairer leur esprit sur les faits relatifs aux idées religieuses, dont l'oubli a toujours eu une influence si funeste sur les destinées des empires.

Aidés des lumières d'une Critique saine et épurée au flambeau de la Religion, ils prémunissent leurs Élèves et contre les préventions que l'esprit de secte a pu répandre sur les faits les plus avérés, et contre ce scepticisme historique qu'une fausse Philosophie et une insouciance condamnables sur les vérités les plus importantes n'ont que trop accrédités de nos jours.

Mais c'est en faisant parcourir à leurs Élèves les Annales de l'Histoire de France qu'ils ont soin surtout d'arrêter leurs pensées sur les détails propres à faire germer en eux le véritable amour de la Patrie, toujours inséparable de l'attachement et du dévoûment au Prince, et qu'ils leur inculquent les principes de cet esprit national qui doit animer tous les Français, et dont la source ne peut se trouver que dans un profond respect pour la Constitution et les Lois du pays, et dans une soumission entière à l'autorité légitime, etc., etc.

―――――

Ce travail rédigé, en 1815, fut accueilli par MM. les Professeurs avec un empressement auquel j'eus occasion de rendre hautement témoignage dans mes *Renseignemens* publiés en 1816. (1) Ils en avaient pressé l'exécution avec un zèle bien digne d'éloges.

S'il était besoin d'ajouter de nouveaux argumens à tous ceux que j'ai exposés dans mes réflexions, Chapitre XIII, ce qui eut lieu bientôt au sujet de cet enseignement de l'Histoire, dont chacun pourtant s'était plu à reconnaître l'importance, serait une preuve nouvelle et péremptoire de la funeste influence de l'institution, que je combats.

Aussitôt que les Professeurs furent instruits que des prix ne seraient point accordés à cette Faculté, au Concours, tous se crurent obligés de renoncer à un Enseignement qui n'avait plus de but pour eux, et qui les aurait détournés du soin de fortifier, dans les autres parties, les Élèves qui leur promettaient des succès; et l'étude de l'Histoire disparut entièrement des Classes!..

Au mois de novembre 1818, on s'occupa enfin de

(1) Voy. le chapitre 1ᵉʳ, à la suite des notes, n° 1.

l'organisation complète de cet enseignement. Des chaires furent instituées, et des Professeurs nommés.

Voici la lettre que j'adressai à chacun des Professeurs d'Histoire du Collége de Louis-le-Grand, en lui envoyant un extrait du Tableau ci-joint.

Monsieur, je viens de recevoir de M. le Président de la Commission de l'Instruction publique, l'ampliation de l'Arrêté du 9 novembre dernier, relatif à l'enseignement de l'Histoire et de la Géographie, avec ordre de vous communiquer cet Acte officiellement.

En conséquence, je m'empresse de vous en faire passer la copie ; et, pour me conformer à l'injonction qu'il me fait en outre de vous rappeler dans quel esprit cet enseignement doit être dirigé, je crois ne pouvoir mieux faire que de transcrire ici textuellement les réflexions que renferme sa lettre.

« Le Professeur aurait une fausse idée de ce qu'on
« attend de lui, s'il se croyait obligé d'entrer dans les
« développemens et dans les discussions de haute Critique qui appartiennent à un enseignement approfondi. Ce n'est point ici un cours de Faculté. Le Professeur ne peut espérer d'être utile à ses Élèves, qu'en
« se mettant toujours à leur portée. C'est pour eux et
« non pour lui qu'il doit faire sa Classe. Son objet étant
« de graver dans leur mémoire les principaux faits de
« l'Histoire, dont on n'acquiert la connaissance qu'imparfaitement et avec beaucoup de difficultés dans un
« âge plus avancé, il ne doit chercher d'autre source
« d'intérêt que la simple exposition des faits historiques
« et la liaison naturelle qu'ils ont entre eux : il devra surtout éviter tout ce qui pourrait appeler les Élèves dans
« le champ de la Politique et servir d'aliment aux dis-

« cussions des Partis. Cet avertissement regarde parti-
« culièrement le Professeur chargé de l'Enseignement
« de l'Histoire moderne. Sans doute, il lui serait dif-
« ficile, il ne conviendrait même pas de dérober à la
« jeunesse la connaissance de certains faits qui sont du
« domaine de l'Histoire ; mais il doit s'abstenir de tout
« commentaire. C'est par la simplicité et la gravité de
« son récit qu'il éloignera les allusions et les fausses
« conséquences que l'inexpérience de la Jeunesse pour-
« rait en tirer.

« La Commission, au surplus, M. le Proviseur, se
« confie pour cette partie de l'enseignement classique,
« comme pour toutes les autres, à votre sagesse et à
« votre surveillance éclairée, afin d'exciter de plus en
« plus l'émulation des Maîtres et des Élèves. Son inten-
« tion est, et vous êtes autorisé à l'annoncer, que le
« sujet du Discours français, au prochain Concours,
« soit tiré de l'Histoire de France. »

M. le Professeur, à ces réflexions dont vous reconnaîtrez facilement l'importance, et dont vous appré-
cierez la sagesse, j'ajouterai quelques-uns des avis que
j'adressai, dans le temps, à MM. les Professeurs du Collége de Louis-le-Grand, lorsqu'il fut question, il y a
trois ans, d'organiser l'Enseignement de l'Histoire et de
la Géographie. Sans doute ils n'auront pour vous rien
de nouveau, puisqu'ils ne sont que l'expression des
principes qui déjà vous dirigent ; mais cette Pièce
officielle doit constater deux choses essentielles : la première, quels ont été dans tous les temps et quels seront
toujours les sentimens et les vues de l'Université, au
sujet de cet enseignement précieux qui, aujourd'hui,

vous est spécialement confié ; la seconde, le soin qu'on a toujours mis au Collége de Louis-le-Grand, à se conformer à des intentions aussi pures, etc., etc., etc.

Suivait un extrait des différens articles de ma lettre du 24 décembre 1815 (Voyez ci-dessus.)

Nota.—On devait trouver, à la suite de cet ouvrage, un tableau pour l'étude de l'Histoire bien plus étendu et bien plus développé que celui-ci, et que j'avais rédigé d'après le plan de Daguesseau, pour un Jeune homme qui venait de terminer ses études. On sentira de suite qu'il ne peut être appliqué à notre enseignement secondaire.

Cette pièce a été retranchée, ainsi que beaucoup d'autres, par le motif indiqué dans l'Avant-Propos.

CHAPITRE VIII.

ÉTUDE DES LANGUES VIVANTES.

Dans le plan général de l'Instruction publique en France, on a toujours remarqué une lacune que les Étrangers nous reprochent depuis long-temps, et qui excite l'étonnement des hommes les plus éclairés; c'est l'absence presque totale de l'Enseignement des langues vivantes. Cette imperfection a été signalée plusieurs fois comme devant exciter l'attention des Chefs qui dirigent l'Instruction, et il ne paraît pas qu'on ait jamais songé sérieusement à la faire disparaître (1). Cependant, jamais il n'a été mis en doute que cet enseignement ne fût très utile, et qu'il ne dût être introduit dans nos Écoles : il est peu de pères de familles qui n'en soient convaincus. Aussi voit-on ceux qui desirent compléter l'éducation de leurs enfans, appeler s'ils le peuvent, auprès d'eux, à la sortie du Collége, des Maîtres d'Allemand, d'An-

(1) L'enseignement des Langues est en France trop négligé dans l'éducation; en Allemagne, en Angleterre, en Danemarck, en Pologne, en Suède, il n'est presqu'aucun homme bien élevé, qui, à l'âge de dix-sept ans, ne sache le Grec, le Latin, et plusieurs langues vivantes. (M. Deleuze, dans l'ouvrage intitulé : *Eudoxe.*)

glais et d'Italien. Cette étude, il est vrai, n'avait été regardée autrefois que comme un accessoire de pur agrément. Mais, aujourd'hui, après les événemens aussi terribles qu'extraordinaires qui ont passé si rapidement sous nos yeux, comment ne pas la considérer comme un des objets essentiels de l'Éducation? Dans l'arène sanglante ouverte par l'esprit d'indépendance et de révolte, élargie par l'ambition démesurée d'un seul homme, et fermée enfin par le soulèvement de tous les Empires, on a vu des peuples entiers accourir de tous les points de l'Europe, se précipiter les uns contre les autres, se joindre, se confondre, après avoir franchi les limites que la Nature leur avait tracées. Les habitans heureux des bords de la Loire et de la Seine, violemment emportés jusqu'aux murs de Moscou, ont erré sur les bords ensanglantés de la Bérésina, au milieu de Nations presque inconnues. Bientôt après, le Cosaque du Don, le Finois et l'Esclavon, devaient se répandre autour de nos demeures, et venir camper avec le Hongrois, le Lithuanien et l'Écossais, aux pieds des palais élevés par nos Rois. Qui n'a eu l'occasion de remarquer de quelle ressource a été, dans ce déplacement général, la connaissance des langues vivantes?

Mais laissons ces tristes souvenirs, et portons notre pensée sur des idées plus consolantes. Quel mouvement le développement successif de la civilisation n'a-t-il pas imprimé chez tous les peuples, à l'industrie commerciale? Quelle foule de relations de toute espèce cette impulsion générale n'a-t-elle pas établie entre les Nations européennes et même sur tous les points du Globe! Placez dans la carrière du Commerce, ou dans celle de la Diplomatie, le plus habile Latiniste; bien des occasions favorables de s'y rendre utile et de s'y distinguer lui échapperont, s'il est étranger à l'usage des langues modernes les plus accréditées.

Que dirai-je de ces transactions bien autrement intéressantes, que le progrès des lumières, le perfectionnement des Sciences et des Arts, et la culture presque générale des Lettres a rendues nécessaires entre toutes les Sociétés savantes qui se sont formées dans les diverses parties du monde policé? Elles ont fait naître, parmi les Peuples, un besoin de communications morales qui veut être satisfait; elles ne tendent qu'à multiplier chaque jour, et à resserrer entre les hommes les liens d'une sorte de fraternité qui ne peut tourner qu'au profit de l'ordre social. Ce sont elles qui, au milieu des maux qu'enfantent l'ambition, l'orgueil, les haines nationales, préparent des consolations précieuses et assurent même des jouissances nouvelles aux amis des sciences, de la paix et de l'humanité. Mais, aujourd'hui, ces transactions n'ont plus lieu à l'aide du langage que le peuple vainqueur de la terre avait répandu partout, et que les vues de la Providence avaient préparé comme un moyen de rendre plus facile la propagation de la Foi. Cette langue des Romains, autrefois universelle, et qui, il y a à peine cent ans, était encore cultivée avec un soin tellement exclusif qu'il faisait négliger la langue maternelle elle-même (1); cette langue n'est plus celle dont se servent la plupart des Savans. C'est dans l'idiôme de leur propre pays qu'ils publient les résultats de leurs pénibles recherches. Or, de combien de richesses nous allons frustrer cette jeunesse que nous instruisons, si nous lui refusons les moyens de puiser dans ces trésors de connaissances et d'érudition, si nous l'empêchons de se les approprier par une lecture directe et immédiate, toujours bien plus profitable que celle qui ne peut se faire que dans des traductions rarement fidèles (2)!

Mais nos Professeurs ne dussent-ils trouver, dans l'étude de ces langues, que l'avantage d'offrir à leurs Élèves d'utiles et d'agréables comparaisons, dont les résultats, la plupart du temps, attesteraient la prépondérance de notre Littérature en bien des parties, c'en serait assez, je pense, pour les engager à s'entourer eux et leurs disciples de tous les moyens de cultiver au moins les premières langues de l'Europe. C'est encore une expérience que j'ai pu faire: dans une Classe où je réunissais des jeunes gens, étudiant à-la-fois et les langues anciennes et quelques langues vivantes, j'ai été à même souvent de me convaincre de tout le plaisir que prenait mon jeune auditoire, à suivre les explications des Auteurs Anciens mis continuellement en parallèle avec les Modernes.

(1) Voyez ce qu'en dit Rollin dans son *Traité des Études.*
(2) On dit que *tout est traduit*, il serait bien mieux de dire que *rien ne l'est*, du moins pour les ouvrages *d'imagination.*
(M. Deleuze: *Eudoxe.*)

Comme ils se plaisaient à reconnaître les caractères particuliers qui distinguent les grands Écrivains dans les différens siècles, chez les différentes Nations! Avec quel intérêt ils remarquaient ces circonstances de temps, de lieu, de mœurs, de talent et de lumières, d'où naissent les diversités et les ressemblances qui les éloignent les uns des autres ou les rapprochent entre eux! Mais avec quel sentiment de joie et d'orgueil national, ils notaient les passages et les traits nombreux qui tous, marqués au coin d'un goût sage, pur et délicat, donnent, dans presque tous les genres, tant d'avantage à nos grands Auteurs sur les Auteurs des contrées étrangères!

On pourra répondre que jamais cet Enseignement n'a été interdit dans nos Établissemens; que tout Élève est libre de s'y appliquer et d'appeler un Maître de langue vivante. Mais, d'après la distribution des travaux de chaque jour, où trouver le moment de se livrer à cette étude? On sait à quoi elle se réduit, et que le temps employé à ces leçons passagères, données à la hâte, souvent aux seules heures marquées pour les récréations, est toujours pour les Élèves un temps tout-à-fait perdu, et pour les parens l'occasion d'une dépense inutile.

J'oserai donc réclamer, au nom des Pères de famille, au nom des amis de l'Instruction publique et des Lettres, au nom des Élèves, et dans l'intérêt même de l'État, la création, dans chaque Collége, de deux chaires spéciales consacrées à l'Enseignement de deux langues vivantes au moins, l'Allemand et l'Anglais.

Tous les Élèves, à dater de la Classe de *Quatrième* inclusivement, seraient tenus de se rendre à ces leçons comme à celles d'écriture ou à celles de dessin. Nul ne passerait à la Classe d'anglais qu'il ne se fût montré assez instruit dans la langue allemande pour étudier l'autre avec facilité et avec profit (1). La langue italienne et la langue espagnole pourraient bien réclamer les mêmes avantages ; mais serait-il nécessaire de créer une chaire pour chacune d'elles ? Je ne le pense pas. Il est reconnu qu'un Latiniste exercé trouve trop peu de difficultés dans l'étude de ces deux langues pour qu'il faille avoir recours à un Enseignement constitué qui entraînerait une dépense inutile. Car six mois de leçons, données vers la fin des études, par un Maître habile attaché à chaque Collége, seraient plus que suffisans.

D'autres avantages pourraient résulter de cette disposition nouvelle : ou les Professeurs des Humanités finiraient par se livrer eux-mêmes à l'étude de ces langues, et en tireraient, pour leur propre compte, un très grand profit, qui tournerait nécessairement à celui de leurs Élèves ; ou, s'ils ne pouvaient les apprendre, ils seraient, au moins, à même de se concerter avec les Professeurs de langues étrangères. Ceux-ci, en donnant leurs leçons, auraient soin de faire voir et d'expliquer aux Élèves les mor-

---

(1) On peut remarquer que la Méthode de M. Ordinaire, une fois bien connue et appréciée, pourrait être appliquée à l'étude de ces langues comme à celle du latin et du grec, et la rendrait bien plus aisée et bien plus prompte.

ceaux des auteurs de langues modernes, analogues aux passages qui, dans les classes des langues anciennes, forment le travail essentiel et habituel. On se figure aisément comment une telle mesure, dont il est inutile d'indiquer les détails, et qui deviendrait de jour en jour plus facile, jetterait un vif intérêt sur les leçons des uns et des autres Professeurs, et comment elle pourrait éminemment contribuer à former le goût des jeunes gens, et à les introduire avec promptitude dans la connaissance des Littératures modernes et étrangères.

Mais ce qui ajouterait un grand prix à ce mode d'Enseignement, ce serait surtout l'avantage qu'il aurait de fournir une mine inépuisable de matériaux, pour l'emploi de la *Méthode comparative*, dans toutes les classes des Humanités et même dans celles de Grammaire. C'est ce que je vais tâcher de faire sentir dans le chapitre suivant.

CHAPITRE IX.

EMPLOI DE LA MÉTHODE COMPARATIVE DANS TOUTES LES CLASSES.

La méthode comparative si avantageuse pour tout ce qui tient à la culture de l'esprit, à l'exercice du goût, au perfectionnement des Beaux-Arts, est, sans contredit, un des moyens les plus efficaces de la saine Instruction. Il est fâcheux qu'on paraisse, dans nos Classes, n'en point apprécier les avantages. A l'époque des derniers examens, on a trouvé généralement que l'Enseignement, dans presque toutes, était d'une sécheresse extrême, tout-à-fait monotone, froid, dépourvu de mouvement et de vie, et resserré dans un cercle d'idées beaucoup trop étroit. Ne serait-il pas possible de lui donner plus d'extension, de vivacité et d'intérêt, en ayant recours à ces comparaisons, dont j'ai parlé précédemment? Qu'on ne croie pas que ce mode présente de grandes difficultés. Les matériaux sont sous la main, il ne s'agit que de les employer. J'entrerai dans quelques détails pour indiquer l'usage et faire connaître l'application de ces analyses comparatives, dont on enrichirait facilement chaque Classe, soit de Grammaire, soit des Humanités.

A commencer par la *Septième* elle-même et par la *Sixième*, on pourrait déjà arrêter avec plus de soin, qu'on ne le fait communément, l'attention des Enfans sur les rapports de ressemblance et de différence qui caractérisent les deux langues qu'on va leur faire étudier : l'expérience m'a prouvé que la vue de ces modifications corrélatives, quand elles leur sont présentées dans une mesure proportionnée à la portée de leur intelligence, les intéresse et les amuse; elle pique leur curiosité et aide singulièrement leur mémoire. On met entre leurs mains, avec le *Selectæ e veteri Testamento*, le *Catéchisme historique de Fleury*, ou l'*Histoire abrégée de l'Ancien Testament*, par Mésenguy. Ne serait-ce pas le moment d'y joindre aussi l'*Appendix de Diis* ? N'est-ce pas un bien qu'ils connaissent, de très bonne heure, quelle est la différence de l'Histoire sainte et de l'Histoire profane; qu'ils apprennent à remarquer ce qui caractérise les hommes qui, toujours, se sont conduits par l'esprit de Dieu, et ceux qui n'ont eu pour guide que leur faible raison; qu'ils commencent enfin à reconnaître à quel point de dégradation l'esprit humain a pu être amené, quand les hommes, oubliant leur véritable origine, se sont détachés de l'Auteur de toutes choses, et sont restés livrés aux seules impulsions de la force physique et des sens. Ces Élèves sont déjà sur le point d'expliquer le *Phèdre* : les remarques sur la *Fable* vont donc leur être nécessaires; il faut bien leur en faire connaître le caractère particulier. Pour ajouter à l'agrément des leçons de ces Classes, on pourrait leur faire voir quelques colloques d'Érasme, aujourd'hui trop oubliés.

Joignez à ce travail celui d'un petit tableau *chronométrique*, à l'aide duquel les élèves soient exercés de bonne heure à ranger, avec ordre, la série et les dates des principaux événemens qu'on l'on fait passer sous leurs yeux ; mettez entre leurs mains une carte ou deux de Géographie, et ils ne sortiront pas de ces premières classes sans avoir fait déjà une provision de connaissances positives, dont l'usage se retrouvera dans toutes les autres.

Maintenant si l'on venait à rétablir, dans les Colléges, ces *Exercices* de la fin de l'année classique, dont Rollin fait si bien connaître tous les avantages, les matériaux en sont déjà tout trouvés. Pour peu que les diverses parties en soient disposées avec un certain art, ils ne pourront manquer d'exciter un vif intérêt, surtout si on accoutume ces enfans à débiter ce qu'ils auront appris, avec grâce et avec goût. Ajoutez que la perspective de jouer un rôle distingué dans ces petits exercices, éveillerait l'ardeur de tous, et de ceux principalement qui se sentent quelques dispositions heureuses.

En Cinquième, quoi de plus amusant, de plus instructif pour les Élèves de cette Classe, et de plus capable de faire éclore en eux les premiers germes du goût, que la comparaison des trois Fabulistes, Ésope, Phèdre et notre La Fontaine. Ce serait ainsi que déjà vous les auriez préparés à connaître et à savoir apprécier dans la suite quelques autres Fabulistes modernes des pays étrangers, tels que Gay, en anglais; Pignotti, en italien, Gellert, en allemand. Ces auteurs, il est vrai, sont à une bien grande distance de notre incomparable modèle. Mais, pourtant, il s'en faut qu'ils occupent dans ce genre de littérature un rang à dédaigner. Regarderait-on comme un travail inutile un petit traité de l'*Apologue* mis à la portée de ces jeunes esprits ? L'explication des Fabulistes comparés serait accompagnée de quelques remarques critiques, et de notes historiques et géographiques. Instruisez les Elèves à répéter ces diverses leçons avec un ton juste, naturel et gracieux, et voilà pour cette classe un *Exercice* très intéressant tout préparé. Je pourrais fournir les preuves du plaisir que les enfans goûtent dans ces sortes d'études et du profit qu'ils en retirent. J'ai vu avec quelle ardeur et avec quelle facilité avait été appris et récité un petit ouvrage de ce genre que j'avais composé en pareille circonstance; assurément les matériaux ne manqueront pas aux Maîtres qui voudront s'occuper de les recueillir et d'en faire un choix approprié à cet âge.

Les élèves ont vu en *Sixième* le *De Viris*, et ils ont déjà une connaissance de l'Histoire de Rome. Eutrope aurait pu aussi la leur donner d'une manière plus étendue. Le *Cornelius Nepos*, qui se voit en *Cinquième*, leur fera connaître suffisamment l'Histoire de la Grèce, si l'on a soin de leur faire employer les tables *Chronologiques*, et de les accoutumer à bien classer les faits dans l'ordre des temps et des lieux. Justin leur présente un tableau de l'Histoire ancienne. Mais cet auteur doit être admis avec précaution, et parce qu'il est rempli de passages qu'on ne saurait trop écarter de la vue des enfans (1), et parce que sous le rapport du style, il est quelquefois bien irrégulier et fait un grand abus de l'*Ellypse*.

Les Elèves ne seront point sortis de la *Sixième* sans avoir reçu quelques notions de l'Histoire de France, et le *Ragois* aura dû être mis entre leurs mains (2). « A combien de parallèles intéressans pour de jeunes Français le *Cornelius Nepos* ne peut-il pas donner lieu ? On leur ferait comparer, vers la fin de l'année, le sort de l'Amiral Rohan de Chabot avec celui de Miltiade, la jeunesse de Duguesclin avec celle de Thémistocle, ainsi que les exploits de l'un et de l'autre ; Cossé de Brissac avec Aristide, Pausanias avec le Maréchal de Biron, Alcibiade avec le Duc de Guise, etc. On en réunirait plusieurs, tels que Phocion,

---

(1) A ce sujet, qu'il me soit permis de donner un avis général à MM. les Imprimeurs-Libraires qui se chargent de répandre, dans nos Etablissemens, leurs éditions classiques, soit par les procédés stéréotypes soit autrement. Les unes pêchent par une grande incorrection des textes ; les autres ne se trouvent point purgées de ces passages qu'on a toujours eu soin, dans l'ancienne Université, de faire disparaître des Auteurs admis dans les Classes. C'est aux Professeurs, aux Chefs d'Institutions et Pensions, aux Censeurs dans les Collèges, à exercer la plus grande surveillance à cet égard, et les Imprimeurs ne peuvent être trop vivement invités à cartonner toutes les pages où il se trouve quelque chose d'inconvenant.

(2) Surtout le *Ragois* revu par l'estimable M. Moustalon de Versailles, à qui l'on doit aussi, entr'autres ouvrages utiles à la Jeunesse, celui intitulé : *La Morale des Poétes*.

Eumènes, Thrasibule pour figurer avec Turenne (1). »
Et par ce moyen, vous feriez naître en vos Élèves un vif desir de bien connaître l'Histoire de leur pays ; étude toujours très imparfaite et généralement trop négligée dans notre Education française. C'est ainsi qu'a procédé Plutarque, et il nous fournit un exemple assez célèbre de l'intérêt que ne manquent pas d'exciter ces sortes de parallèles. Les *Exercices* s'enrichiraient merveilleusement de ces détails.

En Quatrième, le jugement est plus développé, et on commence à donner des notions propres à former le goût. La Prose et la Poésie y marchent de pair. Je vois les Dialogues *choisis* de Lucien, car il est bien important de *choisir* dans cet auteur; je vois, dis-je, les Dialogues de Diogènes avec Aristote, d'Aristote avec Alexandre, d'Alexandre avec Diogènes, et le Timon, et le Songe, et si l'on veut l'Éloge de la Mouche et autres. On peut établir quelques comparaisons entre ces morceaux et le Dialogue *De Senectute*, celui *De Amicitia*, et surtout les Dialogues de Fénélon qui, tous, deviennent l'objet d'une étude aussi amusante qu'attachante et profitable. Les Commentaires de César donnent lieu à des notions géographiques et critiques sur les Gaules, notions précieuses pour des Français. A côté du *Selectæ e profanis*, ouvrage qui ne peut être trop étudié et trop bien retenu par les Elèves de *Cinquième* et de *Quatrième*, il est fâcheux qu'on ne puisse placer un extrait bien fait et réduit à

(1) Lettre d'un Professeur émérite de l'ancienne Université, sur l'Education publique, 1778.

un seul volume, de l'ouvrage intitulé : *Essai d'instruction morale à l'usage des Jeunes gens élevés dans une Monarchie*. L'Auteur (1) à qui l'on doit l'ouvrage sur le *Bonheur de l'étude*, et qui s'est fait connaître par plus d'une production utile à la Jeunesse, pourrait être invité à refaire ce travail. Les retranchemens nécessaires une fois opérés, on y trouverait bien des articles d'un choix excellent.

Quelques Églogues de Virgile, quelques-unes des moins difficiles et des plus châtiées de Théocrite son modèle; un choix fait dans madame Deshoulières, dans Racan, Segrais, Berquin, Léonard, et autres imitateurs français, mais surtout dans Pope, Gessner, Kleist et Haller; plusieurs morceaux d'Ovide; quel charme toutes ces productions comparées n'ajouteraient-elles pas à l'enseignement de cette Classe; surtout si on y joignait des notions élémentaires, mais faites avec soin, sur la *Poésie pastorale*, pour lesquelles on pourrait s'aider du Traité que le Père Rapin a donné en latin! Fontenelle, Rémond de Saint-Mard, Marmontel, le Batteux et autres fourniraient assez de matériaux.

Les Épisodes des Géorgiques me paraissent appartenir davantage à la classe de *Troisième*. Que de richesses pour cette dernière ! On a le Discours d'Isocrate à Démonique, qu'on peut mettre en rapport avec le Traité des Devoirs de Cicéron, avec des extraits des livres sapientiaux de la Bible, et avec un

---

(1) M. de Laugeac, ancien Conseiller de l'Université.

petit ouvrage anglais, aussi profondément pensé pour le fond qu'il est gracieux pour la forme, intitulé : *Économie de la vie humaine*, et dont j'ai donné une traduction en 1802.

Si on n'avait pas vu le Dialogue *De Amicitia* en *Cinquième*, ne serait-ce pas un travail agréable que de le comparer ici avec celui de Platon, intitulé: *Lysis*; bien entendu qu'on en aurait retranché beaucoup de choses; et avec celui de Lucien : le *Toxaris*, rempli de détails si intéressans ? On a aussi, pour cette Classe, les traités tirés de Lucien, de Xénophon, de Platon et de Plutarque, et publiés par M. Gail, pour qui les amateurs des études Grecques conserveront toujours une vive reconnaissance.

Le deuxième et le troisième livre de l'Énéide, avec les morceaux parallèles de l'Iliade, de l'Odyssée, du Télémaque, du Lutrin de Boileau, de la Henriade, et des divers Épiques modernes, anglais, italiens, allemands et portugais : quelle abondante moisson à recueillir! Un petit Traité de la *Poésie épique* devient nécessaire pour la compléter. Le Père La Rue, en latin; Voltaire, en français peuvent fournir les matériaux de ce Traité. Mais c'est dans le Batteux, Domairon et Laharpe, et si l'on veut dans les ouvrages de l'abbé le Bossu, de Terrasson, d'Adisson et autres, qu'on puisera les notions les plus étendues sur ce genre de poème.

La Seconde est essentiellement la Classe de la Poésie. C'est ainsi qu'elle est désignée par Crévier. Comment oserai-je parler de cette Classe, après que l'homme le plus habile, peut-être, qui jamais l'ait professée, le célèbre Coffin, s'est attaché lui-même à indiquer, dans un Discours éloquent, la manière dont elle devait être faite (1)? Mais je ne considère ici les Classes que sous un point de vue particulier, et je dis que dans celle-ci, la comparaison des quatre poétiques m'y paraît une chose d'obligation. On y joindrait pour l'Anglais, le Poème de Pope sur la Critique. Ensuite Pindare, Horace, quelques morceaux d'Anacréon, de J.-B. Rousseau et de Dryden; un choix des Psaumes, des Cantiques, Lefranc de Pompignan, des Hymnes de Santeuil, quelques-unes de Coffin ; lecture qui serait soutenue par un petit Traité de la *Poésie lyrique*, et de quelques extraits de l'intéressant ouvrage de Louth, traduit si élégamment par M. Roger, ancien conseiller de l'Université; le Poème de la Religion de Racine fils; Juvénal, Perse et Boileau ; l'Essai sur l'Homme de Pope, les traductions de Delille et de Fontanes à côté, telles sont les productions qui doivent passer, en tout ou en partie, sous les yeux des Elèves, et être confiées à leur mémoire. L'ouvrage de M. Dendrezel, inspecteur général de l'Université, intitulé: *Excerpta e Scriptoribus Græcis;* les Leçons de Littérature latine de M. Noël, fourniront, le premier, pour les Poètes Grecs, l'autre, pour les Poètes

(1) J'ai dû la connaissance de ce Discours à M. l'Etendart, mon Collègue, qui, lui-même, en 1814, à la Distribution solennelle des Prix, en a prononcé un si remarquable et pour le style et pour le fonds des choses, sur *les Avantages et la Supériorité de notre Instruction publique*, et qui, depuis plus de trente-cinq ans, a fourni une carrière si utile et si honorable.

Latins, un bon nombre de ces morceaux et de ces passages difficiles qu'il est bon de faire aborder aux Jeunes gens de cette Classe, et sur lesquels ils doivent être exercés. Des notions sur le *Genre didactique* qui est si fécond en poèmes de tant d'espèces différentes, couronneraient ce travail, et ce serait assez pour ce qui concerne la *Poésie*.

Car la classe de *Seconde* est aussi un Cours préparatoire à celle de *Rhétorique*. Le *Conciones*, les Verrines de Cicéron, prépareront suffisamment les Elèves à l'art de narrer et de composer une harangue. Et ici, que de parallèles heureux vont vous fournir les Discours tirés d'Hérodote, de Thucydide, de Xénophon et autres, que vous trouvez dans l'espèce de *Conciones* grec de l'abbé Auger! L'ouvrage de M. Noël vous donnera les Discours français. Vous aurez aussi, en Anglais, quelques Harangues prononcées au parlement d'Angleterre; vous aurez, en Italien, celles qui seront tirées de Guichardin, de Davila et d'autres. On ne laissera pas terminer ce Cours sans avoir comparé entre eux, des morceaux de Théophraste et de notre La Bruyère. Enfin, pour donner aux Elèves une idée de la *Poésie dramatique*, idée qui sera complétée dans la Rhétorique où l'on explique les grands Tragiques grecs, j'engagerais à hasarder une seule pièce de Térence : par exemple, l'*Heautontimorumenos*, qu'on pourrait comparer avec le *Misanthrope* de Molière. Mais je n'indiquerais ce genre de travail qu'avec une sorte de crainte, si je ne me trouvais rassuré par l'autorité du grand Bossuet lui-même. Dans l'exposé que cet illustre Instituteur fait au Pape Innocent IV de l'ordre qu'il a suivi pour l'instruction de son royal Elève, il apprend comment il a su faire jaillir de cet auteur même une source abondante d'agrémens, et en même temps de remarques précieuses pour la conduite de la vie et pour le perfectionnement des mœurs (1). Si toutefois nos jeunes Professeurs desiraient de bien connaître par quel art on peut sanctifier l'étude des auteurs profanes, qu'ils consultent *la Méthode d'étudier et d'enseigner chrétiennement la Philosophie, les Historiens profanes et les Poètes, par le Père Thomassin*. Malgré l'extrême diffusion de l'auteur, ils pourront puiser des avis précieux dans cet ouvrage. Au reste, qu'ils lisent seulement Rollin, il s'est assez étendu sur cette matière, et ils trouveront suffisamment dans ses sages conseils, tous les secours nécessaires pour la direction de ce travail.

Mais déjà la Rhétorique se présente avec toute sa pompe et toutes ses richesses. Combien de matériaux et de facilités n'offre-t-elle pas pour l'application du mode que je recommande! Je m'abstiendrai de faire ici un exposé inutile de cette foule d'objets si intéressans que tout le monde connaît et qui se trouvent dans ce Cours important. Comment, en effet, lorsqu'on explique Démosthènes, Eschine, Cicéron, Sophocle, Euripide, oublierait-on de rapprocher de ces grands modèles, les rivaux que nous pouvons leur opposer avec orgueil : les Bossuet, les Bourdaloue,

---

(1) Voir à la suite de ce chapitre, n° 1.

les Fléchier, les Massillon, et Racine et Corneille, et quelquefois Voltaire? Comment, en traitant de l'art oratoire; nos Professeurs pourraient-ils négliger de parler de l'éloquence des Livres saints? Sans doute, il est rare que cet article soit oublié par eux. Mais ne pourraient-ils aussi, en s'emparant de passages pris dans les Pères grecs, tels que saint Basile, Origènes, Grégoire de Nazianze, saint Chrysostôme (1), les comparer avec ceux qu'ils puiseraient dans les Pères latins, dont le style est le plus pur, tels que saint Cyprien; Lactance, saint Fulgence, saint Jérôme, le grand saint Léon et saint Bernard lui-même, lequel malgré ses imperfections est rempli de morceaux admirables en tout genre (2).

Un Littérateur qui, jeune encore, s'est rangé sur la ligne de ceux qu'on citera pour modèles (3), et qui, chaque jour, voit s'accroître l'affluence des nombreux auditeurs qu'attirent ses admirables inspirations, depuis long-temps médité un ouvrage important sur l'éloquence des Pères. En attendant qu'il l'ait publié, les aperçus qu'il a donnés dans son Essai sur l'Oraison funèbre, pourront toujours être d'une grande utilité. On ferait bien aussi d'ajouter au cours de Rhétorique de M. Leclerc, dont il a été question, un Extrait du

(1) M. Burnouf, Professeur de Rhétorique au Collége de Louis-le-Grand, n'a jamais manqué, tous les ans, d'expliquer quelque ouvrage d'un des Pères grecs.

(2) Je n'en donnerais pour preuve que sa lettre à l'abbé Suger, quand celui-ci se trouva chargé de l'administration générale du royaume.

(3) M. Villemain.

huitième chapitre du cours de M. Amar, où il traite de l'éloquence des Livres sacrés. Son ouvrage, d'ailleurs, essentiellement classique, présente à la Jeunesse les notions les plus utiles sur l'art oratoire. Bientôt, en Anglais, les Pultney, les Pitt, les Burke, orateurs si distingués dans l'éloquence profane et politique, les Taylor, les Barrow, les Blair, si célèbres dans la Chaire évangélique; en Allemand, les Mosheim, les Jérusalem, les Wurtz; en Italien, les Guichardin, les Davila, les Bentivoglio, les Venini et les Trento, présenteraient, chacun dans sa langue, des morceaux qui donneraient lieu aussi à d'utiles et d'agréables comparaisons.

Les Professeurs trouveraient-ils quelque difficulté à se procurer ces divers auteurs, et surtout à y faire le choix des passages qu'il serait bon d'y puiser? Un des plus distingués fonctionnaires de l'Instruction publique, M. Noël, que rien ne détourne de ses travaux si utiles, s'est occupé, depuis long-temps, des moyens de leur épargner cet embarras. Pour compléter son Cours pratique de Littérature, il a mis à contribution les auteurs anglais et italiens, aussi bien que les auteurs latins et français; et, comme un goût exercé a présidé à ce choix de morceaux de Littérature ancienne et moderne, on sent tout le parti que l'on peut tirer de ces collections pour le genre de travail que j'indique, et dont lui-même a fourni et l'idée et l'exemple. D'autres matériaux seraient-ils encore nécessaires? Combien en présentera cet ouvrage, que désormais on sera toujours obligé de citer, toutes les fois qu'on aura à traiter un sujet relatif au Vrai et au Beau, à la Morale et à la Religion ; toutes les fois qu'on voudra faire connaître ce que l'Imagination la plus riche peut répandre de grâce et de beauté sur les matières les plus graves ! En effet, qui ne reconnaîtrait que le *Génie du Christianisme* n'est en lui-même, qu'une série d'observations comparatives du plus haut et du plus vif intérêt (1) ?

Ce mode, d'ailleurs, n'a rien de neuf ; l'Abbé Delille en avait donné l'idée, lorsqu'il publia sa traduction des Géorgiques. Ses éditeurs ont enchéri encore sur lui, lorsqu'ils ont donné son Énéide. D'autres Professeurs de Facultés, Legouvé entre autres, ont suivi ce plan ; et très probablement tous en avaient puisé l'idée dans le Père Giraudeau, et surtout dans le Virgile de *Fulvius Ursinus*, imprimé à Anvers, en 1668. On y trouve non-seulement ce que Virgile a imité d'Homère, mais encore des autres Poètes. Tout l'art consiste à savoir se borner dans le choix des morceaux, à présenter *et d'abord et toujours les meilleurs* (2), à les lier entre eux par des analyses bien

___

(1) Pour l'étude comparative des principes théoriques de l'*Art oratoire*, un jeune Professeur du Collége de Saint-Louis, M. Gros, vient de fournir des matériaux précieux. Il n'a pas craint de lutter contre les difficultés que présentait la traduction de la Rhétorique d'Aristote. Mais ce qui ajoute beaucoup de prix à cet ouvrage, d'ailleurs fait avec le plus grand soin, c'est le travail qui est à la suite, et dans lequel il s'est attaché à mettre en rapport et à indiquer tous les passages de Cicéron et de Quintilien, qui ont trait à l'ouvrage du Philosophe grec.

(2) Optimos quidem et statim et semper. *Quintilien*, lib. 2, cap. 6.

faites, à ne s'arrêter qu'à ceux qui, étant d'une juste étendue, offrent des idées morales et instructives.

On serait dans une grande erreur, si l'on pouvait croire que le Cours de Philosophie dût être entièrement étranger à ces moyens d'en rendre l'enseignement intéressant et agréable. Ne serait-ce pas, en effet, un charme tout particulier pour de jeunes Philosophes, que d'entendre quelquefois retentir à leurs oreilles les voix augustes des Platon, des Aristote, des Épictète et des Marc-Aurèle, des Cicéron et des Sénèque? Quoi de plus beau dans l'antiquité que l'entretien de Socrate avec Euthydème sur la Providence! Quoi de plus entraînant que son dernier Discours à ses Disciples sur l'immortalité de l'âme! Où trouver une lecture plus propre à exciter une attention soutenue que celle du Phédon (1)? Jamais l'Éloquence s'est-elle élevée à un plus haut degré que dans le passage d'Aristote sur l'origine de l'Univers et sur la nature de son Auteur? Dans Cicéron, quelle est la page de ses Œuvres philosophiques qui ne forme pas un contraste frappant, avec ces idées funestes au repos des Nations et au bonheur de l'homme, que tant de Sophistes de nos jours ont entrepris de substituer aux véritables préceptes de la raison?

On voit ici jusqu'à quel point un Professeur habile peut profiter de ces morceaux qui, tout sublimes qu'ils sont, laissent encore la raison humaine dans de si épaisses ténèbres. Ils semblent avoir été composés

---

(1) La traduction des morceaux choisis de Platon, par M. Leclerc, prouvera facilement ce que j'avance, même à ceux qui n'entendent pas le Grec.

pour attester à-la-fois et sa force et sa faiblesse. Le Maître peut s'en servir pour montrer, d'un côté, jusqu'où peut s'élever cette sagesse de l'homme, quoiqu'abandonnée à elle-même, et pour faire voir de l'autre, cette foule d'écueils insurmontables contre lesquels les meilleurs esprits viennent échouer misérablement, lorsque, dans la recherche de la vérité, ils ne sont point éclairés par la lumière divine. Dès-lors la transition aux principes des Descartes, des Leibnitz, des Mallebranche, des Paschal, des Bossuet et des Fénélon ne rencontre plus d'obstacles, et il devient bien facile de démontrer combien les pensées les plus sublimes des Philosophes de l'antiquité sont peu de chose, auprès de cette première et simple réponse du Catéchisme: *Dieu nous a créés pour l'aimer et pour le servir.*

Chez les Anglais, l'*Elegant extract* vous ouvre un trésor abondant où la saine Philosophie anglaise a déposé tout ce qu'elle a enfanté de plus beau, de plus éloquent et de plus parfait, à l'appui de ces grandes vérités. La comparaison de ces morceaux avec ceux que j'ai indiqués ne peut être que très intéressante.

On est à même de juger maintenant si des Jeunes gens, sous les yeux desquels on aurait fait passer successivement les différens objets que je viens d'exposer, et qui auraient été exercés à se les approprier par une méthode graduée et réfléchie, n'emporteraient pas de leurs études quelque chose de plus, qu'un peu de facilité à écrire en assez mauvais latin, et à tracer en français des pages qui, généralement, prouvent peu en faveur de leur instruction. Ce mode donnerait, je crois, à toutes les parties de l'Enseignement public, un attrait, une vie, un mouvement, une étendue qui semblent lui manquer. A l'étude du mécanisme du langage, se joindrait aussi l'acquisition des idées et des pensées. L'esprit des Elèves se remplirait plus abondamment de connaissances positives, dont ils retrouveraient à chaque instant l'usage dans le commerce de la vie, et l'Université ne fournirait plus de prétexte à ce reproche, qui lui est fait depuis plus de cent ans, de n'entasser que des *mots* dans les têtes des ses Elèves, et de les laisser vides de *choses* (1).

Au reste qu'on ne pense pas qu'il serait très difficile d'obtenir les résultats dont j'ai parlé. Ce qui arrive à la fin de chaque année classique, prouve assez qu'il faut peu de chose pour qu'on soit plus à même d'employer toutes nos ressources. Qu'on jette un coup-d'œil sur la plupart des compositions du très petit nombre d'Elèves qui se partagent les couronnes universitaires, elles peuvent constater qu'il s'en faut que le feu sacré soit près de s'éteindre. Son influence s'y reconnaît encore toute entière, grâce au zèle, au talent et à la supériorité des Maîtres et des Professeurs. Aussi ce sera long-temps encore auprès d'eux et dans le sein de notre Université, que se trouveront les seuls principes du bon Enseignement et des saines Traditions. Le salutaire empire des bonnes Doctrines s'y fait toujours sentir; elles ne demandent qu'à pou-

(1) D'Alembert.

voir s'étendre davantage. Seulement de légers obsta- tacles en gênent la communication : arrêtées dans leurs cours, elles ne peuvent se répandre assez également sur le plus grand nombre des Elèves. Mais que les Chefs de l'Instruction publique s'empressent de lever ces obstacles, de délivrer les Maîtres des entraves qui arrêtent continuellement l'essor de leur zèle et l'emploi de leurs lumières, et bientôt les vœux que nous osons exprimer pour le perfectionnement de l'Éducation seront entièrement accomplis.

Bien des personnes, je le sais, s'étonneront de la quantité et de la variété des objets sur lesquels j'appelle l'attention des Maîtres et des Elèves, et ils regarderont toutes les mesures que je propose comme impossibles dans l'exécution. Je conviens qu'il faut peu espérer de les voir se réaliser tant que les choses resteront dans l'état où elles sont aujourd'hui ; tant que rien ne sera changé à l'Enseignement élémentaire; tant qu'on négligera dans les Écoles les moyens que l'on a d'en rendre l'Instruction plus complète ; tant que le nombre des Elèves, dans chaque classe, sera double de ce qu'il devrait être ; tant qu'on ne cessera pas de se traîner dans les ornières tracées par la routine, et creusées par l'insouciance. Mais qu'un dernier effort nous tire enfin de ces routes embarrassées par les obstacles que le temps y a déposées, et bientôt nous poursuivrons notre marche d'un pas libre et facile.

Quant aux objets dont j'ai parlé dans ce dernier chapitre, je ferai observer que je suis loin de prétendre que le seul cours de l'année classique suffise à l'étude des diverses matières que j'ai notées pour chaque Classe. Ce sont simplement des indications que, d'après de graves autorités (1), je me permets de donner. Ce sera à chacun de juger du parti qu'il croira devoir en tirer, et de ce qui lui paraîtra devoir être ajouté ou retranché. Une distribution mieux ménagée des momens et des travaux pourrait remédier à bien des inconvéniens. Que MM. les Professeurs s'entendent entre eux pour donner à l'explication des Auteurs et à l'étude des principes théoriques, le temps assez inutilement employé à des dictées de devoirs dont la longueur, dans un grand nombre de Classes, n'est point en proportion avec les momens que les Elèves y peuvent consacrer; que l'exercice de la mémoire, trop négligé, reprenne tous ses droits, et que la récitation de ce qui est expliqué et appris chaque jour soit faite avec soin; alors il sera bien plus aisé d'établir l'Instruction des Elèves sur une échelle plus étendue et plus variée. L'essentiel est de trouver du temps. Voici un Instituteur recommandable par les soins qu'il s'est donnés d'introduire quelques améliorations dans l'Enseignement élémentaire, qui en fournit aussi un moyen. C'est M. Frémont. Les vues qu'il propose m'ont paru mériter une attention sérieuse. J'ai cru devoir les consigner à la suite des notes, où le lecteur pourra apprécier la nature du procédé simple qu'il expose (2).

(1) Lettre d'un Professeur émérite.
(2) Voir à la suite de ce Chapitre. n° 2.

N° I.

Le lecteur ne sera peut-être pas fâché de trouver ici le passage de Bossuet sur Térence.

Quid memorem, ut in Terentio suaviter atque utiliter luserit: quantaque se hîc rerum humanarum exempla præbuerint, intuenti fallaces voluptatum ac muliercularum illecebras, adolescentulorum impotentes et cœcos impetus; lubricam ætatem servorum ministeriis atque adulatione per devia præcipitatam, tum suis exagitatam erroribus, atque amoribus cruciatam, nec nisi miraculo expeditam, vix tandem conquiescentem ubi ad officium redierit. Hîc morum, hîc ætatum, hîc cupiditatum naturam a summo artifice expressam; ad hæc personarum formam ac lineamenta, verosque sermones, denique venustum illud ac decens, quo artis opera commendetur. Neque interim jucundissimo poëtæ, si quæ licentius scripserit, parcimus: sed e nostris plurimos intemperantius quoque lusisse, mirati, horum lasciviam exitiosam moribus, severis imperiis coercemus.

TRADUCTION.

On peut dire combien il s'est diverti agréablement et utilement dans Térence, et combien de vives images de la vie humaine lui ont passé devant les yeux en le lisant. Il a vu les trompeuses amorces de la volupté et des femmes; les aveugles emportemens d'une Jeunesse que la flatterie et les intrigues des valets ont engagée dans un pas difficile et glissant; qui ne sait que devenir; que l'amour tourmente; qui ne sort de peine que par une espèce de miracle, et qui ne trouve le repos qu'en retournant à son devoir. Là, le prince remarquait les mœurs et le caractère de chaque âge et de chaque passion, exprimé par cet admirable artiste, avec tous les détails convenables à chaque personnage; des sentimens naturels, et enfin cette grâce et cette bienséance que demandent ces sortes d'ouvrages. Nous ne pardonnions pourtant rien à ce poète si divertissant, et nous reprenions les endroits où il a écrit trop licencieusement; mais, en même temps, nous nous étonnions que plusieurs de nos auteurs eussent écrit pour le théâtre avec beaucoup moins de retenue; et nous condamnions une façon d'écrire si déshonnête, comme pernicieuse aux bonnes mœurs.

N° II.

INCONVÉNIENS

DE LA DICTÉE DES VERSIONS GRECQUES ET LATINES.

Les erreurs occasionnées par la forme incertaine et trompeuse d'une écriture mal soignée sont sans nombre. Il n'en est pas de preuve plus évidente que les variantes multipliées de nos ouvrages classiques; elles proviennent de ce que ces ouvrages ont été d'abord *manuscrits*, et n'ont pu être imprimés sous les yeux de leurs auteurs. Mais c'est surtout dans l'écriture peu formée et illisible d'un Enfant qui écrit vite sous la dictée, que l'on voit abonder les bévues et les fautes les plus grossières, notamment lorsqu'on lui dicte le texte latin ou grec qu'il doit traduire. Ces fautes peuvent provenir de différentes causes :

1° La distraction naturelle aux Enfans, la voix faible ou la prononciation peu distincte du Professeur et l'écho plus ou moins favorable de la salle.

2° L'Elève ne comprend pas *à la simple audition* ce qu'on lui dicte en latin ou en grec, et cela doit nécessairement avoir lieu, puisqu'on a pour but de lui présenter un texte assez difficile pour l'obliger au travail; il s'ensuit que, son intelligence ne saisissant point dès l'abord la signification des mots, il ne peut écrire correctement.

3° Il est des Elèves qui ont l'ouïe dure; d'ailleurs, dans une classe nombreuse, plusieurs d'entre eux, souvent les plus faibles, se trouvent loin du Professeur qui dicte. Alors les consonnes fortes sont entendues faibles : ainsi, au lieu des lettres *f*, *p*, *q*, *t*, l'élève écrit souvent *v*, *b*, *g*, *d*. Les consonnes *l*, *m*, *n*, et les voyelles *e*, *œ*, sont de même prises l'une pour l'autre, ce qui dénature une foule de mots. Souvent aussi l'Elève n'entend pas la consonne finale et écrit *vidi* pour *vidit*, *legi* pour *legis*, ou bien il la confond avec un autre : *docens* pour *docent*. Quelque soin que prenne le Professeur de faire relire le devoir, nombre de ces fautes subsistent, parce que les mêmes raisons qui les ont produites existent souvent encore dans une seconde lecture. On ne saurait se figurer les changemens et les transpositions de lettres qui résultent de ces diverses causes (1). Pour le grec surtout, le professeur eût-il dicté lettre à lettre, on ne peut se flatter de laisser entre les mains des Elèves un texte correct ; si, aux fautes nombreuses qui ont lieu, l'on joint l'omission des points et des virgules, signes auxquels les Enfans font souvent peu d'attention, on peut avoir un aperçu des embarras et des obstacles qui doivent les entraver et les dégoûter dans leurs études. La dictée ainsi écrite ou plutôt griffonée et rarement lisible, arrive sous les yeux du Répétiteur qui ignore d'où elle est tirée ; néanmoins son premier devoir est d'examiner et de rectifier le texte, s'il ne veut point que l'Elève soit à chaque nstant arrêté et tourmenté. Parmi tant de mots mal écrits à déchiffrer, le Maître peut se tromper en suppléant au hasard celui qui est à deviner ; voilà l'Elève dans le cas de faire une faute et d'être repris en Classe par le Professeur, chose qui fait toujours mauvais effet ; car l'Elève a travaillé d'après la parole d'un Maître qui se trouve ainsi compromis. Combien de Répétiteurs peuvent avoir été ainsi discrédités aux yeux des Elèves ! De tout ce qui vient d'être dit, il résulte qu'il est nécessaire que les yeux viennent au secours de l'ouïe, et qu'ils en remplacent le service si souvent infidèle. Le

---

(1) Voici quelques exemples de fautes que j'ai trouvées dans les textes rapportés du Collége :

Dixi	pour	dixit.	Vehemens... pour...	demens.
Velit		venit.	Et ex.	hæc est.
Minis,		nimis.	Correptus	correctus.
Munerabantur		numerabantur.	Potio	optio.
Dolet		solet.	Aditus	habitus.
Dixi		vixi.	Multis	vultis.
Movis		vobis.	Defeci	defessi.
Videndi		vivendi.	Prode	fraude.
Docens		docent.	Dedisse	stetisse.

moyen le plus simple et le plus commode de remédier à tous ces inconvéniens, serait de distribuer à chaque Elève d'une Classe un feuilleton qui contiendrait imprimé le texte latin ou grec de la version de chaque jour; cette mesure n'aurait point lieu pour les thèmes, mais seulement pour les versions, parce que l'Elève ne comprend point, comme nous l'avons dit, *à la simple audition*, la langue dans laquelle on lui dicte le devoir, au lieu que lorsqu'on lui dicte un thème il écrit en français, et l'intelligence qu'il a de sa propre langue vient au secours de ses oreilles. Je vais détailler les avantages de ce procédé. 1° Il peut s'exécuter à très peu de frais (2 francs par an pour chaque Elève); voyez-en le détail ci-après. 2° Le Professeur gagnera par Classe au moins un quart-d'heure, on pourrait dire hardiment une demi-heure, qu'emportent la dictée et la seconde lecture nécessaire pour s'assurer de la manière dont les Elèves ont écrit. 3° Les feuilletons de toutes les Classes réunis et conservés dans les archives du Collége, formeront d'abondans recueils d'où par la suite les Professeurs pourront tirer des devoirs. 4° La réunion de ces feuilletons offrira l'avantage de pouvoir les comparer et de graduer les devoirs suivant les divers degrés de force des Elèves. Dans la marche que l'on suit journellement, cet avantage ne peut avoir lieu, les Professeurs ne se communiquant pas les devoirs à donner. Aussi arrive-t-il souvent que le devoir de *Troisième* ou de *Seconde* se trouve plus facile que celui de *Cinquième* ou de *Quatrième*. 5° On pourrait encore facilement donner le même devoir dans différentes Classes, et présenter aux Elèves des comparaisons utiles entre les diverses manières, dont il aurait été traité par des Elèves d'un degré supérieur. Par ce

moyen on pourrait comparer les diverses forces.
6° En envoyant des exemplaires de ces feuilletons aux Colléges des départemens, on pourrait y faire traiter les mêmes devoirs qu'à Paris à huit ou quinze jours d'intervalle, et parvenir à y faire former des sujets de la même force dans le même degré d'instruction. Les devoirs de Paris seraient pour ainsi dire un thermomètre au moyen duquel on connaîtrait les forces respectives des Elèves des départemens et de ceux de la capitale, et l'on n'exposerait pas un Elève à perdre trois ou quatre années de Classes en province pour venir tomber de *Seconde* et de *Troisième* en *Cinquième* dans un Collége de Paris.

Détails de l'exécution de ce procédé et du peu de frais auxquels il monterait.

Chaque Professeur transcrira le devoir latin ou grec, qu'il donne à traduire sur une feuille volante qu'il remettra au Censeur ou à un Directeur du collége; celui-ci les fera porter à l'Imprimeur. Chacun de ces devoirs de vingt à trente lignes tiendra aisément dans une page in-12.

Les six devoirs, depuis la *Sixième* jusqu'à la Rhétorique inclusivement formeront six pages d'impression; ces six pages réunies dans un seul cadre seront tirées toutes ensemble à cent exemplaires pour les cent Elèves d'une Classe. Les six pages y compris le papier et le tirage à cent, coûteront 10 fr. Il se donne six versions par mois régulièrement. Dix fois 10 fr. = 100 fr. par mois. Les 100 fr. par mois répétés dix fois, nombre de mois de l'année scolaire en rabattant deux mois de vacances = 1,000 fr. par an.

1,000 fr. par an divisés entre 500 Elèves tant pensionnaires qu'externes = 2 fr. par élève. Si le nombre d'Elèves du Collége est plus considérable, le feuilleton reviendra encore moins cher, et il n'y a pas d'Elève qui ne dût s'estimer heureux de payer 6 fr. pour s'éviter l'embarras de déchiffrer une mauvaise écriture et de travailler sur un texte infidèle. L'Elève use pour plus de 2 fr. de papier à écrire ces devoirs sous la dictée.

L'Elève ne perdra pas l'habitude d'écrire sous la dictée, car il pourra toujours écrire en latin le corrigé des thèmes, n'ayant pas à travailler dessus; et il écrira en français le corrigé des versions et le texte des thèmes.

Nota. — A l'époque où M. Frémont proposait cette mesure, la Lithographie était à peine connue. On sent combien cette invention nouvelle peut faciliter aujourd'hui l'exécution d'un pareil projet; les frais en seraient bien moins considérables, et ils se réduiraient à bien peu de chose, si, dans chaque Collége, on établissait des presses lithographiques, dont l'emploi serait surveillé par les Chefs eux-mêmes. M. Selves a déjà proposé des vues à ce sujet; je crois qu'elles sont dignes d'attention. Je donne ici le *Prospectus* qu'il a publié, je l'inviterais seulement à ne point admettre les traductions interlinéaires; on en a reconnu les inconvéniens.

La *Lithographie* ayant sur l'Imprimerie l'avantage d'établir des types avec plus de promptitude et à moins de frais, elle semble par cela même devoir être appliquée aux objets d'une utilité commune, d'un usage journalier. Sous ce point de vue, quel avantage l'instruction publique et particulière ne peuvent-elles pas tirer d'une découverte précieuse appliquée à une méthode d'enseignement facile et simplifiée, à une méthode qui graduera les devoirs sur la force des Elèves, qui les mènera toujours du simple au composé, du connu à l'inconnu.

L'expérience a prouvé combien les traductions interlinéaires, proposées par Dumarsais, pouvaient accélérer les progrès dans l'étude des langues; et M. Selves fils, convaincu que des recueils de devoirs latins ou grecs, disposés selon la méthode de ce célèbre grammairien, éviteraient aux Elèves des recherches longues et pénibles, aplaniraient les difficultés, et diminueraient les dégoûts inséparables des premiers élémens des sciences, s'est proposé d'établir, par le moyen des presses lithographiques, des cahiers de versions disposés d'après cette méthode : le recto laissé en blanc contiendra l'exercice de l'Ecolier sur le texte et le corrigé du Maître. Le recueil de ces cahiers présentera par la suite une espèce de dépôt, où l'Elève retrouvera et ses premiers essais, pour les comparer à des progrès ultérieurs, et les fautes qu'il a commises, pour les éviter dorénavant, et les remarques de ses Maîtres, pour en tirer un nouveau profit. Les partisans nombreux de la méthode de Dumarsais sentiront facilement tout le parti qu'on peut tirer du moyen proposé. Ceux d'un avis contraire avoueront du moins que la traduction interlinéaire des mots selon le génie et l'inversion des langues anciennes, tout en diminuant les difficultés, laisse encore suffisamment de quoi exercer l'esprit des Jeunes gens. Afin de remplir ce but d'une manière plus efficace, on disposera des thèmes grecs et latins dans la même forme que les versions.

Au surplus, ce plan, susceptible sans doute de diverses modifications, est soumis à la sagacité des Pères de famille, à l'expérience des Instituteurs. Si cette idée leur suggère quelqu'autre procédé utile à l'enseignement, ils trouveront toutes les facilités possibles pour parvenir à son exécution.

Les personnes qui désireraient repasser le Grec et le Latin, ou apprendre ces deux langues sans Maître, trouveront, sur des feuilles détachées, la traduction littérale des dix devoirs qui composeront chaque cahier. Incessamment on appliquera la même méthode aux langues européenes et orientales, en insérant, entre le texte et le mot-à-mot de ces dernières, une transposition du texte en caractères romains.

M. Selves fils se propose aussi d'établir des cartes de géographie muettes, plus ou moins détaillées, destinées à être remplies par les Elèves : ce moyen simple, en quelque sorte mécanique et conforme aux principes de Dumarsais et de Condillac, fixera dans leur mémoire, d'une manière facile et précise, le nom et la position des villes, fleuves, montagnes, etc., et des lieux célèbres dans l'histoire.

Enfin on essaiera, sur les différentes parties de l'Enseignement, des procédés analogues, procédés dont le but sera de faire prendre à l'Éducation des Colléges, l'essor rapide de l'Enseignement mutuel. Outre cet avantage, le mélange du travail de l'Élève avec l'impression lithographique, excitera son amour-propre à conserver en ordre tous les élémens de ses études, et à se réserver ainsi la faculté de les repasser facilement dans les différentes circonstances de sa vie.

On trouvera ces divers ouvrages chez M. Selves fils, à Paris, rue des Juifs, n° 22, au Marais, et chez les principaux libraires.

CHAPITRE X.

DE L'ÉDUCATION PROPREMENT DITE.

Les sujets que jusqu'à présent j'ai passés en revue, appartiennent à l'*Instruction*, plus particulièrement qu'à l'*Éducation* proprement dite. Toutes les deux cependant se trouvent unies par des liens intimes qu'on ne peut rompre sans danger, et qui ne permettent guère de les considérer d'une manière tout-à-fait isolée : toutefois elles ne laissent pas d'avoir chacune un caractère distinct et très différent. Que de considérations on pourrait présenter sur ce qui tient à l'*Éducation* ! Je m'arrêterai seulement à quelques-unes de celles qui me paraissent les plus importantes.

Dans le siècle dernier, et long-temps avant la Révolution, un Auteur célèbre, écrivant sur ce sujet, disait: « Cultiver avec plus ou moins de succès chaque
« partie des Lettres, des Sciences et des Arts ; former
« des Savans, des Artistes de toutes espèces ; réunir
« un certain amas de connaissances prescrites par
« l'usage, et qui, la plupart du temps, ne sont
« enseignées que très imparfaitement; voilà ce qu'on

« a toujours appelé *Education*, et ce qui mérite si « peu ce nom. » Cette réflexion un peu chagrine de Duclos (1) pourrait-elle encore aujourd'hui recevoir son application, et serait-elle aussi fondée qu'elle l'était alors? J'ai tout lieu de le craindre, surtout quand je considère par quel ascendant invincible les Chefs de nos établissemens sont entraînés à porter presque exclusivement leur attention et leur zèle sur la seule *Instruction*. Les soins physiques et le régime sanitaire sont parvenus, il est vrai, à un grand degré d'amélioration, comparativement à ce qu'ils avaient été autrefois; mais a-t-on fait d'aussi grands progrès dans le perfectionnement du système entier de l'*Education?* Je ne le crois pas. Plus que jamais on paraît oublier que ce ne sont pas seulement des Savans, des Littérateurs, mais des hommes, des Chrétiens, des Citoyens qu'il s'agit de former ; c'est-à-dire d'élever respectivement les uns pour les autres, en faisant porter sur une base d'Education générale, et appropriée à la forme et à l'esprit du Gouvernement légitime, toutes les instructions particulières.

Mais, dira-t-on, vous avez le Cours de *Morale* qui se fait en Philosophie ; ne peut-il suffire à établir dans l'esprit des Elèves les principes qu'il est si important d'y déposer? Je ne disconviens pas, qu'appuyé d'une instruction religieuse telle qu'elle a été exposée plus haut, ce Cours, quand il est fait avec tout le soin qu'il réclame, ne puisse remplir beau-

---

(1) *Considérations sur les Mœurs.*

coup de vides dans notre Éducation, et suppléer à un grand nombre d'imperfections. Mais la connaissance pratique et l'observation habituelle des devoirs, penserait-on qu'elles pourraient être le produit de quelques mois de leçons? Faudra-t-il attendre à la fin des Classes pour que les Élèves apprennent, en quelques séances, *le bien vivre*, comme s'il s'apprenait plus vîte et plus facilement que *le bien penser ?* Non ; tous deux doivent aller de pair ; et c'est à dater du jour où le Maître a établi le plan d'*Instruction* qu'il se propose de donner, qu'a dû être coordonné par lui tout ce qui se rapporte à l'*Education*. Dans l'ordre moral comme dans l'ordre physique, ce sont les exercices journaliers, les actes répétés qui, d'années en années, développant insensiblement, et perfectionnant les facultés de l'homme, le disposent à l'accomplissement facile et constant de toutes les obligations qui lui sont imposées, soit comme être essentiellement sociable, soit comme être soumis à toutes les chances, à tous les accidens que peut entraîner pour lui l'organisation générale du monde extérieur.

Or, ces facultés sont de deux espèces très distinctes. Les unes appartiennent à l'âme, les autres au corps. Sans doute le propre de l'âme est de commander, comme le dit Salluste, et celui du corps est d'obéir. *Animi imperio, corporis servitio magis utimur* (1). C'est probablement cette dernière considération qui est cause que ceux qui se sont livrés à la recherche des

---

(1) Salluste, *Catilina.*

moyens les plus propres à perfectionner l'*Education*, se sont peu occupés du corps, et ont porté plus particulièrement leurs pensées vers les besoins de l'âme. Mais en cela ont-ils consulté tous les intérêts de la partie intelligente de notre être? Leurs vues devaient-elles se borner à elle seule? S'il faut que l'âme trouve dans le corps un esclave soumis, un serviteur fidèle, un instrument docile à toutes ses impulsions, ne faut-il pas aussi que ce Ministre aveugle de ses volontés, soit prédisposé aux fonctions qu'il aura à exercer sous l'empire de sa Souveraine? Ainsi, gêner les développemens du corps, rallentir son accroissement, le laisser ou languir dans une sorte de torpeur qui arrête ses mouvemens, ou se fortifier dans des habitudes qui leur donnent une fausse direction, ou se surcharger d'élémens de révolte et de rébellion, n'est-ce pas contrarier la marche de la nature, détruire les principes d'harmonie qui doivent subsister entre les deux parties constitutives de l'homme, priver l'âme des ressources qu'elle doit rencontrer dans le compagnon inséparable ici-bas de son existence, et rendre tout-à-fait incomplet le système de l'*Education?*

Je vais examiner si dans le plan général que, d'après les Statuts, on doit suivre dans tous nos Établissemens, on a prescrit les mesures et les précautions nécessaires, pour que l'*Education physique* y occupât la place que réclame la constitution naturelle de l'homme, et si l'on s'est attaché à en combiner les diverses parties, de manière que chaque exercice pût tourner au profit de l'*Education intellectuelle.*

CHAPITRE XI.

SECTION PREMIÈRE.

ÉDUCATION PHYSIQUE.

J'AI parlé d'*Education physique*. Mais je dois commencer par déclarer que, si je réclame l'usage des exercices qui la concernent, ce n'est qu'autant qu'ils auront toujours un but moral. Autrement je ne vois plus en eux que des opérations purement mécaniques, plus convenables à ces animaux utiles que la Providence a placés près de nous pour nous aider dans nos travaux, que dignes d'occuper l'être raisonnable qui est fait pour leur commander. Voyons si l'on a su les employer et les coordonner, soit dans les Colléges, soit dans les divers Établissemens d'Éducation publique, de manière qu'ils tournent au profit de la Jeunesse qu'on y élève.

Nos Enfans levés le plus souvent avant l'aurore, sont conduits avec ordre et en silence dans les salles, où, pendant deux grandes heures, d'autres mouvemens ne leur sont permis, que ceux qui sont relatifs à la transcription de leurs devoirs et à la récitation de leurs leçons. Le déjeûner vient faire cesser un instant cette espèce d'immobilité qu'ils vont reprendre dans des Classes d'une étendue communément beaucoup trop étroite à raison de leur nombre. Là, serrés les uns contre les autres, sauf dans le peu de Colléges qui font exception, ils conservent, pendant deux autres heures, une attitude encore plus gênante. Au sortir de la classe du matin, ils vont s'asseoir devant un modèle d'écriture ou de dessin qu'ils ne quittent au bout d'une heure, que pour aller faire à la hâte un devoir ordinairement trop long pour le peu d'instans qu'ils peuvent y donner entre les deux Classes. Ce n'est donc qu'après le dîner qu'ils prennent quelques ébats, dans des cours, où généralement ils trouvent peu de ressources et de facilités pour se livrer, à leur aise, aux divers jeux de leur âge. Si les dispositions locales leur permettent de profiter de l'exercice si salutaire de la balle, il n'y a que le plus petit nombre d'entre eux qui puisse y prendre part ; les autres, ou se contentent de se promener, ou s'étendent nonchalamment sur les bancs placés le long des murs, ou se réunissent en groupes et forment des entretiens qui, sous bien des rapports, ne sont pas toujours exempts de dangers. Il est vrai qu'ils sont communément entourés de surveillans attentifs à toutes leurs actions, à tous leurs discours. Ces Maîtres, par la nature des fonctions qu'ils exercent continuellement auprès d'eux, se trouvent dans la position la plus favorable pour diriger leurs sentimens, rectifier leurs jugemens, modifier leurs caractères, éclairer leurs goûts, épurer leurs habitudes, et les former à une foule d'usages dont la connaissance est nécessaire pour le commerce de la vie ; mais il arrive bien rarement que ces Fonctionnaires sachent user de cette situation, pour donner lieu, de la part des Elèves, à ces communications libres et franches qui caractérisent leur âge, et qui offrent tant d'occasions d'imprimer à leurs penchans, à leurs dispositions particulières une heureuse direction. A peine trois quarts-d'heure sont écoulés et déjà la cloche les a rappelés dans leurs salles. Ils en descendent après une heure de travail pour reprendre en Classe toujours les mêmes attitudes, et conserver toujours la même immobilité. Le goûter interrompt un moment cette uniformité dans les actes de la journée; mais ils y rentrent presque de suite, et ils y sont maintenus pendant plus de deux heures jusqu'au souper, auquel succèdent quelques instans de récréation qui précèdent la prière du soir et l'heure du sommeil.

Ce serait à tort, sans doute, qu'on blâmerait un tel ordre. Il est trop nécessaire pour qu'on propose légèrement d'y changer quelque chose : il serait même tout-à-fait digne d'admiration et d'éloges, si en fait d'Éducation, il ne s'agissait que des moyens d'assurer, au seul profit de la partie pensante de l'homme, l'emploi le plus complet de tous les momens du jour. Mais quoi ! n'avez-vous donc à diriger que de pures intelligences ? Ne sont-ce que des êtres dégagés de tous liens corporels que vous avez à former (1)? Ces enfans,

---

(1) « Ce n'est pas une *âme*, dit Montaigne, ce n'est pas un *corps* qu'on dresse, c'est un *homme* ; il n'en faut pas faire à deux fois. »

confiés à votre sollicitude, ne sont-ils pas composés aussi d'une substance qui demande d'autres soins? Cet être, que la sagesse suprême a établi, parmi les merveilles sorties de ses mains, comme le centre d'où partent deux infinis opposés, comme l'anneau qui occupe le milieu dans la chaîne immense de tout ce qui existe (1); ce composé si étonnant d'une âme immatérielle et d'un corps épais et grossier qu'unissent des liens à jamais soustraits aux recherches et aux regards de la raison, l'homme, enfin, n'a-t-il pas été soumis dès son origine aux suites de cette union inexplicable des deux substances? Or, ne voit-on pas que le plan général de notre Éducation, en négligeant trop les moyens de donner à l'une ses développemens, gêne l'autre dans l'exercice de ses facultés? L'ordre que prescrit le Cours des études a un côté très beau, sans doute; mais qui peut impunément se conformer à de telles dispositions? Les Maîtres, les Élèves y succombent. Cette continuité d'occupations trop sédentaires, rallentit, surtout en ces derniers, la libre circulation des humeurs, et souvent les plonge dans une sorte d'atonie et d'inertie morale, dont rien ne peut les tirer, ni l'aiguillon de l'émulation, ni la crainte des privations qui les menacent, ni les encouragemens de l'intérêt et de l'amitié. Dans quelques autres, un sang naturellement bouillant s'enflamme par suite

---

(1) From different natures marvellously mix'd,
Connexion exquisite of distant worlds!
Distinguish'd link in being's endless chain!
(YOUNG, *Night* 1.)

d'une application trop soutenue, et cette surabondance de sève vitale qui tourmente ces jeunes Adolescens, ne trouvant point à se développer par des exercices corporels, fréquens et modérés, réagit sur eux-mêmes. Leur tête et leur poitrine s'échauffent et s'embarrassent, et delà, au dire des Physiologistes les plus instruits, peuvent résulter ces ravages si communs qui flétrissent la fleur de la jeunesse et détruisent les mœurs et la santé des Enfans.

Mais dira-t-on, les jours de congé ne présentent-ils pas d'heureuses distractions, et les moyens de se livrer aux exercices les plus salutaires? Oui, j'en conviens, d'assez longues promenades, des courses, quelques jeux plus ou moins bien choisis, les enlèvent pour quelques instans à cette vie trop monotone et trop ombratile. Je dois le dire encore, grâce à la sollicitude des Chefs d'Établissemens, on peut être rassuré jusqu'à un certain point sur les inconvéniens que je viens de faire entrevoir, et qui sont devenus, quoi qu'on en puisse dire, beaucoup moins communs qu'autrefois; mais qu'il s'en faut qu'on sache tirer des délassemens ordinaires, tous les avantages qu'ils pourraient produire!

Je me mets à la suite de nos jeunes gens lorsqu'ils sont en promenade. J'arrive, et je m'établis près d'eux, aux lieux mêmes désignés communément pour être le terme de leurs courses, et le point où ils doivent passer les momens de halte et de repos. Là, vous voyez les uns étendus sur l'herbe, s'abandonnant à leur inaction habituelle et chérie; d'autres, attirés par l'appât de friandises offertes à leur convoitise, échangent contre des mets assez malsains, l'argent qui leur a été donné pour leurs menus-plaisirs. Quelques-uns se sont réunis autour de deux ou trois des plus prépondérans dans la division; ils écoutent leurs discours, et ce n'est guère l'amour de l'ordre, la subordination et la déférence aux avis du Maître qui en forment le texte ordinaire. Quelques-uns se contentent de se promener. D'autres s'occupent de lectures, et leur esprit est encore tendu quand leur corps seul devrait être en activité. Ceux-ci sont attentifs à épier le moment où les yeux de leur Argus venant à se détourner, ils pourront plus facilement se dérober à sa surveillance. Il en est, enfin, qui se livrent aux jeux propres à développer chez eux l'adresse et l'agilité, mais c'est toujours le plus petit nombre. Cependant, le Maître constamment isolé ne se mêle point à leurs jeux, dans la juste crainte de compromettre son autorité : s'il veille sur son troupeau, ce n'est jamais que de loin et à distance. Enfin, le signal du retour est donné, et ils sont ramenés dans leur asile sans que cette grande moitié du jour ait beaucoup servi à leur Education physique, sans qu'elle ait tourné le moins du monde à leur Education morale. Heureux encore quand ces momens de délassement et de gaîté ne sont pas devenus, pour quelques étourdis, un sujet de tristesse et de larmes! Oh! qu'ils avaient bien mieux compris tout l'ensemble des élémens qui doivent composer l'Éducation de l'homme, ces Sages de l'antiquité qui ont été les premiers Instituteurs des peuples! Interrogez les monumens qui nous restent des Solon, des Socrate, des Platon et des Xénophon, et voyez si c'était ainsi que ces grands Législateurs formaient les hommes qui ont laissé les modèles de tous les genres de talent, qui tous ont eu un sentiment si profond et si vif des beautés de la Nature et des Arts, un goût si délicat, si passionné pour toutes les productions du génie, et qui ont étonné le monde par l'assemblage des plus hautes vertus. N'aurait-on à citer parmi ces Grecs, nos Maîtres en tout genre, que le seul Epaminondas (1), quelle preuve il offrirait en faveur de la Doctrine que je produis en ce moment! Mais interrogez aussi les Enfans de cette Rome admirable sous tant de rapports, si elle n'avait pas fait de ses vertus un instrument pour asservir le monde, et ils vous diront si les exercices du Champ-de-Mars nuisaient aux exercices du *Forum*, et si les Pompée, les César, les Caton, les Auguste et les Pollion, étaient moins habiles dans tout ce qui tient aux travaux de l'esprit, parce qu'ils excellaient dans tous les exercices du corps. Sans sortir des temps modernes, sans aller chercher des exemples hors de notre patrie, que dirai-je des héros qui ont fixé l'admiration de l'Univers par leurs grandes actions, ainsi que par la noblesse et l'élévation de leur caractère, les Duguesclin, les Bayard, les Henri IV, les Turenne, les Condé, les Louis XIV, et tant d'autres que je pourrais citer? ne

---

(1) Voyez, dans *Cornelius Nepos*, les détails sur l'Éducation physique d'Épaminondas; c'est un plan abrégé de la Gymnastique la plus complète.

sait-on pas que tous, comme Achille, avaient été trempés de bonne heure dans les eaux du Styx, et que dès leur jeunesse ils avaient été formés à supporter les fatigues de toutes espèces ?

SECTION II.

DE LA GYMNASTIQUE.

N'est-il donc aucun remède aux inconvéniens que je viens de signaler, et ne pourrait-on, sans porter atteinte à nos travaux scolastiques, donner à la Jeunesse élevée dans nos Établissemens, la vigueur du corps qui prépare celle de l'âme ? Oui, il existe ce remède, et déjà je l'ai fait pressentir. Oui, on peut sans aucun dérangement des études, achever le système d'Éducation si incomplet sous le rapport des exercices physiques. Pour y parvenir, il ne manque que la volonté d'employer les moyens qui sont mis à nôtre disposition. Or, ces moyens sont les exercices de la *Gymnastique*.

Dans l'ouvrage de Rollin, on ne trouve rien, il est vrai, qui ait trait à cet art, et ce sage instituteur s'est peu étendu sur les exercices physiques, partie qui me paraît très essentielle dans l'Éducation. Cependant, si on veut faire attention au soin qu'il a pris de citer particulièrement le morceau de Xénophon sur les Perses et sur Cyrus, on pourra reconnaître quel cas il a toujours fait de cette « éducation mâle, robuste et vigoureuse, « si propre à fortifier le corps, en même temps qu'elle

« perfectionne l'esprit (1). » Ce sont ses propres expressions. Mais généralement ces réflexions, ainsi que beaucoup d'autres de cet habile Maître, ont été ou peu entendues ou peu approfondies.

Cependant, s'il existait dans la Capitale, un Établissement où les avantages d'une Éducation physique complète pussent se rencontrer, où il fût possible de se les procurer sans peine, sans efforts, sans de grands sacrifices ; si la Méthode qu'on y suit présentait des garanties incontestables pour l'affermissement de la santé, pour l'amélioration des mœurs, et le perfectionnement du caractère des Enfans ; si elle offrait, comme j'ai pu m'en convaincre moi-même par de fréquentes observations, un des moyens les plus directs et les plus efficaces de prévenir et d'arrêter les ravages d'un mal trop commun chez les Adolescens, mal que tout le zèle, tous les efforts, toute la surveillance des Maîtres les mieux pénétrés de leurs devoirs, n'ont jamais pu entièrement extirper..., Pères de famille, Instituteurs, qui peut encore vous arrêter ? au lieu de n'écouter que de vaines et de fâcheuses préventions, pourquoi n'iriez-vous pas vous emparer de ces exercices précieux ? Maîtres de Pensions, Chefs d'Institutions, Directeurs et Proviseurs des Colléges, Supérieurs des petits et des grands Séminaires, qui vous empêche de les introduire dans vos Établissemens ? Ne seriez-vous pas les maîtres de leur faire subir toutes les modifications qu'exigeraient la nature, le but et les dis-

---

(1) Rollin, *Traité des Études.*

positions locales de vos Institutions? Transportez-vous du moins aux lieux où déjà se sont faites de si heureuses épreuves de cette méthode. Observez, jugez et appréciez ce que vous y aurez vu. Je ne doute pas que vous ne reveniez convaincus de l'influence que la Gymnastique bien dirigée doit avoir et sur le Physique et sur le Moral de la Jeunesse.

Là, vous serez à même de reconnaître comment toutes les parties de cet art savamment combinées, ont été mises en harmonie avec les élémens de notre organisation, et comment, fondées sur les lois d'une saine Philosophie, elles ont été établies dans un ordre bien gradué, et rendues applicables à tous les âges, à tous les états, à toutes les professions. Vous remarquerez par quel sentiment des convenances elles ont été disposées avec les adoucissemens, avec la mesure et la décence que ne connaissaient pas les Anciens. Vous observerez comment on s'est attaché à faire un bon choix dans ces exercices, de manière qu'excluant ceux qui ne tendraient qu'à développer les seules forces musculaires de l'homme, on n'admît que ceux qui peuvent ajouter à l'agilité, à l'adresse, à la grâce de ses mouvemens, en augmentant toutefois la vigueur de ses membres. Mais ce qui méritera surtout votre intérêt, c'est le soin qu'on a pris de ne point laisser ceux qui suivent ces jeux, étrangers aux impressions morales qu'ils peuvent faire naître; d'entourer ces exercices de tous les accessoires qui doivent leur donner de l'attrait, et d'en faire une récréation très utile, en même temps qu'on leur donne tous les caractères d'un amusement très agréable; c'est encore cette sollicitude presque maternelle pour les Enfans, qui a suggéré une foule de précautions nécessaires pour prévenir les accidens, rassurer la tendresse des pères et des mères, et inspirer toute sécurité et toute confiance aux Instituteurs.

Chose étrange et bizarre! Il est bien peu de personnes qui, après avoir assisté à ces exercices, après les avoir soumis à un examen sérieux et approfondi, en soient sorties incertaines sur les avantages qui doivent en résulter, ou indifférentes sur les succès qu'ils peuvent obtenir; des hommes aussi distingués par leurs lumières que par l'étendue et par la sagesse de leurs vues, se sont accordés à manifester leur opinion sur l'utilité de ces jeux, par des témoignages authentiques; les premiers Magistrats de la Capitale, les Ministres de l'État, les plus hauts Dignitaires, les Chefs suprêmes de l'armée, sont venus s'assurer par eux-mêmes de leur importance t du parti qu'on pourrait en tirer pour tous les Ordres de la Société. Non contens de les encourager de leurs suffrages, ils en ont pressé l'usage et l'exécution. D'habiles Médecins en ont constaté les effets sanitaires, et des expériences nombreuses, des faits notoires ont confirmé les assertions des Docteurs; enfin, un emplacement immense et commode a été accordé aux sollicitations du Directeur; des machines de toutes espèces, aussi ingénieusement imaginées qu'exécutées avec soin, ont été établies dans ce beau local (1); des

(1) Place Dupleix, entre le Champ-de-Mars et la Barrière de Grenelle.

encouragemens ont été donnés par les Ministres de la guerre et de l'intérieur, à la condition d'admettre gratuitement les Elèves royaux et communaux des Colléges; tout enfin semblerait devoir concourir à porter cette Institution au degré de perfection que sa destination réclame, et pourtant elle n'a pu obtenir encore dans l'Instruction publique qu'un bien faible intérêt. Ne soyons point surpris de cette indifférence; j'en ai fait entrevoir la principale cause. D'autres soins occupent tout entiers les Chefs des Établissemens. Là, ils ne voient rien qui ait trait aux succès classiques; en donnant quelqu'attention à la Gymnastique, ils craindraient de nuire aux plus chers intérêts de leurs maisons.

Je n'ai point partagé, dans le temps, ces préventions et cette insouciance. Les tentatives que je fis, en 1816, pour introduire ces exercices dans l'Éducation publique, ont pu être connus. J'en avais observé avec soin l'ensemble et les détails. J'avais distingué ceux qu'on pouvait choisir et détacher, afin de les rendre admissibles dans les divers Colléges; car tous ne sont pas également nécessaires pour nos jeunes Elèves, peut-être même en est-il quelques-uns qu'il faudrait entièrement écarter. Mes démarches furent inutiles; même elles furent assez mal interprétées, et les avances pécuniaires que promettait, pour mon Collége, la bienveillance du premier Magistrat du département de la Seine (1), toujours si empressé à favo-

---

(1) Monsieur le comte Chabrol de Wolwick.

riser ce qui porte un caractère d'utilité générale, ne purent être faites, et aucun essai n'eut lieu dans notre Établissement (1). Mais ce qui n'a point été exécuté dans un temps peut l'être dans un autre. Une nouveau Collége particulier s'est formé dans l'Académie sous les plus heureux auspices (2). Déjà il a donné l'exemple d'admettre, en partie, la Méthode pour l'Enseignement élémentaire, dont j'ai eu occasion de faire connaître tous les avantages. Nous avons pu en constater les heureux résultats; et les essais qui ont eu lieu, bien que, selon nous, ils soient encore incomplets, ont déjà produit les effets les plus favorables. Peut-être est-il réservé à ce bel Établissement de prendre l'initiative sur beaucoup d'autres améliorations qu'appellent à grands cris et les pères de famille et tous les amis de l'Instruction publique. D'ailleurs, les hommes vénérables qui président à l'Éducation de la Jeunesse française s'occupent, chaque jour, avec un soin trop constant, d'ajouter à ses élémens de perfectionnement et de bonheur, pour qu'ils n'accueillent point avec empressement toutes les vues qui s'y rapportent. Puissé-je attirer leur attention sur cet objet important, et qui, chaque jour, le paraît bien davantage, quand on considère les besoins qui se sont établis dans l'ordre actuel de la Société, et quand on ré-

---

(1) Les premiers essais de Gymnastique devaient être faits dans le bel emplacement de la Maison de Vanvres, appartenant au Collége Louis-le-Grand.

(2) Le Collége particulier de Sainte-Barbe, de la rue des Postes.

fléchit sur les mœurs, les habitudes et l'esprit qui règnent aujourd'hui parmi les Elèves de France, je dirai presque parmi la Jeunesse de toutes les Nations de l'Europe.

Si l'on objectait la difficulté d'établir ces jeux dans nos Institutions et dans nos Colléges, sans porter atteinte à la discipline, à l'ordre général, sans nuire aux études, et sans entraîner pour les parens, comme pour les Maisons, des dépenses nouvelles et trop onéreuses, je répondrai : Les exercices dont il s'agit sont de deux espèces. Les uns demandent de vastes espaces, de grands développemens, un local considérable : il est bien entendu, dès-lors, qu'ils sont inadmissibles dans nos Établissemens. Mais les plus essentiels, mais ceux qui sont préparatoires, ceux qui ont pour objet le développement des muscles, la grâce des attitudes, la souplesse des membres, l'adresse de l'équilibre, la force des mouvemens d'impulsion et de résistance; il n'est pas d'Établissement, même parmi les plus médiocres en étendue, dont la cour ne puisse contenir toutes les machines qui sont le plus nécessaires pour ces divers exercices. Un ou deux portiques, dans chaque division, quelques mâts, des poutres, quelques chevalets de bois, des échelles, des cordes, des filets, voilà les objets qui entraîneraient les premières dépenses. Un ou deux Gymnastes, par Établissement, suffiraient pour le diriger. Si le Gouvernement ne reconnaissait point la nécessité de subvenir à ces frais, quels sont les parens qui ne s'empresseraient d'y concourir dès qu'ils auraient reconnu le but de ces exercices et qu'ils en auraient vu les résultats?

Nul changement, d'ailleurs, ne serait nécessaire dans l'ordre des Classes et des études. Il ne s'agit ici que de jeux, que d'amusemens, que de mouvemens essentiellement récréatifs. Quelles autres heures que celles des récréations ordinaires prétendrait-on y consacrer? Seulement comme ces récréations auraient alors un but d'utilité déterminé, une valeur réelle dans l'ensemble de l'Éducation, il n'y aurait pas d'inconvénient à les allonger un peu plus; car il est reconnu qu'elles sont bien courtes, et point assez proportionnées au besoin qu'éprouvent les enfans de se donner du mouvement. Alors nos Jeunes gens n'étant plus abandonnés à cette inaction vague, à cette nullité d'occupations qui caractérise le genre de récréations actuelles, ils ne seraient plus exposés à ressentir ces dégoûts qui leur font quelquefois regarder comme une odieuse prison l'asile qui les renferme, et à éprouver cet ennui qui, pour plusieurs, est la cause ou l'occasion de fâcheux désordres.

Je viens aux exercices à grands développemens. Quel attrait ne peuvent-ils pas donner aux promenades de chaque semaine et à celles des jours de congé! Le terme de chacune, alors, serait toujours quelques leçons nouvelles à recevoir, et une épreuve régulière et périodique des essais qui auraient eu lieu dans l'intérieur des Institutions et des Colléges pendant les récréations de toute la semaine. Je vois tous les jours de congé, et tous les dimanches après vêpres, en été, nos Elèves conduits à ce Gymnase normal (1) formé par les soins du Gouvernement, et qui, pour obtenir tous ses développemens, n'attend que cette manifestation de l'intérêt général. C'est là que le zèle et l'activité infatigable du Directeur lui ont fait trouver, malgré les obstacles de tout genre, les moyens d'offrir à chacun l'Instruction qui lui convient d'après son âge, sa force, sa constitution particulière. Arrivés des divers point de la Capitale, tous bientôt prennent place dans les rangs, sous la surveillance habituelle et immédiate de leurs Maîtres ordinaires, et sous la direction des Chefs préposés à cette Instruction. Avec quelle joie cette jeunesse s'abandonne à des exercices qui n'offrent rien qui ne soit gracieux, riant, approprié aux goûts de cet âge, et fait pour exciter le plus vif intérêt ! Les plus intelligens et les plus habiles deviennent promptement les directeurs de leurs compagnons les moins avancés, et entre eux s'établissent ces communications amicales, ces échanges de services si propres à resserrer le lien social, et dont les effets se retrouvent ensuite dans les récréations journalières. Il n'est pas un moment de perdu, les intervalles de repos sont remplis par des Instructions orales et théoriques, et par des chants qui ne rappellent que des sentimens nobles et moraux : le respect et l'adoration envers Dieu, l'amour du Roi et du prochain, le dévoûment à la patrie, le courage, la fermeté, l'humanité, etc., etc. Ces airs, chantés à haute voix, en

---

(1) Place Dupleix.

intéressant, en amusant les Elèves, contribuent en même temps au développement des organes thorachiques, fortifient leur poitrine, les préparent à la fatigue des lectures prolongées, à parler long-temps, de suite et à bien prononcer. Tout se passe sous les auspices de la gaîté, de la bonté, de la douceur; tout s'anime sous l'aiguillon constant d'une émulation qui n'est pas de la rivalité, et qui jamais n'enfante l'envie ou la jalousie. La confiance progressive que chacun prend dans ses propres moyens et dans ses forces, dont jamais il ne peut dépasser la mesure, par suite de précautions bien prises, et d'une sage progression dans l'application de la Méthode; l'usage, après chaque exercice, de juger soi-même ses émules, de déférer la palme à son propre vainqueur, d'exposer devant ses compagnons les motifs de sa conduite, s'il y a lieu à quelques explications; le fréquent retour de scènes plus ou moins intéressantes, toutes empreintes de générosité, de délicatesse et de cordialité (1); une foule d'incidens particuliers qui soutiennent l'attention; tous ces effets multipliés doivent développer admirablement le sens moral des jeunes gens, les forcer à revenir souvent sur leurs propres impressions, et produire en définitive, sur leurs sentimens intérieurs, les mêmes effets que les exercices physiques produisent sur leurs organes.

Je demande si ces momens, ainsi employés, et qui s'écoulent avec la rapidité de l'éclair, ne seront pas

---

(1) Rapport de MM. l'abbé Gaultier, Delaborde, Leroy, etc.

pour nos Elèves une source bien plus abondante d'avantages et d'agrémens de toutes espèces, que ces tristes promenades dont je parlais tout-à-l'heure, et dont le moindre inconvénient est de laisser les heures s'écouler pour eux dans une nullité absolue de toute impression utile, de toute distraction aimable. En sortant du Gymnase, les élèves retournent dans leurs asiles, éprouvant les effets d'une fatigue salutaire, dont le sentiment s'émousse à mesure que l'habitude en devient plus fréquente. Un sommeil doux et profond s'empare de leurs sens et laisse leur imagination dans un calme heureux. *Car elle se repose,* dit un auteur célèbre, *quand les bras travaillent; et quand le corps est bien las, le cœur ne s'échauffe pas* (1).

Le lendemain, plus allègres et plus dispos encore que la veille, ils reprennent avec joie leurs travaux classiques pour lesquels ils s'animent d'une ardeur nouvelle, parce que, de jour en jour, ils y trouvent moins de difficultés; car c'est un fait que je pourrais constater par des épreuves, dont j'ai été moi-même le témoin et dont j'ai vu les résultats : loin que l'habitude de ces exercices nuise aux études, on est étonné, au contraire, de voir à quel point, dans quelques Enfans, elle hâte et améliore le développement et l'usage des facultés intellectuelles.

On voit donc de combien d'avantages on se prive en dédaignant l'emploi de cette Méthode. Elle est pourtant bien loin encore d'être arrivée aux résultats qu'elle

---

(1) J.-J. Rousseau, dans l'*Emile.*

est capable de produire. Trop peu connue jusqu'ici, malgré l'accueil bienveillant qu'elle a reçu des principales Administrations de la Capitale, et des Ministres de la guerre et de l'intérieur, elle a toujours manqué des encouragemens et de l'intérêt des Chefs de l'Instruction publique qui, seuls, pouvaient assurer ses succès. Sans doute, la prudence leur avait fait un devoir de ne point l'accueillir avec trop d'empressement, à une époque où elle était encore environnée d'une sorte de discrédit. L'usage pernicieux vers lequel on avait tenté de la détourner dans quelques contrées de l'Europe, les annonces emphatiques et les prétentions exagérées de ceux qui en avaient fait les premiers essais, les éloges outrés de ses partisans, tous ces motifs avaient dû jeter de la défaveur sur des exercices à l'idée desquels on était d'ailleurs peu préparé dans notre patrie, et qui présentaient, à bien des personnes, un spectacle assez étrange au premier aspect. Mais, aujourd'hui, le temps et l'expérience ont donné la juste mesure de ce qu'on peut attendre de ces jeux, et les sujets de crainte ont dû disparaître.

Il me semble que ces objets sont dans la classe de ceux qu'on ne peut juger, qu'autant qu'on a pu se placer à une grande distance de ce fond où fermentent les passions humaines, et d'où s'exhalent ces nuages que l'ignorance, les préjugés, les préventions, l'insouciance et l'intérêt personnel élèvent sans cesse et accumulent autour de tout ce qui est bon, utile et vrai. C'est seulement dans cette situation que les choses apparaissent telles qu'elles sont en elles-mêmes et dégagées de ce qui peut en altérer la substance ou en déguiser la nature. On ne les considère plus alors qu'entièrement séparées des abus attachés à tout ce qui émane de notre faible humanité, et afin de les bien apprécier, on s'assure de leur utilité réelle. Pour tous les objets que j'ai examinés jusqu'ici, j'ai tâché, autant qu'il m'a été possible, de m'établir dans cette situation d'esprit, et c'est d'après ces dispositions bien sincères, d'après une conviction bien intime, que je crois pouvoir le déclarer hautement : si l'on veut que le système de l'Éducation, en France, ne reste point incomplet, défectueux, et toujours exposé au reproche qui lui est fait, depuis si long-temps, de ne point atteindre le but qu'on doit se proposer, qui est de former des hommes et d'établir dans des corps sains des âmes saines : *Ut sit mens sana in corpore sano ;* si l'on veut qu'il règne entre les deux substances qui constituent l'être humain, cette harmonie qui seule peut régler le juste emploi de ses facultés, et pour lui-même et pour la société ; si l'on veut enfin que notre Jeunesse française soit élevée dans les habitudes que réclament impérieusement les nouvelles destinées qui l'attendent, sous la forme de Gouvernement due à la sagesse de son Souverain, il est de toute nécessité qu'elle prenne les premiers élémens de ces habitudes dans les exercices de la *Gymnastique*, auxquels, s'ils sont sagement dirigés, on devra, pour l'*Éducation* proprement dite, un perfectionnement bien desirable.

CHAPITRE XII.

DE L'ÉTUDE DE LA MUSIQUE.

Les exercices de la Gymnastique, comme je viens de le faire remarquer, peuvent avoir sur les dispositions morales de la Jeunesse, une influence aussi heureuse que sur ses facultés physiques. Mais on pourrait craindre que se réduisant le plus souvent à une lutte de force et d'adresse, ils n'entretinssent dans les mœurs et dans les habitudes des enfans une sorte de rudesse et de grossièreté, au lieu d'y produire un véritable adoucissement. Entre tous les moyens de prévenir cet inconvénient, il en est un dont l'effet est immanquable; c'est de ne point séparer de la Gymnastique une autre étude, qui doit agir bien plus efficacement encore sur le caractère et les habitudes sociales des Jeunes gens, et sans laquelle les Anciens ne concevaient pas une bonne Institution. On sait déjà que je veux parler de l'étude de la Musique. J'ai dû la considérer à part, et à raison de son importance, et parce qu'elle se trouve plus ou moins cultivée dans la plupart de nos Établissemens. Cependant, généralement en France, on néglige trop, dans les Écoles, ce moyen sûr d'embellir les travaux du premier âge, de former l'homme de bonne heure aux communications douces, de lui ménager, quand les passions veulent l'envahir, des distractions heureuses qui peuvent lui faire éviter bien des écarts, de lui réserver, pour les épreuves de la vie, quelques-unes de ces consolations promptes, qu'il chercherait quelquefois vainement dans les conseils de la raison, de le disposer enfin par des impressions innocentes et pleines de charme, à tous les sentimens qui honorent l'humanité : car, tels sont les effets de cet art délicieux, trop peu apprécié et souvent décrié par des moralistes moroses qui, plus occupés des abus auxquels ce don céleste a donné lieu, que des biens qu'il peut répandre sur la Société, semblent le regarder comme un accessoire dangereux dans l'Éducation publique et particulière.

Je me suis fait, sur cet art, une opinion tout-à-fait contraire, et si je voulais l'appuyer du poids que pourrait donner la sage Antiquité, je ne serais embarrassé que du nombre et du choix des autorités. Je me contente de renvoyer mes lecteurs au chapitre XI du premier Livre de Quintilien. Je me hâte de l'indiquer, parce qu'il est important que l'on sache *quelle* est la Musique que j'approuve, ainsi que ce vertueux Rhéteur, et à *quel point* je l'approuve. *Quæ mihi et quatenus Musica placeat* (1). Quels exemples puissans ne trouverais-je pas aussi dans les Livres sacrés, dans les usages même des premiers siècles de l'Église,

(1) *Quintil.* ch. x.

et dans les pratiques de tous les temps! Mais je ne m'empresserai pas de recourir à ces lieux communs extérieurs, qui, pour certains esprits, sembleraient n'être qu'un vain étalage d'érudition.

C'est le fond des choses que je dois examiner d'abord. Or, il est un fait qui, dans le cours de mes observations, ne m'est point échappé. C'est ce qui se passe chez les Jeunes gens depuis l'âge de treize à quatorze ans, jusqu'à celui de seize à dix-sept. Dans la plupart, les développemens physiques sont brusques, rapides et énergiques. La sève de la vie qui roule à flots pressés dans leurs organes, imprime à tous leurs mouvemens je ne sais quoi d'impétueux, de violent et de dur. Leur caractère s'en ressent, et ils contractent, à cette époque, une sorte de rudesse qui se manifeste dans leurs discours comme dans leurs manières. Combien de fois nous avons entendu les mères de famille exhaler leurs plaintes à ce sujet! Elles s'étonnent et s'affligent de ne plus retrouver dans ces objets de leurs tendres soins, ces douces prévenances, ces sentimens affectueux et délicats, dont l'expression aimable et naïve avait fait jusqu'alors tressaillir leur cœur maternel. Par quel moyen combattra-t-on efficacement cette âpreté que fait naître en leurs Enfans l'accroissement rapide des forces physiques? Comment ramener en eux ces qualités douces, et le goût de ces manières liantes et agréables, qui paraissent tendre à s'en éloigner pour jamais? Ce sera en leur faisant cultiver cet art que les anciens Grecs n'ont jamais séparé de l'étude de la Grammaire, que Platon et Aristote s'accordent à prescrire comme une branche nécessaire de l'Enseignement ; que Socrate, âgé de plus de soixante ans, ne dédaigna pas d'apprendre, et par lequel Pythagore, qui passe pour en être l'inventeur, commençait et finissait les exercices de ses silencieux Disciples. Mais, certes, ces grands hommes, et avec eux Quintilien, n'ont jamais entendu qu'il pût être question d'une Musique molle et efféminée, semblable à celle dont retentissent trop souvent nos salons, qui n'est propre qu'à porter au fond des cœurs le germe de la corruption et de la volupté, et qui sera toujours écartée par les amis des mœurs, parce qu'elle est capable à elle seule d'anéantir tout ce qui pourrait rester en nous de vertu et de mâle courage (1).

Aussi les Anciens rejettent-ils avec un soin égal ces instrumens dont les sons languissans portent la mollesse et l'impureté dans l'âme, et que, selon eux, doit repousser toute personne bien née : *Etiam virginibus probis recusanda* (2). Ils ne voulaient donc parler que de ce moyen heureux et puissant d'exciter, d'adoucir et de modifier toutes les impressions de l'âme (3). C'était cette Musique qui servait à célébrer les Héros, et que les Héros eux-mêmes cultivaient avec soin (4),

---

(1) Non hanc a me præcipi quâ . . . . . . si quid in nobis virilis roboris manebat, excidit. (*Quint.* ch. x.)

(2) *Quintil.*, chap. xi.

(3) Cognitionem rationis quæ ad movendos leniendosque animos plurimum valet.

(4) Quâ laudes fortium canebantur, quâque et ipsi fortes canebant (*ibidem*).

Musique à l'aide de laquelle les premiers Législateurs ont réuni et civilisé les premiers hommes, et consacré les lois conservatrices de l'ordre social. C'est elle qui secondait les inspirations de Moïse et de sa sœur; qui plongeait David dans ces doux ravissemens, dont la sainte expression nous charme chaque jour, et nous étonne encore; c'est elle qui, sur les bords de l'Euphrate, adoucissait le long exil des enfans d'Israël; c'est elle aussi qui, admise dans nos Temples, a jeté un si vif intérêt sur la célébration de nos saints Mystères, et a donné un si puissant attrait à nos Offices divins; c'est elle, enfin, qu'indique avec raison un homme d'esprit « comme le moyen le plus prompt et le plus sûr
« de donner de l'authenticité aux lois que l'on veut
« promulguer, et de transmettre les connaissances
« utiles..... Car, ce qui est communiqué par le chant,
« dit-il, imprime en notre âme un caractère presque
« ineffaçable, qu'il est toujours utile de donner aux
« choses dont on veut maintenir la connaissance et
« prolonger le souvenir (1). »

Cette Musique est la seule dont j'invoque le secours pour l'Éducation publique. Lorsque j'en réclame l'emploi, je ne fais qu'appeler un usage consacré par les premiers Pasteurs du Christianisme. Citerai-je ici les Saint Ambroise, les Saint Augustin, auteurs du fameux *Te Deum*, paroles et musique; le savant et

---

(1) M. Villeteau: *Recherches sur l'Analogie de la Musique, avec les Arts qui ont pour objet l'Imitation du Langage.*

malheureux Boëce qui envoyait des chantres en France; et Saint Grégoire qui créa le chant romain ? Ne sait-on pas que si l'on a conservé quelques restes de la Musique des Anciens, c'est qu'elle trouva un asile jusque dans les Catacombes, où se rassemblaient furtivement les premiers Chrétiens, dont elle fut, pendant trois siècles de persécution, la compagne et la consolatrice ? Ignorerait-on que ce sont les membres les plus distingués de ce Clergé si souvent accusé, dans ces derniers temps, d'être l'ennemi des Sciences et des Arts, qui ont constamment ou pratiqué ou encouragé la Musique ; que *Guido d'Arezzo*, à qui l'on doit l'Echelle musicale, était un Bénédictin du dixième siècle; que *Franco*, qui soumit le chant aux règles du Rythme, était un Prêtre que la France, l'Allemagne et l'Italie se disputent encore ; que *Muris*, qui rendit des services si importans à l'Harmonie, en réglant la succession des intervalles, était un docteur de Sorbonne; que *Tintor* était chanoine de Nivelle, son pays; que si l'on possède encore les créations merveilleuses de *Palestrina*, c'est au pape *Marcel* qu'on en est redevable, et qu'enfin les plus beaux chefs-d'œuvre qu'ait enfantés l'Harmonie sont des morceaux sacrés?

Pourrait-on penser qu'il y eût quelque danger à mettre notre Jeunesse française en état d'apprécier ce qu'il y a de grand, de délicieux, de sublime dans des productions telles que le *Stabat* de *Pergolèse*, les Sept paroles de Jésus-Christ, par *Haydn*; le *Miserere* de *Leo*, le *Requiem* de *Mozart*; la belle Musique d'*Henri Purchell*, si bien célébrée par *Dryden* (1), et celle de ce *Durante* qui perfectionna *Palestrina* lui-même ; et le *Kyrie* de *Feo*, et cette foule innombrable de Morceaux choisis qu'on pourrait extraire des compositions si nobles des *Lotti*, des *Benedetto*, des *Marcello*, des *Vinci*, des *Logroscimo*, qui ont su relever par une harmonie admirable, les admirables Poëmes de *Metastasio*? Combien n'aurait-on pas aussi à puiser dans les Œuvres divines de notre *Lesueur*, de *Desvignes*, de *Méhul*, et de tant d'autres encore ?

Sachons donc imiter les Anciens, qui seront toujours nos Maîtres dans tout ce qui tient au perfectionnement des facultés humaines ; que la Musique serve chez nous, comme chez eux, d'un moyen d'Éducation, ainsi que cela s'est pratiqué jusqu'ici, avec succès, dans un Établissement de la Suisse (2). Accueillons, avec empressement, cette Fille du Ciel dans nos Colléges. Veillons à ce qu'elle n'oublie pas son origine et sa primitive et antique destination. Redonnons à la Musique vocale sa dignité première (3). Rendons-en le goût populaire et général. Qu'elle soit consacrée, comme elle l'était dans la Grèce, à embellir et à fortifier, à-la-fois, les vertus, la morale, et même jusqu'aux facultés physiques de l'homme. Qu'elle con-

---

(1) Voyez l'Ouvrage de Charles Burney : *A General Dictionary of Music.*

(2) L'Etablissement de M. Pestalozzi.

(3) Ce que je demande ici commence à s'exécuter au Collége de Henri IV, sous la direction de M. Choron.

tribue, enfin, à inspirer l'amour de l'ordre, qu'elle en donne l'habitude; qu'elle élève vers le Ciel l'imagination, le cœur et les vœux de nos Enfans, et peut-être cessera-t-on alors d'appeler futile et frivole un Art capable d'opérer d'aussi heureux effets, et d'enfanter de si grandes merveilles.

Cependant, j'en conviens, quels que soient les avantages qui peuvent résulter de la culture de la Musique, je balancerais à la recommander comme un accessoire devenu nécessaire à l'Éducation, si je trouvais l'étude de cet Art encore hérissée de toutes les difficultés qui en avaient rendu jusqu'ici l'accès si difficile. Ce n'étaient pas seulement les épines d'une Théorie obscure et embarrassée qui en écartaient la multitude. Le haut prix qu'il fallait mettre à des leçons dont l'utilité était plus que douteuse, ne permettait qu'à un petit nombre d'élèves privilégiés d'oser en approcher. Ces obstacles n'existent plus. Les travaux si recommandables des Massimino, des Galin, des Wilhem et des Choron les ont fait entièrement disparaître. Les Mystères de la Mélodie et de l'Harmonie, j'entends pour ce qui ne tient qu'au matériel et au technique de l'Art, car le reste n'appartient qu'au génie; ces Mystères, dis-je, n'ont plus rien d'impénétrable; et pour les connaître, il ne s'agit plus que de vouloir les étudier.

Ce qui me paraît surtout inappréciable dans les diverses Méthodes de ces Maîtres habiles; ce qui doit contribuer le plus à rendre la culture de la Musique tout-à-fait populaire, c'est la facilité extrême avec laquelle ils font parvenir à-la-fois, à un très grand nombre d'auditeurs, des notions qui, jusqu'alors, n'étaient communiquées qu'individuellement et d'une manière toujours imparfaite.

L'auteur du *Méloplaste*, par sa nouvelle Méthode, aussi ingénieuse que savamment raisonnée, conduit rapidement ses Élèves à la connaissances certaine de la théorie de la *formation* des sons, ainsi qu'à une pratique sûre de la *lecture* et de la *dictée*. Fidèle à la Méthode analytique, il les exerce moins à *imiter* qu'à *découvrir*, et c'est ainsi qu'il hâte et assure leurs progrès.

Par l'enseignement *simultané* et par les combinaisons savantes de son brillant solfége, M. Choron fait promptement de ses Élèves autant de Musiciens consommés. Pour eux l'Art, en peu de temps, semble n'avoir plus de difficultés, et l'on est émerveillé du goût exquis avec lequel ils exécutent tout ce que les grands Auteurs ont produit de plus délicieux et de plus parfait. Depuis long-temps ce savant Maître, aussi zélé pour l'Enseignement qu'habile dans la composition, s'occupe de l'exécution d'un plan, dont le résultat serait la régénération entière et l'emploi général de la Musique dans nos Églises, et cela d'après les Méthodes des premières Écoles de l'Italie. Dans ce moment, le rétablissement du Culte, qui va avoir lieu dans l'Église restaurée de la Sorbonne, présente une occasion favorable de commencer l'épreuve des essais qu'il a déjà préparés. Des difficultés sur quelques sommes d'argent plus ou moins considérables, qu'il est nécessaire de consacrer à cette œuvre importante, en empêcheraient-elles l'accomplissement? Les Chefs suprêmes du Clergé seraient-ils arrêtés par d'aussi minces considérations? Ne sentirait-on pas assez combien le Gouvernement du Roi Très-Chrétien est intéressé à redonner au Culte tout son éclat et toute sa dignité? Et négligerait-on un moyen si puissant de prêter, dans cette belle Église, à la célébration des Offices, un attrait nouveau, et propre à y fixer la Jeunesse choisie et studieuse qui doit y être appelée (1).

Il serait bien à regretter qu'on laissât échapper cette occasion de profiter du zèle, du savoir et du talent d'un homme aussi capable d'amener à une fin heureuse une entreprise conçue dans des intentions si honorables. De grands avantages me sembleraient devoir en résulter, par la suite, pour nos Jeunes gens des Colléges eux-mêmes. Exercés de bonne heure à apprécier cette Musique noble, simple, élevée et majestueuse, sûrs de la retrouver dans nos Temples, ils n'en voudraient plus d'autre, et dédaigneraient tout ce qui ne tendrait pas, dans cet Art, à l'amélioration des mœurs et à l'expression des plus purs sentimens.

---

(1) Il y aurait peut-être un moyen d'obtenir ces résultats sans des frais bien considérables; il suffirait de changer la direction de l'Etablissement de M. Choron; les frais en sont déjà faits par le Gouvernement. Qu'on lui donne une autre destination. D'après les sentimens qui animent le Directeur, il verra avec plaisir ses Elèves arrachés aux dangers qu'entraîne l'exercice de la *Musique profane*, pour être attachés aux pratiques de la *Musique sacrée*.

Beaucoup plus simple dans ses procédés, non moins profond, peut-être, dans ses conceptions, M. Wilhem remontant aux principes fondamentaux de l'Art, et ne lâchant jamais le fil conducteur d'une analyse exacte, fait arriver d'un pas sûr, les plus jeunes Enfans, aux notions les plus étendues et les plus compliquées. L'étude de la langue Musicale lui offre les mêmes phénomènes et la même division que celle des langues parlées; et, chose remarquable, la meilleure Méthode, peut-être, à suivre pour bien apprendre ces dernières, ce serait de se conformer à la Méthode qu'il indique pour étudier les trois parties du cours musical dont il établit la division suivante : 1° Lire couramment et avec intelligence; 2° Connaître les règles de la construction du langage; 3° Savoir appliquer ces règles aux formes classiques du discours, et discerner les convenances de l'emploi de ces règles et de ces formes quand il s'agit de la pratique; trois parties qui se rapportent précisément pour l'étude classique des langues, à la *lecture*, à la *Grammaire*, à la *Rhétorique*. Jusqu'ici la *durée* et l'*intonation* des sons présentées simultanément à l'intelligence des enfans, les embarrassaient beaucoup et arrêtaient leur marche. M. Wilhem sépare habilement ces deux notions principales, et les leur rend extrêmement faciles à saisir. On s'étonne en voyant avec quelle rapidité, à l'aide 1° de ses *tableaux* si bien gradués, mais dont, peut-être, il eût pu diminuer le nombre; 2° de son *indicateur vocal*, dont l'invention ne peut lui être contestée, et qui donne de si heureux résultats ; 3° de son *escalier diatonique* et de ses *mains mélodiques*, il rend familiers à des enfans les trois exercices de la *lecture*, de l'*intonation* et de l'*écriture*. Ses divers procédés qu'il est parvenu, après bien des travaux, à calquer fidèlement sur ceux de l'Instruction mutuelle, me paraissent présenter les plus grandes facilités pour être appliqués aux établissemens de tous les degrés, et aussi bien aux Ecoles populaires, qu'aux Ecoles supérieures. Parlant, à-la-fois, aux yeux et aux oreilles, cette Méthode rend, pour ainsi dire, matérielles et palpables les notions fondamentales d'un Art dont les principes avaient été jusqu'ici très fugitifs. L'essai qui en a été fait dans un quartier, et sur des Enfans dont les habitudes sont très peu musicales (1), celui qui a été répété et qui se continue au bel Institut de M. Morin, par des enfans de la classe la plus relevée de la Société, ne laissent plus de doute sur les résultats.

Quel serait donc l'aveuglement des Chefs des Colléges et des Institutions de toutes espèces, s'ils continuaient à négliger des moyens si puissans de répandre sur l'Instruction de la Jeunesse le charme innocent que la culture de cet Art porte partout avec elle, et d'ajouter, en France, à la première Education, un agrément et une grâce qui lui ont toujours manqué.

Car, il faut bien qu'on en convienne, le mode d'Education, suivi dans la plupart de nos Etablissemens, a toujours été triste, monotone, peu fait pour donner

---

(1) A l'Ecole primaire de la rue Saint-Jean-de-Beauvais.

et développer les avantages d'une véritable amabilité; il faut qu'il y ait, dans le caractère français un fond de gaîté bien inépuisable, pour que nous ayons pu conserver si long-temps la réputation d'être le peuple le plus gai de l'Univers. Le front de nos Maîtres, et surtout de nos Maîtres subalternes, a rarement l'occasion de se dérider. Rien de gracieux, rien de varié dans leurs occupations habituelles. Peu satisfaits de leur sort, qui ne me paraît pas assez rattaché à l'ensemble du système de l'Instruction publique, et qu'on n'a point environné d'avantages propres à le leur rendre cher et précieux, ils ne voient communément qu'une chaîne pesante dans cette série d'obligations journalières que leur impose la nécessité de maintenir une discipline exacte et sévère. Quand ce n'est pas avec le ton de l'humeur qu'ils s'adressent à leurs Élèves, c'est presque toujours avec celui de l'autorité; et rarement ils ont recours au langage de l'insinuation et de la bonté. Encore moins regarderaient-ils la douceur et la gaîté comme les deux auxiliaires les plus puissans qu'ils pourraient employer. Ils semblent les avoir exilés pour toujours de l'exercice de leurs honorables fonctions, et ils ne voient pas qu'avec elles ils ont banni de leurs asiles le bonheur et le contentement, qu'il serait beaucoup plus facile d'y fixer que généralement on ne le pense.

Aussi, dans les regards inquiets de cette Jeunesse qui les environne, chercheriez-vous inutilement cette empreinte de candeur, de confiance et d'aimable abandon, qui caractérisent les enfans heureux. Je ne sais quoi d'attristant, d'ennuyé, de découragé se manifeste dans l'extérieur de ces jeunes adeptes des Beaux-Arts. S'ils sortent de cet état de langueur, ce n'est fort souvent que pour s'abandonner à l'essor d'une joie impétueuse, bruyante, ennemie de toute mesure, et qui ressemblerait plutôt aux tranports de captifs qui, un instant, ont secoué leurs chaînes, qu'à l'expression d'une véritable gaîté. Il y a plusieurs années, lorsque je signalais les inconvéniens de ce régime peu digne de cette intéressante Jeunesse, et plus propre à l'abrutir qu'à la former, les deux Discours que je publiai alors, furent regardés comme un simple jeu d'esprit; et pourtant les idées m'en ont toujours paru fondées sur les principes d'une vraie Philosophie. J'indiquais les moyens les plus directs, je crois, de porter remède à cette maladie générale qui s'est introduite dans notre Éducation. L'un était l'emploi de la *douceur*, l'autre les avantages de la *gaîté* (1).

Or, quel ressort plus puissant que celui de la Musique pour mettre en jeu ces deux aimables Directrices de l'Education? Il est bien peu de nos Établissemens publics et particuliers, où cet Art ne soit, au moins, parvenu à s'introduire, et n'obtienne de quelques Élèves, un culte plus ou moins suivi. Pourquoi, avec tant de moyens offerts aujourd'hui de toutes parts, ne chercherait-on pas à en rendre l'étude plus générale? Pourquoi n'établirait-on pas dans toutes nos Institu-

(1) Voir à la suite de ce Chapitre, n°s 1 et 2.

tions et Colléges, un Cours commun de Musique vocale élémentaire, qui deviendrait si avantageux pour ceux qui veulent s'appliquer à la Musique instrumentale ? car, il est à remarquer que, loin que ces sortes de Cours et d'Exercices pussent porter préjudice aux Maîtres d'instrumens, ils leur prépareraient, au contraire, un bien plus grand nombre de jeunes Amateurs qui deviendraient bientôt, entre leurs mains, des Exécutans d'une force passable, avant même d'avoir terminé leurs études ; tandis que cela n'a jamais lieu, et que généralement c'est un argent à-peu-près perdu que celui qui, aujourd'hui, est employé à ces leçons.

Regarderait-on comme un inconvénient, que tous les trois mois seulement, un Concert d'Elèves réunis à leurs Maîtres, eût lieu dans une salle destinée aux Exercices communs ? Il ne serait point nécessaire, pour cela, de rien enlever au temps consacré aux autres études, ni de changer quelque chose à l'ordre établi. Les répétitions auraient été faites aux heures accoutumées des leçons de chaque jour, et le Concert se donnerait le Jeudi au moment où l'on est en promenade. Tous les Elèves qui, dans leurs Classes diverses, auraient obtenu les premières places à la dernière composition, et parmi les autres, ceux dont le Chef voudrait récompenser le travail et la bonne conduite, se verraient admis à ces Concerts. Les parens des Exécutans y seraient invités. Les Maîtres, les Professeurs, tous les Fonctionnaires de l'Etablissement pourraient y assister. Ce serait comme une simple réunion de famille. Les Elèves admis aideraient à en faire les honneurs. L'espoir d'y figurer à leur tour serait pour les autres un grand mobile d'émulation. On y ferait la lecture des Devoirs qui, dans l'intervalle d'un Concert à un autre, auraient été notés par les Professeurs comme très remarquables, et surtout on y réciterait les pièces de vers latins qui auraient mérité leurs suffrages ; ce qui remplirait agréablement et classiquement les vides de la séance. L'exposition des meilleurs dessins, des plus beaux morceaux d'écriture plus ou moins richement encadrés, suivant le mérite de l'ouvrage, attirerait les regards et deviendrait un encouragement pour ces parties essentielles de l'Instruction. Les rapports qui s'établiraient entre tous les Membres de ces aimables réunions n'auraient rien que de décent et de gracieux. Notre Jeunesse y perdrait insensiblement sa gaucherie, sa rudesse, son âpreté; elle y prendrait les habitudes sociales, et se formerait de bonne heure à ces manières honnêtes et délicates, qui doivent être un des premiers fruits de la bonne Education.

Qu'on ne dise pas que trop de difficultés s'opposeraient à l'exécution d'un tel projet. Ce qui a été fait est le garant de ce qui peut être fait encore. Je puis citer ce que moi-même, en 1814, j'avais obtenu au Collége de Versailles. Je crois pouvoir rappeler les heureux effets dont avaient été suivis mes essais en ce genre.

Les Bourbons avaient été rendus aux vœux de la France. A leur voix, le bruit assourdissant du tambour avait enfin cessé d'attrister nos asiles. Le régime militaire avait disparu ; mais les mœurs rudes et dures, le ton hautain, séditieux et grossier qui, pour une partie des Élèves, en était la suite nécessaire, régnaient encore parmi un grand nombre. Ils étaient tout étonnés de ne plus retrouver, entre leurs mains, les instrumens de mort au maniement desquels un Gouvernement tyrannique et guerrier exigeait qu'on les exerçât, par anticipation, dès leur première enfance. Je m'empressai d'y substituer les instrumens de l'Harmonie. Je tournai les pensées de ces victimes précoces de l'ardeur des combats, vers l'étude et l'exercice de cet Art qui ne produit que des sensations douces, nobles et agréables. J'appelai auprès d'eux des Maîtres habiles. Mes jeunes et nouveaux Epaminondas se trouvèrent entre les mains de nouveaux Damons, de nouveaux Lampus (1). Bientôt je les vis, avec joie, faire honneur à leurs précieuses leçons. Ceux même qui n'y pouvaient participer, ne laissaient pas que de prendre un très vif intérêt aux résultats, et le premier usage que firent nos Élèves de leur talent naissant, fut de le consacrer à célébrer publiquement le retour des Bourbons, par l'exécution de ces airs chéris, dont le souvenir, malgré trente ans de malheurs, vivait encore dans la mémoire des Français. On ne sortait plus des études, on n'y rentrait plus qu'au son des instrumens. Tous les Dimanches, dans la Chapelle du Collége, des morceaux religieux exécutés avec un soin particulier,

---

(1) Voyez *Cornelius Nepos*, vie d'Épaminondas.

donnaient aux Offices divins un attrait jusqu'alors inconnu, et ouvraient les jeunes cœurs de ces Elèves aux sentimens d'une douce piété. Tout était changé dans les habitudes de cette Jeunesse : la sérénité avait reparu sur tous les visages, la grâce et la décence dans le maintien, la douceur et la politesse dans les manières; et chaque jour je recevais des félicitations nouvelles sur la révolution subite opérée dans l'esprit de tous mes Elèves. Or, à quoi étais-je redevable de ce succès ? Je ne crains point de l'affirmer : c'était en grande partie à une heureuse application de l'étude de la Musique.

CHAPITRE XIII.

DU CONCOURS GÉNÉRAL POUR LA DISTRIBUTION DES PRIX.

Je crois avoir suffisamment démontré la nécessité et l'urgence des différentes améliorations dont j'ai entretenu mes lecteurs. Mais comment espérer qu'elles puissent jamais s'introduire dans l'Académie de Paris, tant qu'on y laissera subsister la cause première et immédiate de la plupart des graves inconvéniens que j'ai signalés; tant que le plus grand des obstacles à tous les perfectionnemens si vivement appelés par les vœux des hommes les plus éclairés, n'aura point entièrement disparu, tant qu'on y maintiendra LE CONCOURS GÉNÉRAL.

Depuis long-temps les cent bouches de la Renommée se fatiguent à proclamer partout ses prétendus avantages. Mais au fond qu'a-t-il produit? Très peu de bien et beaucoup de mal; et c'est de lui, j'ose le dire, que sont sorties comme de la boîte de Pandore, les plaies diverses qui affligent notre Académie. Dans les différentes situations où je me suis vu placé, combien de fois j'ai eu l'occasion de mesurer toute l'étendue de ces plaies funestes, et d'en sonder la profondeur!.... Je regarde donc comme un devoir d'en mettre au grand jour et les causes et les ravages. Il faut que le mal soit bien grand, pour que dès le premier pas je ne me sente pas fortement ébranlé dans une pareille résolution, et pour que je surmonte la répugnance extrême que j'éprouve à remplir la triste obligation que je me suis imposée: car j'ai eu aussi, dans le temps ma faible part de ces triomphes scolaires; la solennité qui s'en renouvelle chaque année, ne peut donc réveiller en moi que d'agréables souvenirs; et je sens, tel est l'empire des impressions premières, que des regrets se mêleront malgré moi aux efforts que je dois faire pour démontrer la nécessité de supprimer cette brillante mais désastreuse institution. D'une autre part, puis-je penser, sans un sentiment de douleur au mécontentement que je vais exciter parmi cette foule d'illustres Lauréats, soit de l'ancienne, soit de la nouvelle Université, pour qui ces premières victoires n'ont été que les avant-coureurs de succès bien plus glorieux encore? « Eh quoi! s'écrieront-ils, avec indignation, ces luttes qui chaque année réveillent en nous les plus douces impressions, et nous en promettaient pour nos enfans de plus douces encore; ces luttes si préconisées comme le mobile le plus puissant des études, comme un garant sûr du zèle et de l'activité des Professeurs et des Maîtres et comme la source de tant de satisfaction pour les Elèves couronnés: elles disparaîtraient du système de l'Education publique!.... Ainsi tant de jeunes rivaux si bien disposés, tous les ans, à se mesurer dans la noble lice ouverte à leur ardeur, n'auraient plus qu'à terminer dans le silence et dans l'oubli, ces Cours d'études commencés avec une perspective et des espérances si différentes!... ainsi on aurait le courage de briser le grand ressort des travaux classiques, et c'en serait fait de l'ÉMULATION!.... »

Qu'on se rassure. Ce n'est pas moi qui m'élèverai contre l'Emulation, cet aliment précieux des bonnes études et de la saine Education, ce puissant véhicule de la Raison et du Génie, ce moyen unique, peut-être, qui reste encore, a dit un homme instruit, de conserver, au sein de la corruption actuelle, quelques traces de vertus parmi les hommes. Certes ce n'est pas moi qui chercherai à éteindre cette passion noble qui n'échauffa jamais que les âmes capables d'élévation. J'espère démontrer bientôt combien il sera toujours facile d'en nourrir et d'en perpétuer le feu sacré dans le cœur de notre intéressante Jeunesse (1). Mais ce que j'attaquerai hautement, ce que tout le monde, selon moi, est intéressé à voir poursuivre à outrance, c'est le fantôme dangereux qu'on a mis à la place du vrai mobile

---

(1) Si l'on veut prendre une idée exacte de l'*Emulation*, et du rôle qu'elle doit jouer dans l'Instruction publique, qu'on lise le Mémoire couronné par l'Institut en 1801 : ce sujet y est traité avec autant de profondeur que de talent. L'auteur (M. Feuillet, Bibliothécaire de l'Institut) en suit les conséquences jusque dans toutes les parties de l'ordre social, et combat victorieusement les paradoxes accrédités par un écrivain célèbre (Bernardin de Saint-Pierre) qui, entraîné par sa trop brillante imagination, a trop souvent abusé de son talent pour soutenir des opinions plutôt singulières que justes, et plus spécieuses que fondées en raisonnement.

des études; ce sont les encouragemens si séduisans, au premier coup-d'œil, mais en même temps si funestes, que donne notre Concours général aux passions les plus capables de dépraver nos jeunes Français, et de les livrer sans défense, à l'empire de la jalousie, de la vanité, de l'orgueil et de la fatale ambition. Car voilà les fruits que, pour eux, ce Concours a constamment fait éclore. Quel que soit le rapport sous lequel on le considère, toujours on le voit portant le plus grand préjudice aux *Maîtres* qu'il entraîne nécessairement dans l'oubli de leurs principaux devoirs; aux *Elèves* dont il altère les sentimens, dont il trouble le bonheur; *aux Etudes*, qu'il détériore; à *l'Université*, dont il compromet annuellement la dignité; *aux parens eux-mêmes*, qu'il abuse. Quelques détails suffiront pour prouver ce que j'avance.

Lorsque le Gouvernement a organisé le Corps enseignant, lorsqu'il a ouvert les Classes où viennent s'entasser, deux fois par jour, cette foule d'Elèves qu'elles ont peine à contenir, son intention n'a point été, sans doute, que les leçons des Professeurs ne profitassent qu'à un très petit nombre de leurs jeunes auditeurs, et que sur les soixante à quatre-vingts Enfans qui, dans la plupart des Colléges de la capitale, composent chacune de ces classes, il y en eût tout au plus huit ou dix sur les progrès desquels on dût compter. Voilà pourtant ce qui a lieu depuis bien long-temps, ce qui fait l'objet des observations les plus fâcheuses sur notre Enseignement, ce dont se plaignent journellement une foule de personnes désabusées, et pourtant voilà ce qui se renouvelle chaque jour, sans qu'on puisse voir encore dans les sages mesures prises depuis peu, un remède véritablement efficace contre cet abus déplorable.

Mais ce qu'il y a de bien remarquable, c'est l'aveuglement extrême de la plupart des Parens. Car ne croyez pas que, pour un chef d'Etablissement, le mérite suprême, à leurs yeux, soit d'assurer à ses Elèves une instruction solide et choisie, de leur inspirer des sentimens religieux, nobles et élevés, de leur donner des habitudes honnêtes et distinguées, des manières faciles et polies, et surtout de les plier au joug de la discipline bien plus par le sentiment du devoir et par l'amour de l'ordre, que par le poids de l'autorité. Non, ce n'est pas tout cela qu'on lui demande : on compte le nombre des couronnes que, chaque année, quelques-uns des Enfans qu'il instruit, auront rapportées du Concours général. Si la moisson de lauriers a été abondante, l'opinion sur l'Education qu'on reçoit dans sa Maison, est établie : on ne s'enquiert pas d'autre chose. Des prix au Concours : voilà donc quel sera le but dominant de ses soins et de ses travaux ; ce sont des prix qu'il demandera à ses Maîtres ou à ses Professeurs; ce sont des prix que ceux-ci réclameront, avant tout, des Elèves confiés à leurs leçons. Mais il est physiquement impossible que les Enfans aient reçu tous, dans une mesure égale, les dispositions qui peuvent garantir les succès. Ce sera donc seulement sur ceux qui donneront des espérances que se porteront presque exclusivement les soins, les préférences, les attentions; tout le reste languira dans un oubli, dans un découragement qui trop souvent empêcheront les plus heureuses dispositions d'éclore et de se développer. Ainsi, cette sollicitude qui était due à tous, ne tombera que sur quelques-uns. Au reste, les Parens en sont tellement convaincus; ils ont si bien pris leur parti sur cet inconvénient manifeste, que ceux qui ne veulent pas que leurs Enfans perdent entièrement le fruit des sacrifices qu'ils font pour leur Éducation, ne balancent point à leur procurer la ressource si douteuse des répétitions particulières; et par là ils ajoutent encore aux gênes qu'ils s'étaient imposées. Mais en est-il beaucoup qui soient à même de recourir à ce dispendieux supplément?.... On parle d'émulation : est-ce ainsi qu'on prétend l'entretenir? Ne voit-on pas qu'on en étouffe jusqu'au premier germe dans les cœurs du plus grand nombre des Elèves ; que, loin d'en étendre l'influence sur tous, ainsi que cela devait être, on la resserre par ces injustes préférences; et que tandis qu'on en exagère les mouvemens dans quelques têtes heureusement organisées, tout le reste devient étranger aux impulsions de ce noble sentiment.

N'accusons point cependant, ni les Chefs des établissemens, ni les Professeurs, de favoriser, de leur plein gré, ces funestes abus. Ils en gémissent les premiers, et je crois connaître assez l'opinion d'un grand nombre d'entre eux, pour ne pas craindre d'affirmer qu'ils béniraient le jour où la cause de ces graves inconvéniens serait détruite. Tous sentent assez combien est contraire au travail et à la surveillance, cette accumulation d'Elèves dont leurs Classes se trouvent surchargées, ils plient avec amertume sous la nécessité de restreindre leurs soins à un trop petit nombre. Mais que faire? Leur réputation s'y trouve intéressée, et par conséquent toute leur existence. Comme ils ne sont jugés ou appréciés que d'après leurs succès au Concours, tous aspirent à en avoir la meilleure part; tous n'ont plus que cet objet en vue, et leurs soins deviennent nécessairement exclusifs.

Mais on pourrait leur dire, qu'en cela même, ils tombent dans la plus grave erreur; qu'ils nuisent aux bons Elèves eux-mêmes, encore plus qu'aux médiocres, et qu'ils s'exposent à manquer le but au lieu de l'atteindre. En effet, il est reconnu que ceux qui composent la tête de chaque Classe, trouvent dans leur goût naturel, dans leurs heureuses dispositions un stimulant assez fort, et qui, pour être entretenu n'a pas besoin d'excitations particulières. C'est la masse entière des Elèves dont il est important de soigner les progrès. C'est le centre qu'il faut sans cesse exciter, animer, encourager. Bientôt il en sortirait d'excellens Sujets dont s'enrichirait le groupe des premiers; et ceux-ci se sentiraient animés d'une ardeur nouvelle, en voyant arriver dans leur rangs, des rivaux dignes d'eux. Autrement, il est nécessaire qu'ils languissent et s'endorment dans une sécurité trompeuse, quand ils sont trop assurés de leur supériorité. Cependant les derniers de la Classe, attirés eux-mêmes par un travail et des soins qui se répandent du centre aux extrémités, se trouvant bientôt élevés à un plus haut degré de force, sentiraient en eux des ressources qu'ils n'y avaient pas soupçonnées. Dès-lors il y aurait bien peu d'Élèves pour lesquels ces attentions prodiguées à tous également, ne produisissent pas quelques résultats avantageux. Mais, je le répète, si le contraire a lieu, gardons-nous d'en faire un crime à nos estimables Fonctionnaires. Il est deux tyrans dans cet univers à l'empire desquels il est bien difficile d'échapper; l'un est l'intérêt et l'autre l'opinion.

Cette dernière, elle-même, comment ne serait-elle pas égarée par l'éclat et la pompe qui accompagnent la Distribution solennelle des Prix? Les Parens ont dû voir dans des succès environnés d'un si grand appareil, le gage de l'existence future de leurs Enfans. Il n'est donc pas étonnant qu'ils mettent une aussi grande importance à ce que ces couronnes brillantes puissent descendre sur des têtes qui leur sont si chères, et cet empressement est bien naturel. Mais que doit-on penser de ces démarches peu mesurées, de ces menées, de ces intrigues, qui, dans l'origine, se reproduisirent si souvent auprès des personnes chargées d'assigner les prix aux vainqueurs? Que dirait-on, si, me reportant à des époques heureusement déjà éloignées, j'exposais les efforts faits par de grands personnages d'alors, pour surprendre les suffrages, ébranler l'impartialité des juges, et faire tomber les couronnes sur les objets de leur bienveillance et de leur protection? Parlerai-je de ces infidélités trop connues pour qu'elles puissent être révoquées en doute; de ces soustractions de copies, moyen si facile d'écarter des rivaux redoutables ; De ces discussions orageuses élevées entre les Chefs des Établissemens, se disputant avec une ardeur acharnée, ces prix auxquels ils voyaient attachés toute leur gloire, toute leur renommée. J'aurais encore trop à m'étendre si je faisois mention des moyens employés quelquefois par les Chefs des Établissemens soit particuliers, soit publics, pour s'emparer de Sujets connus déjà par leurs succès, et pour les ravir aux maisons rivales. Je dois le dire : ces diverses prévarications, depuis quelques années, sont devenues bien plus rares. Mais il a suffi que quelques-unes aient été une fois constatées, pour qu'on ne puisse empêcher que d'injustes soupçons et des défiances injurieuses ne planent constamment sur ceux qui tiennent la balance de tous les jugemens de ce genre.

Une grande partie de ces inconvéniens ont enfin presque entièrement disparu, il est vrai ; et ce serait oublier ce que l'on doit de reconnaissance au Chef de cette Académie, que de ne pas déclarer qu'aujourd'hui toutes les mesures sont prises pour qu'il soit bien difficile qu'on les voie se reproduire. Mais tant de précautions si étendues et si multipliées et si minutieuses, et en même temps si pénibles pour les fonctionnaires, que sont-elles en elles-mêmes, sinon une preuve éclatante de l'existence du mal, et un mal nouveau ajouté à celui que nous signalons ? Ne voit-on pas en effet quelle influence fâcheuse elles doivent avoir sur les dispositions des Élèves envers leurs Guides ? Ne tendent-elles pas directement à détruire dans leur esprit toute considération pour eux? Quelles idées se formeront-ils de la délicatesse, de la probité de leurs Maîtres, si tant de soins sont nécessaires pour s'en assurer; et comment ceux-ci, dont le soupçon ne devrait pas même approcher, ne repousseraient-ils pas de toute leur force et avec une sorte d'indignation cette foule de mesures qui les dégradent et les avilissent. Que ces inconvéniens particuliers aient été singulièrement atténués, j'en conviens encore : mais qui pourra assurer que jamais on ne les verra renaître? Quelle est donc la nature d'une Institution qui laisse toujours de pareilles craintes; qui, pour être soutenue, demande à être continuellement étayée de toutes parts; et qui ne peut manquer de s'écrouler, dès que la main attentive et vigoureuse qui la maintient, se sera retirée?

Je n'insisterai pas davantage sur le préjudice que l'Institution du Concours porte aux Maîtres. La seule considération de son influence fâcheuse sur le sort des Élèves, me semble bien plus puissante encore pour en faire sentir tout le danger dans l'Education publique. En créant le Concours, le but qu'on s'était proposé avait été d'exciter et d'entretenir dans les nombreux Colléges réunis sous l'Administration de l'Université de Paris, une noble Emulation qui devait tourner au plus grand bien des études : delà cette espèce de pompe qu'on s'empressa de mettre dans la Distribution générale des prix. Cependant, avant la Révolution, où la plupart des abus que j'ai cités et ceux que j'ai à citer encore existaient déjà, parce qu'ils sont inhérens à la nature même de l'institution, avant la Révolution, dis-je, on était bien loin de donner à cette distribution l'éclat exagéré qu'elle a reçu depuis. Elle n'avait point encore franchi le cercle des relations classiques, on y mettait plus de gravité et surtout plus de simplicité; on n'y voyait point figurer à côté des hommes les plus distingués en talens et en dignités, un public léger, avide d'impressions et d'émotions nouvelles. C'était une fête de famille toute universitaire, et à l'exception des Membres vénérables des Cours royales qui, par leur présence, ajoutaient beaucoup à la dignité de cette cérémonie, il s'y trouvait très-peu de personnes étrangères aux Travaux scolastiques.

Depuis, on n'a pas songé assez que les individus sur lesquels devaient tomber les Récompenses qu'on y distribue, n'étaient encore que des Enfans et des Adolescens; on n'a pas vu qu'il y avait du danger à étendre, comme on l'a fait, le puissant mobile de l'émulation au-delà des bornes dans lesquelles il doit être contenu, parce que c'était lui donner une extension qui n'est plus en rapport avec les idées et les habitudes de cet âge. Aussi qu'est-il arrivé? Dès que ces jeunes Elèves se sont vus les objets des regards de ce que la société réunit de plus imposant et de plus remarquable, leur âme s'est trouvée trop fortement ébranlée; ce n'a plus été le sentiment de l'Emulation qui en a remué doucement les ressorts; c'est l'ambition qui s'en est emparée avec violence, et qui s'est attachée toute entière à sa proie; dès-lors tout a été perdu. Car dès ce moment s'était éveillée en eux la plus terrible et la plus anti-sociale de toutes les passions. A sa suite ont apparu l'envie, la jalousie, les rivalités, les inculpations calomnieuses et les intrigues, son cortège ordinaire. Bientôt ces passions haineuses, injustes et turbulentes ont exercé leur ravage accoutumé; passant d'un Cours à l'autre, circulant dans les Institutions, dans les Colléges, elles ont tout divisé, tout dénaturé, et chaque année on a vu se renouveler ces scènes affligeantes qui, dans l'enceinte où se faisait la distribution, ont attristé si souvent les amis de l'ordre et de la Jeunesse.

Il faut cependant en convenir, au milieu de ces désordres, une vive et douce satisfaction, une joie commune aux familles, et qui a, pour les assistans, quelque chose de communicatif, un doux contentement qui contribue à entretenir l'illusion générale, ne laisse pas d'être le partage des jeunes Lauréats. Mais voyez d'un autre côté quels vifs mécontentemens fermentent sourdement dans les cœurs de ceux dont les espérances ont été déçues! Quelles préventions ils affectent contre des jugemens dictés pourtant par la plus stricte impartialité! Quel mépris ils osent manifester pour des décisions qui ne leur ont point été favorables! Remarquez cet esprit d'injustice et de dénigrement qui les domine, qui va leur faire oublier ce qu'ils doivent de reconnaissance à ceux qui les ont formés, ce qu'ils doivent d'estime à des Rivaux qui n'ont envers eux d'autre tort que d'avoir été plus heureux dans la lutte!

Mais ces derniers eux-mêmes, dans quel enivrement les a jetés ces brillans succès! A quel point leur jeune orgueil se trouve exalté ! quels sont les objets le plus au-dessus de leur portée auxquels désormais ils n'aspirent d'atteindre ? Jeunes infortunés ! il est encore loin le jour où ils iront prendre leur rang dans cette Société dont ils croient avoir déjà fixé l'attention, et dont l'aspect anticipé a fasciné leurs regards; et cependant, éblouis par leurs premiers triomphes, aveuglés par leurs prétentions, ils pensent avoir acquis un droit exclusif à toutes les préférences. Etonnés, si elles ne leur sont point accordées au gré de leur impatience, bientôt ils traiteront de marâtre cette Patrie qui a protégé leur Enfance; ils maudiront cette Université qui les a instruits et élevés; ils accuseront ce gouvernement que pourtant ils ne connaissent encore que par ses bienfaits, et plus d'un ingrat va tourner peut-être contre le Souverain lui-même, les moyens d'existence qu'on ne lui avait ménagés que pour le servir, les armes qu'il n'avait reçues que pour le défendre.

Ainsi, dans l'âge de la candeur et de la simplicité, dans l'âge des sentimens doux et désintéressés, au sein de ces asiles, où ils devraient achever paisiblement l'apprentissage de la vie, vous les voyez déjà étrangers à toute espèce de contentement. Une soif ardente de distinctions les dévore. Ils s'agitent, se tourmentent, en proie à toutes ces passions violentes qui portent tant de désordres dans la Société, et qui troublent ce monde brillant dont les applaudissemens ont retenti trop tôt à leurs oreilles : triste résultat de cette gloire prématurée dont les illusions environnent avant le temps une Jeunesse trop avide de succès.

Mais j'entends vanter les effets merveilleux du Concours, relativement aux études. Qui ne sait, dira-t-on, que c'est à lui que l'Académie de Paris doit la supériorité qui la distingue, et n'est-il pas certain que c'est le Concours qui a contribué de la manière la plus efficace à l'accroissement et à la perfection de l'Enseignement? Je le nie; et d'abord je demanderai que l'on administre les preuves des améliorations sensibles qui auraient été les suites immédiates de la création du Concours Je demanderai ensuite s'il est bien démontré que les Hersan, les Marin, les Grenan, les Gobinet, les Rollin, les Crevier, les Coffin, les Baudory, les Gibert, les Lejay, les Commire, les Vanière, les Jouvency, les Rapin, les Larue, les Lebeau et tant d'autres aient été, sous le rapport des talens classiques, inférieurs à tous ceux qui leur ont succédé; et pourtant le Concours n'existait pas du temps où ces maîtres si distingués faisaient la gloire de l'Instruction publique. Où sont, d'une autre part, ces perfectionnemens qu'on dit être l'ouvrage du Concours? Certes, la série de réflexions que j'ai cru devoir présenter jusqu'ici, et dont cet ouvrage est l'objet, fournissent assez de preuves contre l'existence de ces prétendues améliorations. Combien d'autres observations pourront confirmer toutes celles qu'on a déjà parcourues! Par exemple, si dans chacune de nos Classes, la plus grande partie des Élèves se trouvait en état de répondre avec intelligence, avec précision et exactitude, sur les divers objets de leur Enseignement; si le plus grand nombre des devoirs, sans être tous de cette force qui annonce le germe du talent, présentaient du moins les traces d'une connaissance suffisante, et d'une juste application des règles du langage et du style, et surtout un emploi constant de celles du bon sens, on pourrait croire alors aux heureux effets d'une émulation excitée et entretenue par la perspective de ces palmes si desirées et si vantées.

Mais, dans le cours de nos examens, rencontrons-nous ces heureux résultats? hélas! combien il s'en faut! C'est beaucoup lorsque, sur soixante Élèves, dix ou douze paraissent avoir profité des leçons du Professeur; le reste est constamment et visiblement bien au-dessous de la moyenne proportionelle d'instruction que suppose la dénomination numérative des Classes; je veux dire que si dans *la Troisième*, par exemple, les six ou sept premiers Elèves prouvent qu'ils sont à-peu-près à la hauteur des connaissances que comporte cette Classe, tout ce qui vient après eux, et surtout les Elèves du centre et de la queue, seraient bien loin de pouvoir lutter avec avantage contre les premiers de la *Cinquième*. Or, je le demande, si le Concours produisait les admirables effets qu'on lui attribue, ne serait-ce pas dans un sens tout-à-fait inverse qu'aurait lieu la proportion des bonnes aux mauvaises compositions?

Je suis loin de contester la supériorité de l'Académie de Paris, sous tous les autres rapports. Mais sous celui de l'Enseignement de toutes les Classes, cette supériorité est-elle bien démontrée? et MM. les Inspecteurs-généraux n'auraient-ils pas plus d'une réponse à faire à cette question? Quant à nous, tous les ans nous présidons à la correction des copies du Concours. Depuis cinq ans, nous avons vu passer successivement sous nos yeux, jusqu'à la Rhétorique exclusivement, ces Devoirs que l'on couronne avec tant d'éclat, et à si grands frais, et nous croyons être à portée d'avoir une opinion arrêtée sur ce sujet. A combien de réflexions amères ont quelquefois donné lieu les résultats pitoyables de tant de gênes, de tant de soins, et d'un si grand étalage!....

Mais quoi! irai-je dévoiler cet humiliant mystère? Faut-il que je mette au grand jour les preuves de cette dégradation réelle des Études, dont nous suivons avec douleur les progrès chaque année, et qui ne peut être attribuée qu'à ce funeste Concours?... Oui, il le faut, puisque le mal n'est pas encore sans remède; oui, je dois arracher le voile qui couvre la triste vérité, il faut que ces illusions qui, depuis trop long-temps épaississent le bandeau sur les yeux de quelques Chefs, comme sur ceux du public, soient dissipées enfin, et je tiens à honneur d'être des premiers à détruire le prestige.

Qu'on apprenne donc ce qui n'est ignoré que de ceux qui ne sont point au fait de l'organisation de nos Ecoles. Sur les soixante à quatre-vingts Elèves qui composent la plupart des Classes de nos Colléges, six seulement, par division, peuvent être envoyés au Concours général. La réunion des Concurrens forme un ensemble de quatre-vingts, à-peu-près, à cause du dédoublement des classes. Quelle quantité de Devoirs excellens et très remarquables va éclore de ce choix d'Élèves distingués par leurs progrès et par leur travail de l'année, et pris dans un si grand nombre de condisciples, qui tous ont dû recevoir un si bon enseignement! Quel sera l'embarras des Examinateurs pour assigner les rangs et pour prononcer entre tant de morceaux si parfaits! Voilà l'idée qui se présente d'abord. Quel fut mon étonnement, lorsqu'appelé pour la première fois à présider ces examens, je trouvai que le nombre des compositions dignes d'être citées pour la rédaction et pour les connaissances qu'elles annoncent généralement, ne s'élève pas, dans chaque division, au-delà de deux ou trois au plus! Huit ou dix autres copies, souillées souvent par les fautes les plus grossières, se disputent *les accessit*, le reste n'est pas supportable; et je pourrais, à cet égard, attester ici un bon nombre de mes Collègues. Combien de fois, dégoûtés par l'imperfection générale de ces sortes de Devoirs, n'ont-ils pas délibéré entre eux, s'ils ne demanderaient pas qu'il ne fût point accordé de prix! On sera moins surpris de ces résultats, si l'on fait attention qu'au mode d'Enseignement, dont j'ai relevé les défauts, se joignent encore tous les inconvéniens qu'entraîne nécessairement ce Concours.

Je faisais voir tout-à-l'heure, comment l'espèce d'obligation où se trouvaient les Professeurs, de négliger les masses de leurs Elèves, portait préjudice à tous, et même aux premiers de leurs Classes. Mais voici qui est bien plus funeste encore aux Etudes, et qui en peut expliquer l'affaiblissement sensible. A l'époque où le Concours approche, ce n'est pas assez que les Professeurs s'occupent exclusivement de leurs Elèves d'élite ; un travail supplémentaire, en sus de la tâche générale, est encore imposé à ces derniers, dans quelques établissemens, sous le titre de conférences. Ici se présente une réflexion toute naturelle : ou la tâche ordinaire, indiquée par les réglemens, n'est pas suffisante et ne remplit pas convenablement les heures du jour, et dès-lors, l'objet des Statuts est tout-à-fait manqué, et il faut s'empresser de remédier à cet inconvénient; ou bien le travail est distribué comme il doit l'être, de manière à ce qu'aucun instant ne soit perdu. Pourquoi donc alors surcharger inutilement les bons Elèves d'un surcroît d'occupations, qui ne peut que nuire à leur santé, sans ajouter beaucoup à leurs progrès?

Mais ce n'est pas tout encore. Dans ce petit groupe d'aspirans à la couronne classique, sur qui se réunissent uniquement tous les soins, tout l'intérêt des Maîtres, il en est qui ont manifesté un goût plus particulier pour telle faculté que pour telle autre. On se gardera bien alors de les lui faire suivre toutes avec la même intensité. Il ne s'appliquera plus qu'à celle dans laquelle il fait espérer quelque succès. Or, pour peu que cela se pratique dès la *Quatrième*, où se trouvent déjà les quatre facultés, le Thème, la Version, le Grec et les Vers ; voilà tel Elève qui, s'il eût été soutenu et encouragé par une instruction sagement coordonnée, aurait pu suivre d'un pas égal toutes les parties de l'enseignement, le voilà, dis-je, condamné par ce calcul que je ne veux pas qualifier, à ne plus sortir du cercle étroit dans lequel il a plu au Professeur de circonscrire le développement de son intelligence.

Cependant le Professeur d'Histoire ne peut manquer d'avoir aussi ses prétentions aux succès. D'ailleurs le Chef de l'établissement ne laisserait pas son zèle se refroidir. Il faut donc qu'il fasse un choix parmi ses Elèves, et qu'il s'empresse de distinguer ceux qui lui promettent de réussir; et voilà cet Enseignement également compromis et rendu à-peu-près nul pour la généralité des Elèves; voilà nos jeunes Historiens mis à part, trouvant un attrait particulier dans ce travail assez facile en lui-même, lisant, compilant, rédigeant de volumineux extraits, et se livrant à cette étude avec une ardeur exclusive qui leur fait négliger toutes les autres parties. Mais pourquoi ne pas avoir recours à d'autres moyens plus simples encore, de s'assurer dans cette Classe la totalité des couronnes? en voici un que je proposerais: « Messieurs,
« pourrait dire au commencement de l'année, à ses
« jeunes auditeurs, le Professeur d'Histoire : sur les
« soixante Sujets qui composent cette Classe, six seu-
« lement, vous le savez, peuvent être admis au Con-
« cours. Il devient bien essentiel pour l'honneur de
« l'établissement, pour celui de la Classe, et pour
« votre Professeur, que les deux seuls prix accordés
« soient obtenus dans votre division. Or, voici le
« moyen infaillible d'arriver à ce but. Que les six
« plus forts d'entre vous se partagent également les

« matières qui vont faire l'objet de ce Cours; que cha-
« cun des six ne s'applique qu'à savoir exclusive-
« ment, mais à fond, mais imperturbablement la
« partie qui lui sera échue; il est impossible que, dans
« la série des questions qui sont proposées au Con-
« cours, deux d'entre les six désignés et admis aux
« compositions, ne rencontrent pas les parties d'his-
« toire sur lesquelles ils se seront particulièrement
« exercés ; et vous voyez que par ce moyen les prix
« ne peuvent nous échapper..... » Je m'arrête, car je
craindrais qu'on ne me prît au mot et qu'on ne vînt à
regarder cet avis comme donné sérieusement. Mais je
laisse au lecteur à tirer les conséquences.

Dans le Cours de Philosophie nous allons retrouver les mêmes inconvéniens. Mais ici la position des Elèves est encore plus fâcheuse : le Professeur de Mathématiques veut avoir des prix; celui de Philosophie n'est pas disposé à en céder sa part, et cependant nos Statuts imposent l'obligation de suivre, dans la même année, les deux cours à-la-fois. Tirés dans deux sens opposés, vers lequel les Elèves se tourneront-ils de préférence ? Il faudra bien qu'un accommodement lève la difficulté. Ceux qui auront pour les Mathématiques des dispositions telles qu'on puisse compter sur eux au Concours, suivront le Cours de Philosophie, mais seulement pour la forme, afin de satisfaire au réglement, *et vice versa*. Mais que devient alors pour ces Elèves l'entier accomplissement du plan des Etudes secondaires? Que devient aussi leur santé, lorsqu'animés d'une noble ardeur, et, poussés par une grande activité, ils prétendent ceindre la double couronne, et suivent par conséquent les deux Cours à-la-fois? Voyez-les aussi à la fin de l'année classique, pâles, défaits, épuisés de fatigues, le sang échauffé, dégoûtés d'un travail excessif, et ne soupirant qu'après le repos absolu des vacances. Comment ne sentirait-on pas quels coups funestes tous ces abus portent chaque année à l'ensemble des études? Qui ne voit tous les dangers d'un travail aussi peu ménagé, et détourné si malheureusement de son véritable objet? Il fatigue les Maîtres, il excède les Elèves, il nuit à l'heureux développement des facultés physiques et morales, et par son intensité même, il fait manquer le but qu'on s'était proposé. Car ces connaissances, acquises avec trop de rapidité, entassées sans choix, sans mesure, et rarement présentées avec ordre, et avec la progression nécessaire, ne laissent rien d'arrêté dans ces jeunes esprits. Cette culture hâtive, cette éducation en serre chaude n'amènent aucun fruit à sa juste maturité; la rectitude du jugement, la correction du langage, la pureté du goût, la solidité des connaissances ne s'improvisent pas. Toutes ces qualités ne seront jamais que l'ouvrage du temps, des bonnes méthodes et de la méditation. Nos Professeurs devraient se souvenir davantage de la comparaison du vase à longue et étroite embouchure; on ne l'emplit qu'en y versant avec précaution, et presque goutte à goutte, la liqueur qu'il doit contenir. « L'esprit, dit ingénieusement Plutarque, est comme les plantes; elles prospèrent quand on les arrose suffisamment, elles languissent et meurent quand on les inonde; de même l'esprit acquiert des forces nouvelles par un travail modéré, il s'éteint, consumé par un travail excessif. (1) ».

Cependant l'époque de la grande lutte à laquelle on fait tant de sacrifices, est arrivée; les jours de combat sont fixés. Comme tout s'agite dans l'Université! quel dérangement général dans l'Administration! quelle série de corvées pour les Fonctionnaires! Je ne m'étendrai pas sur les embarras de toute espèce qu'entraînent et la réunion des jeunes Athlètes, et la surveillance qu'elle exige, et la difficulté de trouver ou d'imaginer des sujets de composition bien appropriés à chaque Classe, et la crainte que ces matières ne plaisent pas aux Elèves, ou ne prêtent à quelqu'allusion dangereuse ; car on peut se rappeler qu'on a vu plusieurs fois les Concurrens rejeter les sujets de composition par le seul motif qu'il n'étaient point en conformité avec leurs idées.

Je ne parlerai pas non plus des sacrifices pénibles qu'entraîne la correction des Devoirs. Tout cela serait peu de chose, si le but ou la fin de tant de gênes était le plus grand bien des Elèves. Qui de nous, en effet, reculerait devant les épreuves les plus difficiles, dès qu'il s'agirait des intérêts et du bonheur de la Jeunesse ?

Mais oublierai-je de dire que tous les Professeurs sont obligés de partager ces travaux ? Il faut donc qu'ils soient enlevés à leur tâche journalière; il faut

(1) Plutarque. *Traité sur l'Education des Enfans.*

que chacun d'eux, pour six de ses Elèves admis à concourir, abandonne tous les autres à un Remplaçant qui, très rarement, est au fait de la tenue des Classes; et j'ai pu savoir quel est l'embarras des Proviseurs à cette époque. Les Etudes se trouvent en quelque sorte suspendues, et sont presque nulles, puisqu'à dater du jour où le Concours est ouvert, les Professeurs étant tour-à-tour nécessairement absens, les leçons ne peuvent plus être données avec suite; de sorte que tout languit dans l'Enseignement. Six grandes semaines se passent ainsi! six semaines presqu'entièrement perdues, sur les douze mois de l'année!.... près d'un sixième!...., et si l'on y joint les six autres semaines des vacances, voilà les Cours de chaque Classe tronqués, et le quart du travail entièrement sacrifié. Or, que ces momens précieux soient rendus à des Etudes suivies, qu'il en soit fait une juste et heureuse distribution, on verra alors si ce serait une chose si difficile que d'admettre les divers objets d'Enseignement que j'ai notés comme formant un grand vide et un véritable *déficit* dans le plan général de notre Instruction et de notre Education.

Enfin le jour approche, où les noms des Athlètes vainqueurs vont être proclamés dans une solennité imposante. Mais voici bien d'autres embarras. Quiconque occupe un poste un peu éminent, prétend avoir une place à l'auguste cérémonie. Il faut s'occuper du soin d'y pourvoir. Une foule de curieux et d'oisifs veulent y assister aussi. Que de précautions à prendre pour écarter les indiscrets, et surtout pour en éloigner ces hommes qui épient toutes les occasions d'exciter du trouble et de causer du scandale. Déjà des bruits sourds circulent de tous côtés, et vont porter l'inquiétude dans le sein des premiers Chefs de l'Université.

Cette Jeunesse, pour qui l'on s'est donné tant de peine, ose manifester des intentions hostiles. On l'excite à l'oubli du respect qu'elle doit à ses Guides, et même à l'honorable Assemblée qui vient applaudir à ses triomphes. Elle se prépare à exercer, par des démonstrations bruyantes et tumultueuses, un droit d'approbation ou de blâme, dont elle ne devrait pas même avoir l'idée. Que de soins se donnent les Chefs d'établissement pour prévenir toute scène désagréable; pour empêcher que les écarts orageux de ces jeunes rivaux réunis ne soient portés jusqu'à l'oubli de toutes les convenances! Si depuis plus de quinze ans, ces désordres ne s'étaient pas renouvelés, à chaque époque, sous les yeux de l'Université, et d'un public aussi choisi que nombreux, je me garderais de rappeler tous ces fâcheux excès. Mais quel moyen de les dissimuler! N'ai-je pas vu les hommes les plus distingués par leurs profondes lumières et par leurs hauts talens, les dépositaires de l'Autorité suprême, les Chefs de la Magistrature, ceux de l'Université, ne pouvoir se défendre d'un sentiment de surprise mêlée d'inquiétude, lorsqu'ils mettaient le pied dans la salle de distribution des prix, où ils étaient exposés à être accueillis par les huées d'une Jeunesse égarée. J'en ai vu se troubler devant cette tourbe de jeunes Étudians exaltés par de perfides influences, ou étourdis par cette sorte d'importance qu'on attache à ce qui concerne cette solennité. On leur persuade que tout leur est permis ces jours-là ; et trop souvent ils ont oublié que ce qui honore le plus la Jeunesse, en pareille circonstance, c'est l'expression d'une vénération profonde pour ceux que leur rang, leur âge, leurs services et leur expérience rendent si dignes de tous ses hommages. Cette année même encore, où, pour la première fois, s'ouvrit cette salle superbe préparée, à la Sorbonne, par les soins du Chef de l'Académie, sait-on ce qui aurait pu arriver, si le Prélat, appelé par le choix du Monarque à régler les destinées de l'Université, n'eût su faire sentir à ces jeunes esprits, par une contenance aussi noble que modeste et par une éloquence entraînante, tout l'ascendant du talent et tout l'empire de la vertu (1).

Cependant, l'instant est arrivé où les Élèves de chaque division, qui doivent leur triomphe sur leurs rivaux, souvent à une inspiration heureuse du moment, plutôt qu'au mérite d'un travail soutenu, s'a-

---

(1) Le lecteur n'oublie pas que cet écrit fut composé, comme je l'en ai averti page 1re, dans l'année 1821 à 1822. Depuis, une nouvelle distribution a eu lieu dans le même local. L'ordre et la tranquillité la plus parfaite ont régné pendant toute la séance, et la manière décente dont les Élèves se sont comportés fait voir qu'il suffirait de prendre des dispositions convenables pour rendre cette intéressante jeunesse à des habitudes qu'elle ne quittait que par une influence étrangère. Je sais quel parti on peut tirer de ce fait contre mes diverses assertions ; je desirerais qu'il pût répondre à toutes, et anéantir tout ce que j'ai avancé sur la nature de cette Institution.

vancent, en présence des premiers Dignitaires de l'État, et viennent recevoir la couronne des mains du Chef suprême de l'Instruction publique, environné de toute la pompe universitaire, et entouré de tous les Fonctionnaires du Corps enseignant! Vous qui connaissez ce qu'il y a de réel sous ce brillant appareil, quel sentiment pénible n'éprouvez-vous pas en songeant combien la joie qui, dans ce moment, transporte les tendres Mères et les Pères enchantés, est souvent illusoire et peu fondée! Les plus douces espérances s'éveillent au fond de leurs cœurs, et embellissent, à leurs yeux, l'avenir de ces Enfans, que la gloire semble déjà adopter comme ses Favoris et qu'elle environne de ses prestiges. Que de succès plus importans encore leur promet ce début dans la carrière! Déjà leur esprit trace en espérance, pour ces êtres si chers, un plan de bonheur, dont leur orgueil est aussi flatté que leur tendresse. Mais, hélas! qu'il faudrait peu de chose pour dissiper, en un instant, ces innocentes illusions! Il suffirait de mettre au jour la plupart des compositions qui ont valu à leurs Enfans des succès si préconisés. Quelques-unes, sans doute, font concevoir les plus flatteuses espérances. Mais combien d'autres sont au-dessous du médiocre! Quel sujet aussi n'aurait-on pas de s'étonner en voyant à quoi a tenu quelquefois le bonheur d'être placé au premier rang des vainqueurs! En effet, les plus fâcheux mécomptes déconcertent presque toujours les espérances des Professeurs et des Parens, et bien rarement les prix sont le partage des Élèves qui s'en sont montrés le plus dignes dans le cours de l'année. Mais on cessera d'en être surpris, si l'on fait attention que les Elèves les plus adonnés au travail et les plus habiles, arrivent aux compositions déjà excédés par des études forcées. L'importance qu'ils sont obligés de mettre au succès, trouble leurs idées, dérange en eux le physique comme le moral ; et généralement dans cette épreuve décisive, on ne voit pas les bons Elèves développer dans leurs rédactions la même supériorité que dans le cours de l'année. Aussi est-il un fait qu'une longue expérience a constaté, c'est que les Enfans qui, dans les Colléges, sont dans l'usage de recueillir chaque année, au Concours général, la plus ample moisson de lauriers classiques, deviennent assez rarement, dans le Monde, des hommes supérieurs.

Ainsi, comme on le voit, les Parens eux-mêmes mieux instruits, se verraient intéressés à réunir leurs vœux à ceux que nous formons pour la destruction de ce Concours général qui les trompe, qui les berce de vaines espérances, et qui, sous l'apparence d'un bien plus que douteux, peut causer un mal réel, et devenir funeste aux objets de leur tendresse, par les idées fausses qu'il dépose dans leur esprit, par les impressions décevantes dont il exalte leur orgueil.

Après d'aussi hautes considérations, je ne sais si je dois parler de la perte de temps trop considérable que les préparatifs, les écritures, les dispositions qui précèdent et qui suivent, entraînent à cette époque, pour tous les Employés et pour les Chefs de l'Administration universitaire. Cet inconvénient est facile à reconnaître, et l'on conçoit comment les affaires, souvent les plus urgentes, sont soumises aux retards les plus fâcheux. Encore moins dois-je attirer l'attention des lecteurs sur les dépenses assez fortes auxquelles ce Concours donne lieu tous les ans (1). Lorsqu'il s'agit d'intérêt public, je ne pense pas qu'une aussi mince considération mérite qu'on s'y arrête. J'ai toujours gémi sur l'esprit de parcimonie, qui, chaque année, se manifeste à la Chambre des Députés, quand il s'agit du Budget de l'Instruction publique. On ne sait pas combien d'améliorations précieuses ont été arrêtées tout-à-fait, ou n'ont pu obtenir une entière exécution, par suite de cette disposition funeste, où l'on est généralement, de mettre, en quelque sorte, au rabais l'Education, cet objet si important, et qui doit décider du sort des Familles et de l'État ? Je ne citerai, en passant, qu'un seul fait. Il n'est personne qui ne reconnaisse combien est funeste à l'Instruction et à l'Éducation des Enfans, cette accumulation d'Élèves qui, se trouvant entassés dans un grand nombre de nos Classes, insuffisantes pour les contenir, présenteront toujours un obstacle insurmontable à la surveillance des mœurs, à la direction facile des esprits, à une égale et juste répartition des soins des Professeurs. Quelques additions légères au Budget mettraient l'Administration à même d'élever, dans Paris, un nombre de Colléges plus proportionné aux besoins de la population. Il ne serait pas nécessaire d'ériger des

---

(1) Vingt-deux à vingt-trois mille francs.

Colléges à pensionnat : de simples bâtimens, propres à contenir toutes les Classes que comporte l'Instruction secondaire, n'exigeraient pas l'émission de sommes bien considérables. On trouve toujours si aisément des fonds disponibles pour des objets d'un intérêt bien inférieur !... Mais quel espoir d'obtenir l'exécution de cette mesure salutaire, quand c'est presque à regret qu'on accorde les sommes absolument nécessaires pour maintenir ce qui existe !... Je reviens aux frais qu'exige le Concours, et je dis que l'Université ne pourrait que gagner beaucoup, sous le rapport économique, à ce qu'il fût supprimé, et que l'argent qu'elle y emploie pourrait être facilement consacré à un meilleur usage.

Tant d'observations réunies, tant de faits constatés, tant d'inconvéniens désignés, sans compter tous ceux qu'on pourrait indiquer encore, me semblent présenter des motifs déterminans pour hâter la suppression d'une Institution que je crois aussi dangereuse qu'inutile. La plupart des Chefs les plus distingués de l'Instruction publique, les Fonctionnaires qui n'ont point un intérêt particulier à la soutenir; les Professeurs qui ont le sentiment de leurs devoirs, et qui aspirent à les remplir librement et dans toute leur étendue, les Pères de famille éclairés sur les vrais intérêts de leurs Enfans, tous depuis long-temps ont devancé ce vœu, tous applaudiront aux mesures qui tendront à opérer cette réforme essentielle, et j'oserais assurer que je ne suis ici que l'interprète de l'opinion la plus commune. Parmi tous les objets qui me paraissent mériter de fixer plus particulièrement l'attention du sage Prélat qui préside aux destinées de l'Instruction publique, il s'en présente peu de plus importans. Cette amélioration doit décider de toutes les autres : à elle seule se rattache, ainsi qu'on a pu s'en convaincre, le succès des divers perfectionnemens que j'ai proposés et qui dès-lors, n'offriront plus de difficultés. Mais plus on tardera à se prononcer sur cette question décisive, plus le mal s'accroîtra, et bientôt, il sera sans remède (1).

Sans doute, de puissantes réclamations s'élèveront de toutes parts contre une mesure qui romprait de si longues habitudes, et détruirait tant d'illusions. Ces hommes aux yeux desquels il suffit qu'une chose ait reçu la sanction du temps, pour qu'elle leur semble avoir aussi le sceau du bon et de l'utile, regarderaient une telle suppression comme l'atteinte la plus funeste qu'on pût porter aux Etudes, à l'ardeur des Elèves, au zèle et à l'activité des Maîtres. Je crois avoir assez démontré que ce serait tout le contraire qui en résulterait. Mais, diront-ils, puisque vous ne prétendez point anéantir l'Emulation, ce grand mobile des travaux du jeune âge, que mettrez-vous donc à la place de ce Concours qui donnait aux esprits une si merveilleuse impulsion? La réponse est facile. Les prix des Colléges existent; d'autres mobiles ne sont plus nécessaires. La distribution de ces prix se fait avec une solennité qui ne manque point d'éclat; mais cet éclat ne passe pas,

---

(1) Voir à la suite de ce Chapitre, n° 1, l'extrait de l'écrit d'un Professeur de l'ancienne Université.

il est vrai, les bornes des convenances. Que si on ne la trouvait point assez brillante, qui empêcherait qu'on y ajoutât encore? Mais c'est là, là seulement que se trouvent tous les élémens d'une Emulation véritable, suffisante et sans danger. Là les triomphes n'ont rien que de flatteur, parce qu'on est sûr qu'ils sont mérités. Ils sont le résultat, non d'un instant d'heureuse inspiration, mais du travail constant de l'année, et la couronne posée sur la tête du vainqueur, presque toujours y a été placée d'avance par les suffrages de ses rivaux eux-mêmes. Les palmes, ainsi obtenues, sont d'autant plus dignes d'une haute estime, que les titres qui donnent la victoire sont tout-à-fait incontestables; car ici la Fortune n'a qu'un bien faible empire à exercer, et l'on est entièrement à l'abri des circonstances hasardeuses qui, au Concours général, rendent le triomphe si douteux et si incertain.

Mais, qui doit être plus intéressé que les Proviseurs eux-mêmes et les Professeurs, à ce que les prix qu'ils distribuent reprennent dans l'opinion le rang dont cette fatale Institution les a fait si malheureusement décheoir? Ne voient-ils pas que les prix du Concours général ne tendent qu'à dénaturer, aux yeux des Elèves, les récompenses des Colléges; tandis que si cette déprimante concurrence n'existait plus, elles seraient facilement rehaussées dans l'estime des jeunes Etudians? On sent ce que les Elèves gagneraient, sous tous les rapports, à cette heureuse disposition, et les Maîtres recueilleraient bien plus directement les fruits si doux de leurs soins et de leurs efforts.

Pour s'en convaincre, il suffit de considérer ce qui se passe aujourd'hui, dans l'esprit de l'Élève couronné au grand Concours, et ce qu'éprouverait celui qui ne pourrait plus aspirer à d'autres couronnes que celles du Collége. Le jeune Lauréat de l'Université sent trop qu'on a besoin de lui. On met trop d'importance à ses succès, pour que bientôt il ne se regarde pas comme un Être nécessaire. Loin de se croire redevable à ses Maîtres, il ne voit en lui-même que l'instrument de leur gloire, et prétendrait presque avoir des droits à leur reconnaissance. N'attendez donc de lui, ni affection, ni attachement, ni gratitude, ni aucun de ces sentimens qui seuls peuvent réellement payer un Maître de ses soins et de son dévoûment à ses devoirs. Le Lauréat de Collége, au contraire, sait bien qu'il ne devra ses triomphes qu'à l'attention qu'il aura de mériter l'estime de son Professeur, autant par une conduite régulière que par un travail assidu. Lorsqu'il reçoit la récompense de l'une et de l'autre, son cœur se porte avec tendresse vers celui qui, le premier, lui a fait connaître le prix du succès. Le plaisir qu'il éprouve en sentant que la justice lui est rendue, le dispose à la rendre un jour aux autres. Son ardeur pour le travail s'en accroît sans cesse ; il redouble d'amour pour ses devoirs, et le voilà placé dans la route du bien, et préparé à la pratique des vertus. Rien de semblable dans le Lauréat du Concours. Toute sa confiance, il la fait reposer sur les heureuses dispositions de son esprit ; il songe assez peu à régler celles de son cœur. Que lui importe l'affection et l'estime de son

Maître, pourvu qu'il se maintienne à la tête de ses rivaux ? Si par son insouciance pour ses devoirs, par son mépris pour la discipline, il a trop mécontenté celui-ci, il sait assez qu'un autre s'empressera de l'accueillir. Certain de pouvoir mettre à prix un jour des talens dont on paraît déjà se disputer l'emploi, lorsqu'à peine ils viennent d'éclore, il sent se développer en lui ce funeste penchant pour l'indépendance, dont l'homme trouve le germe dans son orgueil, et que l'Éducation ne saurait trop s'empresser de rectifier. Que ne doit-on pas craindre alors d'un cœur où déjà l'ambition a tari la source des plus doux sentimens ? Que ne devra-t-on pas attendre, au contraire, de celui qui n'a encore tressailli qu'aux impressions de la reconnaissance et d'une noble Emulation ? Chefs estimables des Colléges et des Institutions, et vous Professeurs si zélés, connaissez donc mieux vos véritables intérêts. Négligez des triomphes qui prouvent assez peu en faveur de celui qui les obtient, et ambitionnez une gloire moins éclatante, mais plus solide. Assez de moyens resteront aux Chefs de l'Instruction publique pour apprécier vos travaux, pour s'assurer des résultats de vos efforts et pour vous rendre la justice qui vous est due. Les examens, les exercices, les progrès reconnus de vos Elèves, les nombreux témoignages de satisfaction des Pères de famille ; cet essaim de sujets honnêtes et vertueux sortis, chaque année, de vos mains ; tout parlera de vos talens, tout proclamera les fruits de votre zèle, et les murs de vos Colléges retentiront assez du bruit de vos succès. Les Rollin, les Crevier, les Lebeau, les Pères Porée et Geoffroi, n'en ont point connu d'autres, et leurs noms seront toujours cités, dans l'Instruction publique, avec estime, respect et reconnaissance.

Mais veut-on que, dans vos Colléges, ces solennités de famille, ces triomphes intérieurs et modestes renfermés dans un cercle moins étendu, mais non moins glorieux, acquièrent dans l'opinion encore un plus haut degré de faveur? Rien ne sera plus facile que de leur assurer cet avantage. Que les premiers Chefs de l'Instruction publique, qu'une partie des Fonctionnaires les plus distingués de l'Etat, que les hauts dignitaires de la Magistrature et de l'Eglise y soient invités et qu'ils daignent s'y rendre avec la pompe et l'éclat qui suivent leurs dignités; qu'eux-mêmes veuillent bien se charger de déposer les palmes entre les mains des vainqueurs, et bientôt elles auront acquis aux yeux des Elèves et du public tout le prix qu'on devra y mettre.

Faites plus encore. Joignez à ces récompenses quelques distinctions du moment, quelques priviléges honorifiques. Assurez des avantages positifs aux Elèves qui obtiennent certaines couronnes. Que ceux qui ont mérité les grands prix, exempts de la loi du recrutement, puissent suivre les Cours spéciaux aux frais du Gouvernement, pendant un certain nombre d'années. Laissez à la disposition des Chefs de Collége quelques bourses qui puissent devenir, entre leurs mains, la récompense des Elèves qu'un goût particulier pour la carrière de l'Education, accompagné de succès brillans, met dans le cas d'être désignés pour en remplir un jour les honorables fonctions; et l'on verra si le Concours général laissera de bien longs regrets.

Dans les solennités annuelles, consacrées à la Distribution des prix, ne condamnez plus un nombreux auditoire à entendre de longs discours sur des matières rebattues, et qui fatiguent l'attention des parens autant qu'ils excitent l'impatience des jeunes émules. Que ces discours d'apparat, que je serais loin de rejeter entièrement, parce qu'ils fournissent à de jeunes Professeurs l'occasion de donner la mesure de leurs talens, soient reportés à l'ouverture et à la clôture des Classes qui se font généralement avec trop peu d'apprêt. Mais le jour de la grande cérémonie, introduisez quelques-uns de ces *exercices* d'Élèves, dont Rollin fait si bien sentir tout l'avantage dans son *Traité des Etudes*, et qu'il est si facile d'embellir par les traits d'une aimable et douce gaîté, en même temps qu'ils présenteraient les résultats d'une solide instruction (1). C'est ainsi que vous ajouterez un nouvel intérêt à ces fêtes de la Jeunesse, toujours si chères à quiconque a connu le prix des Etudes; et vous verrez y accourir avec empressement un public aussi éclairé que choisi. Il y a quelques années, l'épreuve en a été faite une seule fois au Collége de Louis-le-Grand : ce n'était cependant qu'un essai. Les personnes qui en

---

(1) J'ai indiqué, dans le Chapitre IX, comment on pouvait préparer les matériaux de ces divers exercices.

ont été témoins peuvent se rappeler quel succès il obtint. (1)

A ces moyens généraux d'émulation, une foule d'autres essais particuliers peuvent être ajoutés encore. Le zèle des Chefs d'Etablissement dégagés des soins misérables que leur donne le grand Concours, saura bien les leur faire découvrir, et les Professeurs n'auront plus de motifs de se refuser à les adopter. Eux-mêmes en imagineront chaque jour de nouveaux. Rollin dans cette partie, comme dans toutes les autres, pourra leur être encore d'un grand secours. Il en a indiqué une grande quantité. Le desir d'être utile à la jeunesse inspire sans cesse de nouvelles idées. Un Maître attentif s'empare de celles qui portent le cachet d'une utilité réelle, et il s'en sert pour tenir tou-

---

(1) C'était en 1815. Le jeune M. Maugras, neveu du Professeur de Philosophie, et qu'il remplace en ce moment d'une manière si distinguée, avait composé, conjointement avec un de ses condisciples, un dialogue sur une question fort bien appropriée à la circonstance : c'était celle de l'*Emulation*. Ils mirent du naturel, de la vivacité et de l'intérêt dans leur débit, et tous deux furent écoutés avec un véritable plaisir.

M. Andrieux d'Alban, dans son bel établissement de la rue de Thorigny, a adopté cet usage. Dans une séance publique, nous avons entendu cinq de ses Elèves établir, avec beaucoup de grâce et de vérité, une discussion littéraire, qui mérita les suffrages d'un savant auditoire.

Tous les ans, les Elèves du Collége de Sainte-Barbe excitent le plus vif intérêt par la récitation de fort bonnes pièces de vers latins, qu'eux-mêmes ont composées, et qui roulent sur des sujets assez ordinairement analogues aux circonstances et aux événemens les plus marquans de l'année. Ils semblent s'être surpassés, cette année-ci, pour célébrer le héros libérateur des Espagnes, l'érection de la croix sur le dôme de Sainte-Geneviève, et le gaz hydrogène.

jours ses Élèves en haleine et ne pas laisser leur ardeur se rallentir.

Me voilà arrivé au terme de la tâche que j'ai cru devoir m'imposer. Je l'ai remplie le moins mal qu'il m'a été possible. Si je n'ai pas été arrêté par la difficulté de l'entreprise, c'est que j'ai dû compter sur l'indulgence à laquelle mes lecteurs devaient être naturellement portés et par la nature du sujet et par l'importance des objets que j'avais à leur faire considérer. J'ai pensé aussi que le fonds de la matière les occuperait beaucoup plus que la manière dont elle pouvait être présentée. J'ai parlé d'après une intime conviction, et c'est du plus profond de mon cœur que s'élèvent les vœux que j'ai osé manifester. Maintenant c'est aux Chefs respectables de l'Instruction publique qu'il appartient d'examiner et de peser, dans leur sagesse, la force des raisons que j'ai proposées. Je ne me suis décidé à tracer avec franchise le tableau de ce qui m'a paru défectueux dans notre Enseignement, que parce que j'ai cru voir en même temps qu'il était facile d'y rémédier, et cela sans secousses, sans sacrifices pénibles, sans qu'il soit nécessaire de rien changer à l'ordre général et établi. Quelques rectifications peu considérables mais importantes, quelques additions admises dans le système de notre éducation, suffiraient peut-être, pour que l'Instruction publique en France trouvât, dans son propre sein, des ressources que nulle autre en Europe, de l'aveu même des Étrangers, ne pourrait offrir. Aux observations que j'ai faites, j'aurais pu en ajouter beaucoup d'autres encore, et donner à quelques-unes de plus amples développemens. Mais j'ai dû me borner à celles qui pouvaient entraîner les conséquences les plus essentielles. D'ailleurs, à quoi bon me serais-je étendu davantage sur des abus qui sont continuellement l'objet de la sollicitude des Chefs de l'Université ? Je ne devais point parler non plus de ceux qui disparaissent chaque jour, grâce au zèle d'un Recteur et d'un Conseil académique si bien pénétrés de la nécessité d'une sage réforme, grâce aux lumières d'un Conseil royal, toujours si attentif à ce qui peut tourner au plus grand bien de l'Instruction publique. Aussi ces réflexions n'auront pas encore été publiées, que déjà les vœux que j'ai osé exprimer auront été en grande partie prévenus ; et tout donne lieu de croire qu'un grand nombre des améliorations que je me permets d'indiquer, auront bientôt obtenu un entier accomplissement.

N° I.

EXTRAIT

De l'Ecrit d'un Professeur de l'ancienne Université.

Lorsque je rassemblai les réflexions que je livre au Public, l'écrit de M. Pottier, Professeur au Collége de Henri IV, ne m'était pas encore tombé entre les mains : j'ai reconnu avec plaisir que je m'étais souvent rencontré avec ce savant philologue. Si je n'admets pas toutes les conséquences qu'il tire de ses observations, je suis forcé d'être de son avis sur bien des points. Je renvoie mes lecteurs à son ouvrage, pour tout ce qui concerne notre Enseignement élémentaire, et surtout pour tout ce qui a rapport au Concours général (1).

Mais ce n'est pas seulement avec ce Professeur et avec beaucoup d'autres de ces derniers temps, que je me trouve en si grande conformité d'idées et de sentimens, c'est encore avec ceux de l'Ancienne Université de Paris. Peut-être verra-t-on avec intérêt comment, en 1776, s'exprimait, sur le Concours général, un des Professeurs les plus habiles de cette époque.

Dans un Écrit publié en réponse aux assertions

---

(1) *Observations sur les inconvéniens du système actuel d'Instruction publique en Europe, et surtout en France.*

hasardées des D'Alembert et des Condillac, sur l'Enseignement de l'Université, il avait parlé de l'exercice des *Thèmes;* il venait d'en justifier l'usage, et il indiquait les moyens de le rendre plus utile à-la-fois, et plus intéressant qu'il ne l'est communément pour les Élèves; puis il ajoutait :

« Les Professeurs, dans les provinces, suivraient cette
« méthode avec beaucoup plus de facilité et de succès
« que nous ne le ferions aujourd'hui dans l'Université.
« Là, on n'a garde de mettre en *Sixième* et en *Cin-*
« *quième*, des écoliers capables de la *Quatrième* et de
« la *Troisième*. S'il y a quelques inégalités dans les
« âges, il n'y en a point, dans les forces respectives,
« jusqu'à jeter les émules dans le découragement. Un
« Maître n'a devant ses yeux d'autre objet que sa
« classe; il peut, sans se distraire, étudier le faible
« de chaque sujet, chercher à les fortifier, exciter
« l'émulation parmi eux, sans pousser, par des vues
« ultérieures, plutôt les uns que les autres. Il n'a pas
« à s'inquiéter si ses écoliers seront assez forts pour
« disputer le prix à ceux des Colléges circonvoisins :
« pourvu que chacun profite selon son talent, il sera
« satisfait. *Quelle différence pour les Professeurs de*
« *l'Université! Depuis l'établissement des prix, combien*
« *ceux-ci et les Principaux sont-ils partagés ! Ne*
« *semble-t-il pas que l'on soit plus occupé de remporter*
« *des prix à la distribution générale, que de tirer, du*
« *gros de la classe, au moins le plus grand parti qu'il*
« *serait possible, ce qui est cependant le capital de*
« *l'Instruction publique ?* Mais comment s'en occupe-
« rait-on ?

1° Il n'est pas possible à ces Messieurs, je ne

« dis pas de reculer l'usage du Dictionnaire (1),
« mais de donner aucun devoir proportionné. Imagi-
« nez-vous que la tête de la *Sixième* vaut souvent
« mieux que celle de la *Quatrième*, tandis que le centre
« et la queue seraient à peine de bons *Huitièmes*. La
« fureur pour ces prix va au point qu'on ne rougit
« pas de mettre en *Sixième*, vis-à-vis des enfans de
« neuf à dix ans, des boursiers de quinze à seize,
« robustes, accoutumés à vivre durement, intéressés
« à travailler, et le sentant par la très grande médio-
« crité de leur fortune, enfin des têtes déjà faites;
« tandis que des enfans de famille, trop délicats et
« trop choyés, trop jeunes, trop faibles et trop ins-
« truits sur leur opulence, sur la prétendue inutilité
« du latin, prennent leur parti et rendent les armes,
« désespérés, disent-ils, d'avoir à combattre des *bar-
« bons*, qui seraient plutôt leurs précepteurs que leurs
« camarades (2). Quels sont encore les écoliers qu'on
« exerce le plus? Un Professeur aura toujours plus de
« plaisir à corriger une bonne composition qu'une autre
« remplie de fautes; en sorte que les enfans les plus
« précieux à l'État, ceux qui, par leur naissance, sont
« destinés à remplir les postes les plus importans,

(1) On voit que ce n'est pas d'aujourd'hui que les bons esprits, dans l'Université, repoussaient, des Classes de Grammaire, l'usage du Dictionnaire.

(2) On a dans la suite porté remède à cet abus, mais ce n'a été que fort tard. Plusieurs de mes Collègues et de mes Contemporains pour-raient attester qu'ils se sont trouvés, ainsi que moi, en *Sixième*, avec des Elèves qui déjà avaient fait leur Rhétorique en province. Aujourd'hui même encore, pour peu qu'un Elève qui promet des succès n'ait pas atteint l'âge requis, on ne manque pas d'employer tous les moyens de lui faire redoubler sa classe.

« courent risque de faire des études fort médiocres. Si
« les prix ne faisaient pas descendre dans les basses
« classes des jeunes gens d'une force aussi supérieure,
« si des enfans luttaient avec des enfans, il en naîtrait
« une émulation qui se fortifierait, se perpétuerait
« dans les classes suivantes, et nous donnerait d'autres
« sujets ; car c'est ici que l'on peut s'écrier : *Que de*
« *sujets perdus pour l'Etat !*

« 2.° Comme il n'y a des prix en *Sixième*, en *Cin-*
« *quième* et *Quatrième*, que pour le Thème et la
« Version, prépare-t-on, pour les classes supérieures,
« avec autant de soin qu'il le faudrait, les écoliers
« au Grec (1) et à la Versification, dont on doit
« prendre les principes au moins en *Quatrième*.

« 3° Depuis cet établissement des prix, il n'y a plus
« d'*exercice* dans aucune classe ; à peine peut-on trou-
« ver un sujet qui se charge de celui des prix du
« Collége ; et ces prix particuliers en quelle estime
« sont-ils ? *On ne se soucie plus de cultiver la mémoire :*
« *depuis le mois de mai jusqu'au mois d'août on ne*
« *s'occupe que des prix de l'Université* (2). Un écolier
« aimera les Vers, on lui permettra de ne travailler
« qu'à des Vers ; un autre sera pour le Latin, un autre
« pour le Français, un autre pour la Version, un
« autre pour le grec (3). Cependant ils devraient au
« moins s'exercer sur les facultés les plus importantes :

---

(1) Chez nous, cet inconvénient-ci n'a plus lieu pour le grec, mais en *Quatrième* seulement ; car on s'en occupe trop peu en *Cinquième*, par la raison qu'il n'y a pas de prix au Concours ; comme on s'occupe trop peu, en *Quatrième*, de la versification, par la même raison.

(2) et (3) C'est encore de même aujourd'hui.

« il y en a qui réussiraient assez bien dans toutes; mais
« on ne parviendrait pas si facilement aux prix.

« 4° Si l'on connaît bien les hommes, comment
« doit-on croire que se font les examens des copies?
« Je ne pense pas qu'il se soit jamais commis d'infidé-
« lité de la part des Maîtres; je n'ai été employé qu'avec
« de très honnêtes gens, et je suis persuadé que les
« Examinateurs ont toujours été tels. Cependant on
« s'aperçoit que quelques-uns savent par cœur les
« devoirs des écoliers de leurs Colléges, qu'ils s'adou-
« cissent sur leurs fautes, au lieu qu'ils semblent grossir
« et trop exagérer celles des autres. On dispute sur
« l'élégance d'un tour; sur la propriété d'un mot;
« le meilleur latin et le meilleur français est toujours
« celui de son Collége, et le prix reste assez souvent à ce-
« lui qui a le plus d'opiniâtreté (1). La rivalité passe des
« Professeurs jusqu'aux Principaux. Parmi les premiers,
« le plus habile homme, le plus exact, le plus entendu
« dans son métier a-t-il le malheur de n'avoir dans sa
« classe qu'une très mince infanterie, il verra un con-
« frère, fort inférieur en mérite, se glorifier et se
« hausser sur les épaules de ses athlètes victorieux,
« pour le braver en quelque façon. C'est un déhonneur
« pour un Collége, s'il n'a que peu ou point de prix;
« comme si tous les Colléges étaient égaux en force : le
« Public juge de même, sans avoir rien apprécié. Que
« ne pourrait-on pas ajouter? mais en voilà déjà trop.

« 5° Je ne sais si l'Université sent les pertes que lui
« cause cet établissement. Combien de pères de famille,
« dans les premières conditions comme dans les plus

(1) Aujourd'hui la chose est impossible; mais depuis quand?

« communes, rebutés par cette inégalité de forces dans
« les Classes, gardent leurs enfans chez eux, ou les
« envoient dans les provinces! Combien de Maîtres de
« Pension, piqués de ce qu'on place toujours dans une
« Classe inférieure, les sujets qu'ils disent capables d'une
« autre bien supérieure, éloignent les parens des établis-
« semens de l'Université, leur conseillent d'autres Col-
« léges, ou enseignent eux-mêmes les Humanités à leur
« façon! Si l'on bornait les prix à la Rhétorique, la
« plus grande partie de ces inconvéniens disparaîtrait
« aussitôt avec d'*autres abus, qui tendent à la ruine
« totale des Etudes.* En couronnant les vainqueurs,
« on devrait supprimer les noms des Colléges ; cette
« précaution préviendrait beaucoup de mauvais propos,
« qui vont souvent jusqu'à l'indécence, et empêchent
« bien d'honnêtes gens de se trouver à cette distribu-
« tion (1).

« Un moyen qui ne manquerait pas d'exciter l'ému-
« lation dans tous les Colléges, ce serait de n'admettre
« à la Distribution des grands prix, parmi les Rhéto-
« riciens, *Seconds et Troisièmes,* seuls capables d'en-
« tendre le Discours latin, que ceux qui auraient
« remporté des prix, ou les premiers *accessit* dans les
« Colléges. Cette distinction, l'honneur d'être présentés
« à toute la Nation comme les meilleurs sujets de
« l'Université, serait, pour eux et pour leurs parens,
« le prix le plus flatteur. Quel empressement ne mon-
« treraient-ils pas à le mériter, dès qu'on se ferait
« une règle inviolable de n'accorder aucune grâce à

(1) Ce n'est donc pas seulement de notre temps que cette grande et solennelle réunion a été l'occasion de scènes scandaleuses.

« qui que ce fût. On verrait bientôt les Études se
« ranimer, et régner dans les Colléges cette noble
« Emulation, si desirable, et dont les enfans seraient
« d'autant plus susceptibles, que les talens médiocres
« pourraient prétendre à cet honneur ».

C'est pour ne rien retrancher de ce passage si remarquable, que j'ai cru devoir insérer l'expression de ces vues, qui aujourd'hui souffriraient bien des difficultés. J'avais eu moi-même une idée à-peu-près semblable ; et voici comment je l'exprimais, à la suite de mes réflexions sur les prix de Collége :

« Mais enfin, disais-je, si les moyens d'émulation
« ne paraissaient pas suffisans; si l'on pensait qu'il fût
« plus convenable que chaque année classique se ter-
« minât par une réunion entière et solennelle de tout
« le corps enseignant ; si l'on croyait qu'il fût bon et
« utile que ces jeunes Nourrissons des Muses, épars
« dans chaque Établissement, fussent mis au moins
« une fois en présence, pour se mesurer dans une
« lutte générale, avant de finir le cours complet de
« leurs premières Études ; qu'on laisse donc subsister
« encore un Concours ; mais que ce soit seulement pour
« les prix de Rhétorique et pour ceux de Philosophie
« et des Sciences exactes. Que le Prix d'honneur y
« conserve son rang, son ancienne prérogative ; que
« ce soit toujours le prix latin de Rhétorique : j'en ai
« dit les raisons. Les Élèves couronnés dans toutes les
« Classes des divers Colléges seraient appelés à cette
« auguste cérémonie, et leurs noms y seraient livrés
« aux applaudissemens publics. Les prix de Philosophie,
« de Mathématiques et de Physique seraient distribués
« ensuite. Ceux-là du moins, ainsi que ceux de Rhé-

« torique, signifient quelque chose; et, dans les Jeunes
« gens qui les obtiennent, la Patrie peut déjà entrevoir
« le germe des talens qui doivent contribuer un jour
« à son avantage et à sa gloire. Chaque établissement
« aura un grand intérêt à maintenir dans son sein le
« goût des bonnes études, et à former, de loin, par un
« enseignement solide, les Élèves qui auront à prétendre
« à ces palmes glorieuses. Mais, je l'avoue, une telle
« mesure présente bien des motifs d'inquiétude. Je vois
« déjà qu'elle pourrait nous faire retomber dans les
« inconvéniens qu'il me paraît si important d'écarter;
« et ce n'est qu'en tremblant que j'oserais la proposer.
« Au reste, ce sera aux Chefs de l'Instruction publique
« à en peser mûrement les avantages et les désavanta-
« ges. Ils chercheront dans leur sagesse, les moyens,
« en atténuant les uns, de donner aux autres tous les
« développemens que leur situation les met à même
« d'apprécier et de porter à une exécution exempte de
« dangers. »

Telle était la réserve avec laquelle j'ouvrais cet avis;
mais des personnes prudentes et éclairées m'ont dit :
« Vous ne faites que reculer la difficulté sans la détruire;
vous retombez dans la voie des vains palliatifs, que vous
avez si justement condamnés; et le principe vicieux
de cette Institution, au lieu d'être anéanti, par ce
moyen, va se reproduire au contraire, plus funeste et
plus terrible que jamais. » Ces raisons et beaucoup d'autres qu'il serait trop long de rapporter, m'ont paru
déterminantes. J'ai renoncé à ce projet, que j'avais
admis plus par suggestion que par persuasion; et j'ai
reconnu que là où un membre gangrené faisait craindre,
pour le corps entier, une invasion destructive, il n'y

avait plus de remède efficace, que dans une amputation entière et absolue.

Le Professeur termine sa note en disant: « Quelques
« personnes trouveront peut-être singulier que je m'ex-
« plique avec autant de liberté ; mais elles doivent
« sentir la droiture de mes intentions: je me crois obligé
« de *sacrifier au bien public et à la gloire de l'Uni-*
« *versité, toutes les considérations particulières. Au*
« *reste, je ne répète ici que ce que j'entends dire tous*
« *les jours à un très grand nombre.* En un mot, il est
« incontestable que le Public et l'Université souffrent
« considérablement de cet établissement. »

D'après ce morceau curieux, que je viens de citer, il restera prouvé du moins, que ce n'est pas seulement depuis la restauration de l'Université, qu'on s'est inscrit contre le Concours général; et cet accord du passé et du présent, est un terrible préjugé contre cette désastreuse Institution.

FIN.

Les deux Discours suivans devaient être retranchés de cet Ouvrage, ainsi que plusieurs autres Pièces dont il est question dans les Notes de quelques Chapitres; mais les Questions qui sont traitées dans ces Discours, se rattachant spécialement au plan général de cet Ecrit et au système qui s'y trouve exposé, on a cru devoir les insérer ici. Ils se rapportent particulièrement au Chapitre XII, page 320.

DISCOURS

SUR

L'EMPLOI DE LA DOUCEUR

DANS L'INSTRUCTION PUBLIQUE.

Prononcé à la Distribution des Prix du Collége royal de Versailles, en 1814.

Severitatem abditam, Clementiam in procinctu habeo.

SENEC.
Lib. de Clement. c. f.

Messieurs,

Les avis ne furent jamais partagés sur le but qu'on doit se proposer dans l'Instruction publique; mais il s'en faut bien que le même accord existe à l'égard des moyens généraux qui doivent contribuer à le faire atteindre plus sûrement. Il en est deux qui se présentent d'abord : ils sont de nature entièrement opposée; et pourtant ils jouissent, dans l'opinion, d'une faveur à-peu-près égale, parce que tous deux, bons en eux-mêmes, peuvent compter et des défenseurs illustres et des résultats heureux. L'un est la *Sévérité*, et l'autre est la *Douceur*.

Lequel de ces deux moyens mérite la préférence, et doit exercer un empire suprême dans l'Instruction publique? Voilà, Messieurs, la question intéressante que je me propose d'offrir à vos réflexions. Quant à moi, je ne dois pas le dissimuler; du jour où je me suis vu consacré à l'Instruction de la Jeunesse, je n'ai point balancé sur le choix. Mais la préférence que j'ai cru devoir donner aux voies de la Douceur et de la Persuasion, a besoin d'être justifiée; et si, dans tous les temps, j'ai dû rendre compte des motifs qui l'ont déterminée, c'est aujourd'hui surtout que je me crois obligé de les exposer à vos yeux.

Qu'ils soient donc connus les principes qui m'ont toujours guidé; qu'ils soient appréciés par les Magistrats vertueux que je vois rassemblés à cette solennité, et qui, tant de fois, ont donné des preuves si touchantes de leur vif intérêt pour cet Établissement; qu'ils soient connus de ces Parens respectables, de ces tendres Mères, accourus avec un sentiment confus de joie et d'inquiétude, pour applaudir aux succès ou pour gémir des défaites de ces Enfans, leur plus douce espérance.

Oui, nous l'avons toujours pensé, et l'expérience nous a confirmés dans cette opinion, ce n'est point par les rigueurs, par les voies rebutantes des châtimens, qu'on peut espérer de conduire avec succès, vers le Sanctuaire des Arts, cette intéressante Jeunesse, qui ne doit s'attendre à y marcher qu'escortée des plaisirs purs, et environnée de tous les charmes d'une gaîté ingénue. Si des cas extraordinaires peuvent réclamer quelquefois l'emploi de la Sévérité, nous croyons que c'est la Douceur qui, seule, doit être la Directrice souveraine et habituelle de ces travaux, dont l'objet essentiel est de polir et d'adoucir le caractère des hommes.

Je sais que l'opinion contraire n'a trouvé que trop

de partisans; je sais que dans le sein de cette Université même, une voix éloquente s'est déclarée en faveur de la Sévérité (1); sans doute elle dut obtenir une sorte de crédit, surtout sous un Gouvernement où l'on devait s'inquiéter bien moins de former des Citoyens éclairés, que d'obtenir des esclaves dociles; où tout tendait à établir le règne des seuls talens qui pussent aider à la destruction des Hommes; où l'on voulait détruire, dans la Jeunesse, l'habitude des plus doux sentimens de la nature, pour y substituer un dévoûment aveugle, un oubli féroce des autres et de soi-même, et y allumer cette ardeur funeste des combats, qui démoralise les Peuples, et anéantit les générations. Mais, aujourd'hui, grâce à cette Providence divine, qui, dans ses conseils éternels, réservait, loin de la vue des Hommes, le terme d'un Empire si dur; aujourd'hui, tout est bien changé.

Nous les possédons enfin ces Princes dont le seul aspect devait ranimer, dans tous les cœurs, les affections les plus chères et les sentimens les plus purs. La Douceur, embellie des traits de la Bonté, semble avoir souri à la France entière sous les auspices de cette famille des Bourbons, si chérie et si digne de l'être. La Nation, rendue à ses anciennes habitudes, va retrouver ces mœurs aimables et ces manières bienveillantes, dont on la vit toujours soigneuse de parer ses vertus.

Laissons donc les austères partisans de la Sévérité proclamer les avantages des mesures rigoureuses si favorables à la tyrannie, et attachons-nous à retracer,

---

(1) M. Luce de Lancival, dans un Discours ayant pour titre: *Éloge de la Sévérité dans l'Instruction publique.*

dans l'Instruction publique, les bienfaits de la Douceur si impérieusement réclamée sous le régime de la Vertu et de la Bonté.

La Douceur, telle qu'on doit l'entendre ici, Messieurs, n'est point cette molle indulgence qui, mise à la place d'une utile fermeté, n'est propre, dit Quintilien, qu'à briser tous les ressorts du corps et de l'esprit (1). Elle n'est point cette lâche complaisance qui, sous prétexte de ne pas aliéner les cœurs, se prête aux égaremens du jeune âge, favorise ses écarts au lieu de les prévenir, et dissimule ses erreurs et ses fautes pour s'épargner la peine de les reprendre et de les corriger. Encore moins est-elle cette indigne faiblesse, dont l'effet est d'alimenter et de provoquer les passions au lieu de les détruire, et qui, ne permettant pas de lutter contre les premières entreprises des vices naissans, finit par étouffer le germe de toutes les vertus.

Oh! combien est différente l'idée que nous devons nous former de la Douceur! fruit précieux et rare de la réflexion, de l'expérience et de la raison; c'est une heureuse disposition de l'esprit, qui fait considérer avec calme et sang-froid les torts de ce premier âge, où toutes les fautes sont réparables, où toutes les erreurs sont passagères, où presque tous les écarts ont du moins l'inexpérience pour excuse.

Elle suppose, dans celui qui la possède, une âme assez élevée pour être toujours inaccessible aux mouvemens tumultueux des passions. Elle annonce surtout en lui une connaissance assez approfondie de la fragilité

(1) Mollis illa educatio quam indulgentiam vocamus nervos omnes mentis et corporis frangit.

humaine, pour qu'il regarde l'indulgence comme une justice qu'il doit à ses semblables. Loin qu'elle puisse être imputée à un caractère de faiblesse, elle est au contraire l'indice certain d'une énergie et d'une constance peu communes; et, dans les esprits vifs et sensibles, elle est, j'oserais le dire, le dernier effort de la raison humaine. C'est une de ces qualités pleines d'attraits, que le Moraliste et l'Orateur romain range au nombre des vertus aimables qui distinguent particulièrement l'homme de bien (1). Aussi, quels droits puissans n'exerce-t-elle pas sur tous les cœurs? Elle donne aux préceptes cette force secrète qui les y grave plus profondément; elle ôte aux reproches cette amertume qui les rend si souvent inutiles; elle ajoute aux éloges cette grâce qui en augmente le prix. Elle désarme les plus irrités ; elle fléchit les plus opiniâtres ; elle calme les plus emportés ; elle suggère tous les moyens ingénieux, tous les détours adroits que sait prendre un Maître habile et sensible, pour amener cette Jeunesse légère à supporter, sans murmure, une discipline toujours exacte, et des travaux quelquefois pénibles. C'est elle qui, dans toutes les relations qu'il peut avoir avec ses Disciples, soit qu'il leur adresse la parole, soit qu'il les écoute, soit qu'il leur réponde, imprime sur toutes ses actions un charme particulier qui se fait sentir dans ses regards, dans ses traits, dans ses gestes, et même dans son silence (2). Sans elle, l'autorité n'a plus rien

---

(1) Illæ autem leniores virum bonum videntur potius attingere. (Cicer. *de Officiis*, lib. 1.)

(2) Virtus inclinans nos, ut familiaribus colloquiis, in aliis compellandis, in audiendo, in respondendo....., nostram ergà alios benevolentiam, in vultu etiam ac gestibus, cum quâdam suavitate declaremus. (Cicer. *de Rhet.*)

qui ne révolte ; le savoir, rien qui ne repousse ; la vertu, rien qui n'humilie. Que dirai-je, enfin ? elle est comme le complément nécessaire à toutes les qualités du cœur et de l'esprit ; et semblable à cette couleur douce et tendre, que présente l'aspect de la nature et sur laquelle les yeux se reposent avec tant de délices, elle mêle, à toutes les vertus, une expression de bienveillance qui tempère leur éclat sans l'affaiblir, et qui les fait chérir davantage, sans rien diminuer de l'estime qu'elles commandent.

Et l'on pourrait, dans tout ce qui tient à l'instruction publique, mettre en balance cette aimable qualité avec une sévérité qui n'admet ni tempérament, ni adoucissement, ni distinction dans l'application des peines ; qui punit, sans pitié, la plus légère infraction ; qui proscrit, sans égard, quiconque s'écarte un instant de la règle ; et qui, par son inflexibilité, devient, en quelque sorte, aussi redoutable pour l'innocent que pour le coupable même ? Mais, quoi ? oublieroit-on tout ce qu'exige de ménagemens, de précautions et d'attentions délicates, cet âge où déjà tant de passions différentes commencent à exercer un empire si puissant dans des cœurs que la raison n'éclaire point encore ; où tout porte violemment vers l'objet desiré ; où rien ne fait sentir la nécessité des sacrifices, où l'on est d'autant plus impatient de faire usage de sa volonté, qu'on connaît moins tout le danger d'en abuser ; où l'homme enfin, livré à des impulsions irréfléchies et violentes, et dénué de tous les moyens propres à les maîtriser et à les arrêter, ressemble à un vaisseau que de larges voiles, déployées à tous les vents, emportent sur une mer orageuse. Avec quelle rapidité on le verrait subir un triste naufrage, si la main d'un pilote habile, en dirigeant doucement l'impétuosité de sa course, ne savait, par des détours prudens, lui faire éviter les écueils, et l'amener au port, à l'aide des manœuvres mêmes qui paraissaient devoir l'en éloigner. Qu'arriverait-il au contraire si, incapable de se prêter aux divers mouvemens du navire; si, inflexible dans ses volontés, et impatient d'atteindre le but proposé, le nautonier prétendait, malgré l'entraînement des courans, malgré l'impulsion des vents et le choc des flots, maintenir le bâtiment dans une direction toujours uniforme? Bientôt les débris de son navire fracassé, misérablement dispersés sur le sein des mers, attesteraient et son imprudence et son incapacité.

Image trop vraie, Messieurs, du maître sévère qui, n'écoutant que la voix de la rigueur, jamais ne prêterait l'oreille à celle de l'indulgence. A quelles extrémités l'entraînerait bientôt cette triste rigidité? Quel serait celui de ses élèves en qui il ne trouvât sans cesse un sujet d'exercer sa justice rigoureuse? En serait-il un seul qui, à ses yeux, pût être innocent?

Je crois le voir, promenant ses regards sévères parmi les rangs des infortunés soumis à ses lois. Quel air sombre et farouche! Ses traits portent sans cesse l'expression du mécontentement et de l'humeur. Les accens de sa voix dure et rude sont toujours suivis d'un geste menaçant. Est-ce donc là le ministre qui doit introduire, dans le temple des lettres et des sciences, ces adéptes consacrés à leur culte?... Je ne sais quel nuage épais d'ennui et de dégoût semble circuler dans toute l'enceinte où il les tient rassemblés. Ces jeunes fronts, où brillent ordinairement une joie si ingénue, un bonheur si pur, se baissent tristement sous le sceptre de fer qu'il appesantit sur eux. Tout est dans la crainte, tout est dans l'effroi; et cependant je l'entends, l'insensé, se féliciter de cette terreur qu'il a su imprimer. Autant aimerais-je entendre un disciple d'Esculape s'applaudir, au milieu de morts et de mourans, de l'efficacité de ses remèdes.

Mais le voilà procédant, avec son exactitude rigoureuse, à l'examen de toutes les actions de ces intéressans Élèves. Les uns ont failli de dessein prémédité; les autres, par surprise ; ceux-ci, entraînés par l'exemple ; ceux-là, par l'attrait du moment. Il n'a manqué à quelques-uns qu'un peu plus de fermeté, et s'ils ont fait le mal, ce n'a été qu'avec répugnance et presque malgré eux. N'importe, à ses yeux, tous doivent être punis, puisque tous sont coupables : tous seront donc enveloppés dans l'arrêt de condamnation. Ah! c'est bien ici le lieu de s'écrier avec Sénèque : « Malheureux, ne vois-tu pas, dans quel triste abandon, dans quelle solitude entière tu vas te trouver, s'il ne reste plus autour de toi que les Élèves absous par ta Sévérité(1). »

Mais comment, à cette âpre et inflexible rigueur, à laquelle conduit infailliblement l'usage habituel de la Sévérité, un Maître pourrait-il allier les soins persévérans et multipliés, la patience et la flexibilité, qui sont nécessaires pour triompher de l'obstacle le plus grand, peut-être, que présente l'Instruction publique, je veux dire de celui qui naît de la variété des caractères? Il en est de l'éducation morale de l'homme, comme de son éducation physique. Les règles générales n'y doivent

---

(1) Quanta solitudo et vastitas futura sit, si nihil relinquitur, nisi quod judex severus absolverit. (Senec. *de Clementia.*)

être suivies qu'avec toutes les modifications qui permettent de les appliquer aux individus : donner à tous les esprits une même culture; les soumettre tous à un régime absolument uniforme, ce serait supposer dans les disciples, égalité de besoins, identité de caractères, mesure pareille de défauts et de qualités, même facilité de conception, même volonté de profiter des leçons, enfin tout ce qui n'exista jamais. Or, la discipline commune et indispensable pour l'ordre général, une fois établie, quelle autre main que celle de la douceur saura se prêter, avec une complaisance inépuisable, à tout ce qu'exige une culture si variée et si difficile? Qui saura, comme elle, avec une constance soutenue et une délicatesse attentive, écarter et enlever ces ronces, ces épines, ces plantes parasites, qui étouffent si souvent le germe des plus précieuses qualités?

N'est-il pas contraire au caractère reconnu de la Sévérité, qu'elle descende à toutes ces précautions de détails, qu'elle s'accommode de toutes ces lenteurs nécessaires pour ne pas contrarier l'action secrète et quelquefois tardive de la nature? Ne doit-on pas craindre que son zèle même, pour hâter l'accroissement et le développement de ces jeunes arbrisseaux, n'énerve et ne dessèche leur tige naissante; et qu'oubliant l'avis si plein de douceur du père de famille, en voulant arracher d'une main trop rude et trop empressée l'ivraie funeste, elle n'emporte aussi l'utile froment!

Veut-on se convaincre de tout ce que cette réflexion a de juste et de vrai; qu'on se transporte au milieu de ces établissemens, où une Jeunesse nombreuse, rassemblée à la voix du talent, va puiser à la source, les principes du vrai, les règles du goût et les notions du beau.

Quelle foule de jeunes esprits, tous présentant des nuances plus ou moins variées par lesquelles ils se distinguent entre eux ! Quelle réunion de caractères souvent opposés, qui doivent être conduits au même but par des voies quelquefois toutes différentes !

Là, sont des indociles qu'il faut soumettre, des inconstans qu'il faut fixer, des emportés qu'il faut arrêter, des lâches et des pusillanimes qu'il faut aiguillonner, des impétueux qu'il faut calmer, des âmes nobles et fortes dont il faut diriger et alimenter l'énergie, des timides enfin qu'il faut encourager. Qui ne voit de quel vain secours seraient les mesures rigoureuses au milieu de cet assemblage fortuit de caractères si variés? Ah! c'est ici, au contraire, que j'oserais proclamer le triomphe de la douceur ; c'est ici, surtout, que je me flatterais de pouvoir justifier cette préférence que nous réclamons pour elle. Mais pour faire mieux sentir tout l'avantage de cette précieuse vertu, qu'il nous suffise d'indiquer, dans quelques cas particuliers, l'application de ses procédés.

Voyez ce jeune homme, laissant échapper déjà ces élans d'une âme forte, qui n'est point faite pour se traîner dans les routes vulgaires. Des succès prématurés annoncent le rang supérieur qu'il doit prendre un jour dans la Société. Mais un caractère fier, ardent, impétueux, le rend ennemi de la contrainte et rétif à la censure. Susceptible des plus vives impressions, et s'abandonnant presque toujours aux premiers mouvemens, sa fougue naturelle l'entraîne quelquefois dans des écarts dont il est le premier à rougir, et qu'il voudrait réparer aussitôt qu'il a pu se les permettre. Quels ravages produiraient, sur une âme de cette trempe, les mesures de Sévérité? Ne le voyez-vous pas, aigri par les rigueurs, révolté au seul nom d'autorité, se roidir contre tous les avis, affronter tous les reproches, braver toutes les punitions, et compromettre, peut-être, tout son avenir, par des excès qu'on lui eût épargnés, sans doute, en employant, à son égard, les seules voies de la Douceur et de la persuasion.

Cet autre a reçu de la nature une imagination vive, un esprit actif, pénétrant, un cœur qui n'est étranger à aucun sentiment élevé. Mais une timidité extrême semble jeter un voile sur toutes ses qualités. Semblable à cette plante délicate qui, au contact le plus léger, se replie aussitôt sur elle-même, et fuit la main qui l'approche, une défiance inquiète, une pudeur craintive, le retiennent et l'isolent. Ce n'est qu'en tremblant qu'il ose se produire au-dehors, et rarement on le voit développer ces sentimens distingués qu'il nourrit au fond de son cœur. Sera-ce par des voies de Sévérité, que vous parviendrez à inspirer graduellement une juste confiance à cette âme dominée par la crainte? Ne réclame-t-elle pas, au contraire, pour l'engager à l'essai de ses propres forces, tous les ménagemens de l'indulgence, tous les encouragemens de la bonté?

Sera-ce aussi par la Sévérité et les rigueurs, que vous parviendrez à corriger cet esprit vain, que les plus légers succès gonflent d'un ridicule orgueil? A peine il connaît les élémens des Sciences auxquelles on l'applique, et déjà il ne veut plus admettre d'autres règles dans ses études, que celles qu'il se trace lui-même. Il n'a rien appris, il croit tout savoir; il n'a rien approfondi, il ose tout juger. Écolier médiocre, il affiche les airs importans d'un Docteur, pour qui la Science n'a plus de secrets ; et, dans le cercle borné de ses jeunes condisciples, il offre déjà ce spectacle si commun dans le monde, de la présomption et de la suffisance unies à l'ignorance et à l'incapacité. Quel serait ici l'effet de la rigidité? Ira-t-on s'irriter sérieusement des erreurs d'un esprit incapable de se connaître encore? L'emploi sévère de l'autorité, en éveillant en lui l'opiniâtreté et l'obstination, ne ferait que le confirmer dans ses travers, tandis qu'il céderait facilement à l'arme du ridicule, maniée avec délicatesse, et dont on aurait soin de tempérer l'âcreté par une douce bienveillance.

Mais en voici un qui, plus à plaindre que tous les autres, a déjà respiré, dans un monde corrompu, le souffle empoisonné du vice. Cette fleur d'innocence, d'ingénuité et de candeur, charme si doux de son âge, est sur le point d'être entièrement flétrie. Ah ! craignez que la Sévérité n'aille étouffer pour jamais le reste de vie morale qui l'anime encore. Un front sourcilleux, des accens pleins de rudesse, des mesures rigoureuses, achèveraient de lui enlever tout espoir de retour vers le bien. Hélas! ce cœur si faible et si digne de pitié, incapable de se dégager lui-même des liens honteux qui le tiennent enchaîné, n'attend peut-être, pour reprendre une nouvelle énergie, que l'appel d'une voix douce et compâtissante, qui ne se lasse point de lui indiquer la route du bien, dont il est près de s'éloigner sans retour. A peine l'a-t-il entendue, cette voix amicale, soudain un nouveau jour luit à ses yeux ; il se ranime alors, il sent qu'il peut encore reconquérir l'estime des autres et de lui-même. Bientôt tous les sentimens d'honneur se sont réveillés dans cette âme régénérée, et celui qu'une trop juste Sévérité eût condamné pour jamais à l'avilissement, à l'infamie peut-être, ramené enfin à la vertu, par la douceur et la confiance, reprend tous ses droits au bonheur.

Il est, on le sait, des esprits inertes et sans ressort, des caractères intraitables contre lesquels viennent se briser tous les efforts du zèle, et toutes les tentatives de la bienveillance. Mais en vain on prétendrait s'en autoriser pour assurer la préférence à la Sévérité ; car, outre que par leur petit nombre, ils font seulement exception à l'ordre général, l'expérience démontre que tous les moyens de rigueur sont aussi impuissans auprès d'eux que toutes les insinuations de la douceur. Ce sont des infortunés qu'il faut, en gémissant, abandonner au temps, à l'expérience, à eux-mêmes, et sur qui la force des circonstances, l'impérieuse loi de la nécessité peuvent seules exercer quelque pouvoir.

Sans doute, si dans l'Instruction publique on ne se proposait d'autre but que d'enrichir l'esprit des Élèves de quelques connaissances sur les Arts, les Sciences et les Lettres, ce serait assez de les astreindre à l'observation d'une discipline exacte et rigoureuse ; et par la Sévérité seule, on obtiendrait, peut-être, la subordination et la soumission, sans lesquels il n'est plus d'ordre, plus d'étude, plus de succès. Mais oublierions-nous à ce point jusqu'où s'étendent nos obligations ? Nos soins se borneraient-ils à déposer dans l'esprit de cette Jeunesse confiée à notre sollicitude, les notions plus ou moins approfondies des Sciences auxquelles nous les appliquons ? Uniquement attentifs à orner la superficie de leur âme, pourrions-nous, au milieu de tant de richesses superflues, les laisser languir privés du nécessaire ; et, trop occupés de ne cultiver en eux qu'une légère surface, négligerions-nous ces qualités intérieures et fondamentales qui constituent le caractère et la véritable dignité de l'homme?

Ah! s'il en était ainsi, je conçois aisément comment, avec le seul appui d'un régime sévère, on pourrait, sans beaucoup d'efforts, plier une Jeunesse naturellement flexible, à ces travaux et à ces études qui font les Savans, les gens de lettres, les Poètes légers, les hommes amusans et agréables. Mais quoi! serait-ce là tout ce que vous devez attendre de nos efforts, O vous Pères tendres et attentifs, et vous Mères sages et sensibles, qui nous fîtes les dépositaires de vos droits, et les arbitres du sort à venir de tout ce que vous avez de plus cher! Vos intentions, vos desirs seraient-ils entièrement remplis? Non, sans doute; et notre tâche est bien loin encore de toucher à son terme, lorsque nous sommes parvenus à former seulement l'homme *instruit*. Une œuvre bien autrement importante doit sortir de nos mains: c'est l'homme *moral*, l'homme *religieux*; c'est l'homme qui, éclairé sur tous ses devoirs comme sur ses droits, a déjà pris l'heureuse habitude de ne chercher jamais son avantage personnel ailleurs que dans le plan du bien général; c'est l'homme qui, connaissant ce qu'il doit à Dieu, à son Prince, à sa Patrie, à ses Parens, à ses Amis, soit exercé aux vertus qui font le bon Fils, le bon Père, le bon Époux, le Sujet fidèle, le Citoyen probe et l'Ami généreux. Combien ce serait méconnaître le cœur humain que de croire qu'il soit possible, à l'aide des moyens rigoureux, d'y déposer les premières semences de ces qualités si importantes! Peut-être en tenant ces jeunes esprits sans cesse comprimés dans vos entraves de fer, parviendrez-vous à leur donner une facilité de mœurs, un abandon de caractère, qui trop souvent dégénèrent en indifférence absolue pour le bien comme pour le mal; peut-être ils auront encore cette disposition passive qui convient aux hommes que leur destinée place dans une condition où il n'y a de mérite que dans la soumission, et de vertu que dans l'obéissance.

Mais cette élévation d'âme, et cette noblesse de sentimens qui doivent distinguer ceux que leur fortune et leurs lumières appellent aux premiers rangs de la Société; mais cette droiture de caractère qui ne dévie jamais de la ligne du juste; mais cette précieuse et profonde sensibilité qui attendrit sur les malheurs d'autrui, et porte à sécher les pleurs de l'humanité souffrante; mais encore ces manières distinguées, ces mœurs élégantes, et ces habitudes heureuses qui seules ne peuvent constituer la vertu et le mérite, mais qui en relèvent si bien l'éclat et en font chérir l'emploi; mais enfin cet enthousiasme de gloire et de vertu qui inspire les belles actions, et commande les grands sacrifices; ah! n'espérez pas en faire germer le goût dans de jeunes cœurs, autrement que par ces communications douces, que par ce commerce de bienveillance et de bonté, qui caractérisent une éducation paternelle. Par la rigueur, vous pourrez peut-être donner à la Patrie des sujets soumis et tranquilles; par la bonté, vous lui donnerez des Enfans tendres et dévoués; et tandis que la Sévérité ne formera que le froid observateur des Lois, la Douceur enfantera l'ardent ami des vertus.

Achevons de rendre incontestables les avantages de la Douceur sur la Sévérité, en considérant sous des rapports plus directs et plus rapprochés, ces deux moyens de l'Instruction publique. Qu'on épuise, si l'on veut, toutes les ressources de l'Art pour adoucir les traits de la dernière, toujours est-il certain qu'on ne verra jamais en elle qu'une maîtresse inexorable, sans cesse armée d'un glaive vengeur, et s'annonçant par les tonnerres de sa voix menaçante; tandis que la Douceur, toujours embellie du sourire de la bonté, ne laisse échapper de ses lèvres compatissantes que les accens consolateurs de l'indulgence. Est-il question de la Sévérité? tout tremble, tout frémit. A-t-on nommé la Douceur? tous les fronts s'épanouissent, tous les cœurs s'animent d'une heureuse confiance. Toutes deux, il est vrai, ont également pour but de confirmer les jeunes Élèves dans l'habitude de l'innocence et dans la pratique du bien; mais l'une ne les y maintient que par d'effrayans et d'odieux exemples; l'autre sait les y fixer, en leur inspirant la honte et l'éloignement du mal. Elles ont cela de commun, qu'ennemies de tout excès, l'une n'est jamais outrée dans ses rigueurs, l'autre jamais extrême dans son indulgence; mais tandis que la Sévérité, en punissant, agit en juge soumis à l'impérieuse loi de la nécessité, la douceur, en pardonnant, ne fait que suivre l'impulsion libre et bienveillante de sa volonté. Tout ce qui mérite châtiment ne peut échapper aux yeux de l'une; tout ce qui peut donner lieu au pardon est saisi avec empressement par l'autre. Ce n'est pas que la Douceur cherche à s'aveugler sur le mal commis, mais si elle condamne le coupable, c'est toujours de manière à le rappeler à sa bonté naturelle. La Sévérité veut qu'il soit puni, la Douceur seulement qu'il se repente; ainsi l'une n'a aucun égard à la faiblesse humaine, tandis que l'autre ne la perd jamais de vue; et si la Sévérité est propre à réprimer l'audace des méchans, c'est à la Douceur qu'il appartient d'exciter et d'enflammer le zèle des bons.

Ces observations paraîtraient-elles insuffisantes? Qu'on ouvre les Annales de l'Histoire. Quelle foule de faits célèbres déposent dans tous les âges, en faveur de la préférence qui est due à la Douceur! O! que le temps ne me permet-il de parcourir avec vous la longue suite de bienfaits que cette aimable vertu a fait éclore dans tous les siècles pour le bonheur du genre humain! Je vous montrerais la Douceur triomphant, dès les premières années du monde, de la férocité naturelle des Hommes.

Je rappellerais ces premiers Instituteurs des enfans de la Terre, les Linus, les Orphée, les Amphion, et tant d'autres qui ont dû l'espèce de culte dont leur mémoire a été honorée d'âge en âge, bien moins aux accens si vantés de leur lyre encore grossière, qu'au charme invincible répandu par la Douceur sur toutes leurs vertus.

Bientôt, en avançant dans le cours des siècles, et en nous arrêtant à ces époques fameuses où la civilisation, perfectionnée, donna aux Hommes une existence nouvelle, nous verrions les Sages de tous les pays, conduire leurs Contemporains à la jouissance des avantages de la vie sociale, par les seules voies de la Douceur. Ici, ce serait un Solon, dont les lois sages et douces arrêtent enfin les désordres affreux, et apaisent l'effervescence des partis qui déchiraient sa patrie, et contre lesquels les lois rigoureuses du sévère Dacon avaient été un rempart inutile ; là, un Lycurge qui, par le seul empire de cette précieuse vertu, fait adopter, à un peuple tout entier, le code austère de ses lois; plus loin, un Numa, calmant l'humeur belliqueuse de ce peuple brigand qui devait un jour asservir l'Univers, et lui faisant goûter le charme secret attaché au culte de la Divinité.

On verrait un Auguste effacer, par sa douceur, le souvenir des cruautés d'Octave; les Antonins consoler, par leurs aimables vertus, l'Univers long-temps accablé sous le sceptre sanglant de leurs prédécesseurs; et combien d'exemples, non moins fameux, nous offriraient encore les siècles modernes. Ah! sans doute, dans tous les temps, ce sont les hommes animés par l'esprit de Douceur, qui ont séché les pleurs de l'Humanité désolée par les Hommes farouches et cruels; et tandis que les *ravageurs du Monde*, pour me servir de l'expression du grand Bossuet, couraient sans cesse de ruines en ruines, traînant à leurs chars ensanglantés l'effroi, la douleur et la dévastation, ces amis précieux des Peuples venaient, avec leurs maximes bienfaisantes, leur zèle et leur cœur sensible et généreux, apporter, sous les toits des infortunés, la consolation, l'espérance et le bonheur.

O! heureuse France, quelle douce expérience vient de confirmer dans ton sein, cette précieuse vérité! Le génie de la destruction planait sur tes provinces; tu allais être engloutie dans l'abîme qu'une frénétique ambition avait creusé; tu croulais toute entière avec ce trône d'airain qu'avait élevé une main étrangère, et qu'elle prétendait soutenir par la violence; mais le Monarque que tes vœux secrets appelaient depuis long-temps, paraît enfin. Il vient, suivi de la Bienfaisance sous les traits d'une femme céleste, que la bonté, la grâce, la douceur accompagnent; il est précédé de ces Princes dont les noms firent ta gloire, et qui aujourd'hui assurent ton bonheur. Le pardon sur la bouche, il ne parle que des maux qu'il vient réparer, que du bien qu'il vient faire. Sa présence et son langage consolent et changent tous les cœurs. Les armes tombent des mains de ces nombreux guerriers, venus de si loin pour venger d'anciennes et de terribles injures; elles tombent des mains de ces héros qui, toujours luttant avec gloire, et forcés de céder sans être jamais vaincus, voyaient avec douleur leurs efforts rendus inutiles, et leur dévoûment perdu pour la Patrie. Le doux mot de Paix a retenti partout; soudain ces hommes qui allaient encore s'entredéchirer, confondent leur satisfaction dans les plus doux embrassemens. L'espérance du bonheur renaît enfin dans toutes les âmes; et ces Bourbons, dont le nom si chéri avait suspendu toutes les douleurs, replacent, sur le trône de France, la Bonté, la Bienfaisance et la Douceur, qui, trop long-temps s'en étaient vues exilées avec eux.

Mais, sans chercher ces exemples parmi les Personnages illustres qui apparaissent sur la scène du monde avec l'éclat de la grandeur et du rang suprême; sans sortir de l'ordre dans lequel est renfermée l'Instruction publique, l'antiquité ne nous présente-t-elle pas encore les Socrate, les Platon, les Xénophon, les Xénocrate, les Cicéron et les Quintilien? Ces hommes de génie, à quoi ont-ils dû ce charme secret, qui toujours accompagne leur souvenir, si ce n'est à la douceur de leur caractère et à l'amabilité de leur Doctrine? Quel attrait irrésistible il surent prêter à la voix de la Sagesse! Faut-il alors s'étonner qu'ils aient su si bien inspirer à leurs concitoyens cet **amour des choses honnêtes**, ce sentiment des convenances, ce goût du vrai, et cette avidité du beau, qui ont distingué les époques les plus célèbres et les plus brillantes dans l'Histoire de l'Esprit humain ?

Quelle liste nombreuse nous offriraient encore les temps plus rapprochés de nous ! Mais parmi les Instituteurs qui ont laissé dans la mémoire des Hommes les traces les plus honorables; ô ! qui pourrait vous oublier, immortel Fénélon ! vous, qui, dans la personne de votre auguste Élève, nous présentez un exemple bien mémorable de ce que peut la Douceur sur le caractère le plus fougueux et le plus indompté, vous qui, dans ces écrits où sont rassemblés tous les secrets de la persuasion, imprimâtes les traces de cette sensibilité, de cette candeur céleste qui vous font un ami passionné de chacun de vos lecteurs; vous, enfin, dont la vie toute entière ne fut qu'un exercice continuel de ces douces vertus, dont vous avez donné les plus aimables leçons.

Et vous, excellent et vertueux Rollin, qu'on ne peut nommer sans rappeler l'ami le plus vrai des Jeunes Gens, et le modèle le plus parfait des Maîtres, pourrais-je ne pas invoquer ici votre autorité ! Oh, qui ne sent tout le prix de la Douceur, en lisant ces pages immortelles où l'on retrouve toute entière votre âme candide et pure, qu'animait un zèle si ardent pour le bien de la Jeunesse; ces pages où vous proscrivez la Sévérité comme un moyen toujours insuffisant, quelquefois dangereux et dans lesquelles vous proclamez la Douceur, comme la directrice suprême des cœurs et des esprits.

Mais est-il donc nécessaire que j'aille chercher l'appui de ces autorités humaines, quand le plus puissant de tous s'offre dans la personne sacrée de notre divin Législateur ? Qu'est-il venu inculquer par ses leçons, cet Homme-Dieu? Que nous enseigne le Fils de l'Homme par sa vie toute entière? sinon l'amour et la pratique de la Douceur : lui qui désapprouvait ses Disciples écartant avec rudesse les Enfans dont il aimait à se voir entouré; lui qui consacra à jamais l'empire de cette aimable vertu, par ces paroles si remarquables et si attrayantes, qu'il se plaisait à répéter : *Apprenez de moi que je suis doux* ; comme s'il eût dit: « Apprenez, « ô vous qui devez porter la Lumière dans le Monde, « que, sans la Douceur, en vain vous chercheriez à « établir dans les âmes l'amour de la Vérité et le « règne de la Vertu! »

Qu'ajouterais-je maintenant à des motifs qui me paraissent avoir tant de poids! Si les insinuations perfides de la malveillance, qui se plaît à tout dénaturer; si les défiances de la prévention qui écarte tout examen, laissaient dans les esprits encore des nuages, trouverais-je quelques exemples nouveaux propres à les dissiper!..... Oui, Messieurs, et pour vous les présenter, je n'aurai pas à sortir de cette enceinte ; et qu'est-il besoin que je les indique ici, quand vous-même, sans doute, m'avez déjà prévenu! quand vous avez reconnu, dans cette assemblée choisie, tout ce qui peut donner plus de poids à mes pensées, plus de crédit à mes paroles. Oui, j'en suis certain, tandis que je m'efforçais de tracer les avantages attachés à l'Empire de la Douceur, vos regards se seront souvent arrêtés sur ce prélat vénérable (1) que ses indulgentes vertus, relevées par tout

---

(1) M. Charrier de la Roche, Évêque de Versailles.

ce que le savoir peut y ajouter d'éclat, ont rendu si cher à son troupeau, dont il est à-la-fois le Père et le modèle. Ils se seront portés sur le chef de ce Département, qui, naguères, jeunes Élèves, est venu sourire à vos travaux, et qui vient aujourd'hui couronner vos succès (1): Magistrat aussi intègre qu'éclairé, aussi zélé pour le bien de tous, qu'il est instruit des moyens de le procurer, dès long-temps il était connu par la sagesse et la douceur qui ont fait bénir, sur les bords de l'Eure, son administration paternelle, et qui lui assurent ici notre estime, notre amour et notre reconnaissance. Vos yeux se seront tournés sur ces magistrats non moins distingués par leur éloquence que par leurs vertus; eux qui, dans nos tribunaux, ont prouvé tant de fois que le front sévère de Thémis pouvait tempérer son austérité, et que la Douceur s'alliait facilement avec la Justice. Enfin, plus d'une fois, vous aurez aimé à reconnaître, dans mes expressions, les traits du beau caractère qu'a développé le premier magistrat de cette ville (2), dans ce moment dont les habitans ne perdront jamais le souvenir. Oui, vous vous serez rappelé comment, n'écoutant que son zèle pour le salut de ses Concitoyens, il sut les préserver des excès les plus effrayans; comment, unissant à une noble fermeté l'attrait puissant de la Douceur, il parvint à fléchir des esprits indomptés, à calmer des cœurs ulcérés, à conjurer enfin, par ses paroles magiques, les tempêtes que la défiance et d'injustes soupçons allaient exciter.

(1) M. le baron Delaître, Préfet du département de Seine-et-Oise, et qui présidait à la distribution.
(2) M. le chevalier de Jouvencel, Maire de Versailles.

Qui plus que vous, jeunes Élèves, doit en garder le souvenir. A cette époque, tout, autour de votre asile, était dans le trouble, dans l'agitation, dans les alarmes; et vous, grâces aux soins paternels de ce digne magistrat, vous suiviez en paix le cours de vos travaux, et vous recueilliez, sans interruption, les leçons de ces maîtres zélés, que le bruit des foudres de guerre n'avait pu distraire du soin de vous être utiles (1).

O mes jeunes amis! vous qui, dans ce moment, soupirez après la juste récompense de vos efforts, et qui m'accusez peut-être de trop retarder vos triomphes, ah! laissez-moi goûter le plaisir de vous présenter aussi vous-mêmes, comme les garans d'une Méthode toujours suivie avec succès. Sans doute vous ne démentirez plus les preuves que vous pouvez offrir de la bonté d'un tel régime, et vous remplirez les espérances que la plupart d'entre vous ont données.

Vous allez placer sur votre sein le signe honorable, qui aujourd'hui rallie tous les Français autour du plus sage et du plus aimé des rois (2). Que vos cœurs se pénètrent en même temps des sentimens dont cette décoration est l'indice; qu'ils s'animent, qu'il s'enflamment de cet amour pour la vérité, pour la vertu, pour la religion, dont il est venu donner l'exemple à ses peu-

---

(1) Il est à remarquer que, pendant la crise des derniers jours du mois de mars, les leçons et les travaux n'ont point été interrompus un seul instant au Collége de Versailles.

(2) M. le Proviseur venait d'obtenir, par M. le duc D'AUMONT, premier gentilhomme de la chambre du Roi, l'autorisation, pour tous les Membres du Collége, y compris les Élèves, de porter la Décoration du Lys.

ples. Que cet emblême des plus aimables vertus, vous soit à jamais cher. Quant à ce symbole de rapacité, de violence et de terreur, qui, depuis trop long-temps, attristait nos regards, qu'il disparaisse pour toujours; que cet aigle cruel, qui ne se repaît que de carnage, soit remplacé par cette fleur chérie des Français, qui ne croît qu'à l'abri des orages, et qui ne se nourrit que de la rosée du ciel. Non, nous ne pouvons plus en douter; à l'empressement que vous avez mis à obtenir cette faveur spéciale, nous pouvons juger de tout ce qu'on peut attendre de vous. Bientôt, par une application nouvelle à vos diverses études, vous nous ferez sentir que vous appréciez nos efforts pour vous les rendre et moins pénibles et plus profitables. Par votre exactitude à suivre la règle, vous prouverez que vous en avez saisi l'esprit, et que vous ne voyez en elle qu'un secours de plus pour mieux assurer vos succès. Par votre docilité et votre déférence à nos avis, vous nous rendrez nos fonctions toujours plus faciles et plus attrayantes. Par votre soin à vous pénétrer des plus vifs sentimens d'amour envers votre Dieu, de dévoûment envers votre Roi, d'attachement envers la Patrie, vous attesterez et la bonté des principes qui vous sont inculqués, et le fruit que vous en aurez su tirer. Enfin, par votre attention, par votre empressement à remplir, auprès de vos respectables parens, ces devoirs qui toujours sont si chers aux âmes bien nées, vous ferez mieux connaître tout le prix d'une instruction à laquelle aura présidé la Douceur; et, tandis que les partisans de la Sévérité se verraient insensiblement amenés à n'avoir plus pour guide, dans tous leurs rapports avec leurs élèves, que cette maxime finale des tyrans: *qu'ils me haïssent, pourvu qu'ils me craignent* (1), nous, toujours encouragés par votre conduite, toujours fidèles à nos principes et à nos habitudes, nous ne cesserons de dire : *ne nous craignez pas, mais aimez-nous.*

Nota. Ce discours, comme on a pu le voir, à la pag. 320, avait été composé en 1807, pour l'établissement de M. Lemoine d'Essoies. Qu'il me soit permis de rétablir ici un passage que j'avais dû supprimer à Versailles, mais qui trouve ici sa place, parce qu'il renferme une leçon précieuse pour quiconque se consacre aux fonctions d'Instituteur.

Après plusieurs exemples d'un heureux emploi de la Douceur, je rappelais celui-ci :

« Parmi les élèves de cette Maison, se distinguait un jeune homme qu'il suffirait de nommer pour rappeler bien des souvenirs intéressans, et qui, dans la place honorable qu'il occupe aujourd'hui, justifie la haute idée qu'il avait fait concevoir de ses talens. (2) »

Un jour, dans un moment d'oubli, il se laisse entraîner envers un de ses Maîtres, à une offense telle, qu'il n'y avait qu'une réparation prompte qui pût la faire pardonner; mais, obstiné dans son ressentiment, il se refuse à ce que lui dicte le devoir. Le chef respectable de cet établissement se rend près de lui; et la raison, soutenue de ce ton paternel, de cette aménité touchante qui le caractérisent, s'exprime par sa bouche; mais en vain. Le jeune opiniâtre persiste dans son refus. « Songez, lui dit le Directeur ému, au parti que vous devez

---

(1) Oderint dùm metuant.
(2) M. d'Houtetot, ex-Préfet du Calvados.

prendre ; puisque mes avis n'ont pu rien gagner sur vous, je saurai bien trouver le moyen de vous *forcer* à ce que j'ai le droit d'exiger. » A ces mots, le jeune homme se lève: « Eh! que penseriez-vous de moi, dit-il, si, après avoir méconnu la voix de la raison, j'étais capable de céder à la violence; non, ne l'espérez jamais »....
Maîtres sévères, vous qui vantez les voies de la rigueur, quelle eût été votre conduite alors ? N'écoutant peut-être qu'une juste indignation, vous eussiez appelé sur cette jeune tête toutes les peines, tous les châtimens dus à la rébellion!..... O ! qu'il connaît bien mieux l'art de gouverner les cœurs et de maîtriser les passions, le maître que dirige l'esprit de douceur! Seul il possède ces paroles magiques, qui en apaisent toutes les tempêtes, « Eh bien, dit au jeune obstiné le sensible et prudent directeur, je ne réclame plus les droits de la raison, encore moins ceux de l'autorité ; mais ne céderez-vous point aux instances de l'amitié ?..... A peine ces mots sont prononcés, qu'ils ont produit tout leur effet; à l'instant vous eussiez vu l'élève aux pieds de celui dont la voix paternelle le rappelait ainsi à lui-même. Tous ses torts sont avoués, tous sont réparés, et les larmes du repentir qui coulent de ses yeux, attestent à-la-fois la bonté de son cœur honnête et l'empire de la douceur (1).

---

(1) J'ai cité ce passage avec d'autant plus de plaisir, qu'il me fournit une occasion nouvelle de payer à la mémoire de ce digne et respectable Chef d'Institution, un hommage de souvenir et de reconnaissance. Il m'avait admis à partager ses travaux avec des hommes qui aujourd'hui occupent une partie des premières places de l'Instruction publique (MM. Poinsot, Duchayla, Jollois, Devillin, Thénard, Deguerle et autres), et pendant huit années j'ai pu m'instruire à ses leçons et profiter de ses exemples.

M. Lemoine d'Essoies est mort en 1816, emportant les regrets, l'estime et la reconnaissance de ses nombreux amis et d'une foule d'Élèves distingués, qui remplissent encore les places les plus honorables dans les hautes parties de l'Administration publique. La Direction du bel Établissement qu'il avait créé, rue Neuve de Berry, est restée entre les mains de son fils; Celui-ci, quoique bien jeune encore, a su, en marchant sur les traces de son père, soutenir la réputation de cette Maison célèbre. Depuis, il l'a transférée rue de Vaugirard, pour être à-même de faire suivre à ses Élèves les Cours du Collége de Saint-Louis.

DISCOURS

sur

LES AVANTAGES DE LA GAITÉ

DANS L'ENSEIGNEMENT,

Prononcé à l'Etablissement Polytechnique de M. Lemoine d'Essoies, le jour de la Distribution des Prix en 1824.

MESSIEURS,

Encouragé par l'indulgence dont j'ai déjà fait une si douce épreuve dans cette enceinte, je viens remplir une fonction bien flatteuse, sans doute, quand on est soutenu par l'espoir d'obtenir vos suffrages; mais qui présente, en même temps, bien des dangers, lorsqu'on sait combien a dû vous rendre difficiles celui qui tant de fois, à cette même place, a su mériter vos applaudissemens (1).

En me voyant appelé à fixer un moment votre attention, combien ai-je dû desirer de n'être point au-dessous d'une tâche si honorable! Aussi ma pensée s'était-

---

(1) M. Vigée.

elle portée d'abord vers quelques-unes de ces questions graves et importantes, qui, touchant à la morale publique, m'eussent paru plus dignes d'être soumises aux réflexions d'un auditoire aussi choisi et aussi éclairé. Mais j'ai songé à cet appareil gracieux qui, dans cet instant, frappe et captive nos regards, et j'ai dû changer d'idée.

L'aspect de cette assemblée où se trouve réuni tout ce qui peut charmer les yeux, intéresser le cœur, et commander l'admiration ; ces fanfares joyeuses qui déjà ont retenti à nos oreilles; ces apprêts intéressans, tout nous annonce une de ces fêtes qu'on revoit toujours avec un nouveau plaisir, auxquelles tous les âges aiment à se rendre, et qui, en rappelant aux uns les souvenirs les plus doux, présentent aux autres les présages les plus heureux. Déjà la riante espérance suspendant les palmes de la victoire sur ces jeunes amis des Muses, fait naître en eux une aimable impatience de voir ces couronnes descendre enfin sur les fronts des vainqueurs..... Ainsi dans tous les cœurs règne l'allégresse, sur tous les visages se peint une douce satisfaction. Tâchons donc de ne point vous distraire de ces impressions si agréables ; et quand tout vous présente ici les images de la gaîté, permettez, Messieurs, que le sujet de ce court entretien soit la gaîté elle-même considérée dans ses rapports avec l'instruction de la jeunesse. Il s'en faut bien qu'elle soit aussi étrangère à notre profession qu'on pourrait le penser. Nécessaire aux Maîtres, qu'elle soulage dans leurs travaux, utile aux Élèves, dont elle assure les progrès, elle est l'ornement le plus beau et souvent le soutien de l'Enseignement. Apprenons donc à l'apprécier en jetant un coup-d'œil rapide sur quelques-uns des avantages qui peuvent résulter de sa présence. Mais le dirai-je? je ne sais quel air de gravité et d'importance acquiert tout-à-coup ce sujet offert sous un tel point de vue; et de même qu'en traitant du bonheur, on a dit que c'était une chose fort sérieuse, de même il pourrait arriver que ce fût un peu sérieusement que je vous entretinsse de la gaîté.

Pour apprendre à chérir l'emploi de la gaîté dans l'Enseignement, il suffirait peut-être de tracer le tableau abrégé des bienfaits sans nombre qu'elle répand sur tous les états de la vie. Placée auprès de l'homme pour embellir son existence, à peine il est échappé du sein maternel, que déjà par son sourire et par ses chants elle calme ses premiers cris de douleur. Elle semble réserver ses plus doux charmes pour l'aurore de la vie, où elle se montre si naïve et si pure. Apanage de la jeunesse, souvent elle couvre d'un voile officieux les écarts si communs à cet âge, et sait les lui faire pardonner. Soutien de l'âge mûr, elle encourage l'homme fait dans ses travaux, le délasse de ses graves occupations et lui assure le premier des biens, la santé. Consolatrice de l'âge avancé, elle jette encore quelques fleurs sur les pas du vieillard, et lui dérobe l'aridité du sentier où il achève sa carrière. Nulle condition qui ne ressente les heureux effets de sa présence. Vous la voyez animant les travaux du laboureur qui, dès l'aube matinale, fait retentir de ses chants les campagnes qu'il féconde; circulant dans ces ateliers où s'entassent les enfans de l'industrie et leur faisant oublier qu'ils sont privés et du spectacle et des bienfaits de la nature. Compagne du Nautonier intrépide, ou de l'utile Spéculateur, ou du Voyageur curieux, elle les suit à travers les écueils et les tempêtes, et descend avec eux sur ces bords déserts où la nature s'étonne de répéter pour la première fois des accens de joie et des cris d'allégresse. Aux armées, je la vois près du général, et souvent assurant ses succès; dans les batailles, près du soldat, et lui en dissimulant l'horreur. Elle pénètre avec un Du Harlay jusque dans le sanctuaire de la justice, et en adoucit l'auguste sévérité; avec Henri IV, elle s'assied sur le trône et pare le sceptre d'une grâce nouvelle. Mais c'est peu : il n'est donc pas de maux dont elle ne console, puisqu'elle peut rendre supportable la perte même de la liberté! Aimable Michel Cervantes, elle ne t'a point quitté dans ce cachot où t'avait plongé un ministre injuste; et c'est là qu'elle te dicta ces pages qui exciteront le rire inextinguible de la postérité. Que dirai-je enfin? partout chérie, nécessaire partout, le riche, sans la gaîté, n'a que de l'ennui, le pauvre, avec elle, possède tous les biens.

Mais oublierais-je tant d'avantages particuliers que lui doit notre Nation? Seconde Providence en quelque sorte pour le Français, c'est par elle qu'il a surmonté tant d'obstacles, supporté tant de maux, échappé à tant de dangers. C'est elle encore qui lui donne cette générosité dans le bonheur, cette grâce et cette facilité de mœurs dans le commerce de la vie, qui en font le plus aimable de tous les Peuples, comme il en est le plus valeureux.

Quels droits la gaîté n'a-t-elle donc pas à nos empressemens! Combien nous devons veiller à ce que rien ne puisse l'éloigner de nos travaux! Avec quel soin, quelle attention nous devons la faire naître et l'entretenir dans nos communications journalières avec nos Élèves! Je dis la gaîté...... par ce mot, Messieurs, n'entendez pas cette vaine agitation de l'esprit qui cherche le bruit au lieu du plaisir; qui, étrangère à toute espèce de mesure, étourdit la raison au lieu de la charmer, et enlève l'homme à lui-même sans le rendre plus satisfait. N'entendez pas ces démonstrations extérieures d'une joie turbulente, inquiète, ennemie de l'ordre et du repos, mère de l'oisiveté et des distractions frivoles, qui ne s'exhale qu'en ris immodérés, et qui, dès qu'une fois elle s'est emparée des jeunes esprits, les rend incapables de retour vers les choses sérieuses et utiles. Je parle d'une joie sage et réglée, amie de la pudeur et de la décence; éloignée de tout excès; indice le plus certain d'un cœur pur que les passions respectent, que les vertus habitent, et qui toujours est attentif à répandre autour de soi cette satisfaction intime dont il est pénétré. Je parle de cette gaîté qu'anime une douce bienveillance, dont la source est dans une heureuse disposition de l'esprit à saisir, dans les objets, le côté favorable et gracieux; qui maintient l'âme dans une précieuse égalité; qui adoucit l'amertume des reproches, et prête aux avis un charme secret qui les fait pénétrer plus avant dans les cœurs; une gaîté telle que peut se la permettre l'homme de bien, dont les plaisirs, dit Cicéron, doivent briller, pour ainsi dire, d'un rayon de la vertu (1); telle enfin que doit toujours l'éprouver le véritable ami des Muses.

Car vous le savez, Messieurs, ces aimables Filles de Mémoire, ne sont point tellement sérieuses et austères,

---

(1) Ipsumque genus jocandi non profusum, nec immodestum, sed ingenuum et facetum esse debet......In ipso joco aliquod probi ingenui lumen eluceat. (*De Officiis*, lib. 1, cap. 29.)

que jamais un sourire ne vienne éclaircir leur chaste front. Quelle serait donc notre destinée si le plaisir, uniquement fidèle à se rendre sous les lambris dorés, craignait de s'arrêter dans nos simples demeures; s'il n'existait enfin de jouissance que pour la partie la plus grossière de notre être, et si l'esprit n'avait pas aussi ses divertissemens et ses joyeuses distractions. Ah! s'il en était ainsi, où les Poètes auraient-ils trouvé les idées premières de cette image si riante, sous laquelle ils ont représenté le Dieu qui est censé présider à leurs travaux? Une Jeunesse éternelle revêt son beau corps de tout l'éclat du printemps. Un laurier que rien ne peut flétrir, couronne son front sur lequel est empreinte une joie inaltérable; et dans tous ses traits, dans tout ce qui l'entoure, respirent l'élégance, la grâce et la gaîté. Parlerai-je de cette lyre qu'ils ont mise entre ses mains, et dont les sons mélodieux calment toutes les douleurs, charment tous les ennuis, et font naître dans les âmes les impressions de la joie et du contentement? Que dirai-je de ces compagnes aimables dont les noms seuls sont, pour la plupart, l'expression même de la gaîté, et qui forment sans cesse autour du Dieu, ces chœurs de danses auxquels viennent se joindre les Grâces modestes? Est-il rien en même temps de plus enchanteur que les lieux où ils ont établi son séjour fantastique; lieux que tous les trésors de la nature concourent à embellir, et qui partout offrent les images du repos et du bonheur?

Quel a été le but de ces descriptions ingénieuses, sinon d'inviter les hommes à la culture des lettres par l'appât du plaisir? Aussi les Sages de l'antiquité et des temps modernes, voulant étayer de leurs suffrages ces fictions poétiques, ont-ils nommé les asiles où l'on va puiser les leçons de la sagesse, *Lycée*, *Académie*, *Athénée*, *Jeux*, pour les indiquer comme les retraites de la véritable gaîté.

Combien donc ils sont dans l'erreur ceux qui pourraient croire que notre profession entraîne nécessairement à ce caractère de morosité et de rudesse qu'on a pu remarquer quelquefois dans plusieurs de ses adeptes, et qui rejettent sur l'état ce qui n'appartient qu'à quelques individus. Trop souvent, en effet, on voit de ces Maîtres austères, dont les fronts ne se dérident jamais avec leurs Élèves ; qui pensent qu'un sourire déparerait Minerve, et qui croiraient tout perdu s'ils se permettaient une fois de sacrifier aux Grâces. A les entendre développer les principes de leur Art, d'un ton de voix rude et d'un air farouche, on dirait qu'ils ne sont animés que d'un sentiment de haîne envers ceux qu'ils instruisent. Faut-il s'étonner alors que plusieurs de leurs Disciples soient portés à préférer une ignorance aimable, à un savoir qui n'a rien que de repoussant.

Il me paraît bien plus sage le Maître fortuné qui, dans les habitudes de sa vie, dans ses études, dans ses délassemens, en tout temps, en tous lieux, conserve cette gaîté douce et naturelle qu'on doit puiser dans le commerce des neuf Sœurs. Son esprit est inaccessible à toutes ces vaines inquiétudes que la sagesse et la raison condamnent. Il ne se fait point un sujet de tourmens, des écarts d'une Jeunesse légère, souvent, et inconsidérée, mais si rarement coupable avec réflexion. Si quelquefois il se voit obligé d'employer des mesures de rigueur contre la fougue de cet âge, ne croyez pas que la paix dont il jouit en puisse être altérée. C'est un orage qui a grondé en passant. Mais à peine il est dissipé, que déjà la sérénité est rentrée dans son âme et se communique de nouveau à tout ce qui l'environne.

Ce n'est pas lui qu'on verra s'empresser de réprimer, dans ces jeunes cœurs, les épanouissemens de cette joie naïve et de cette gaîté franche que la nature y a déposées, et qu'une heureuse insouciance y entretient sans cesse. Seulement il aura soin d'en épurer les motifs et d'en diriger l'essor. Attentif à disposer les fruits de son savoir de manière que ses lectures attirent, que ses instructions plaisent, que ses avis persuadent, on le verra relever les choses les plus communes par le piquant de l'originalité, les plus rudes et les plus âpres par l'attrait de la douceur, les plus fastidieuses par celui de la grâce; et c'est ainsi qu'en multipliant autour de lui des agrémens toujours nouveaux, il saura trouver en lui-même un soulagement assuré contre les fatigues de ses fonctions.

Car il faut bien en convenir, la carrière de l'Instruction, ainsi que toutes les autres, a ses désagrémens et ses dégoûts. Sans doute, un attrait particulier est attaché aux travaux de l'Enseignement; sans doute, pour un ami de la Jeunesse, c'est un plaisir bien doux de suivre et d'aider le développement de ces jeunes plantes confiées à ses soins; de jouir sans cesse du spectacle de ces fleurs qui promettent de si beaux fruits; d'animer des feux de Prométhée ces êtres qui s'ignorent encore eux-mêmes; de leur créer en quelque sorte une âme, et d'être comme le père de leur intelligence. C'est encore un plaisir bien doux de trouver déjà dans leur attachement et leur reconnaissance le prix des soins qu'il leur prodigue; et nous-mêmes ici, avons fait trop de fois cette heureuse expérience, pour que jamais le souvenir s'en efface de notre mémoire. Cependant, quelquefois aussi de rudes fatigues se joignent à l'exercice de ces utiles fonctions. Eh! qui ne sait que de constance et d'adresse, que de souplesse et d'énergie, que de fermeté et de douceur, il faut souvent, soit pour maintenir dans le calme et le repos cette Jeunesse active et remuante, soit pour ramener à une discipline commune, à un système uniforme d'Instruction, ces esprits si différens et si opposés, et près desquels, toutefois, on ne doit pas négliger les modifications commandées par la variété des caractères! Ignorerait-on aussi quel ennui, quel dégoût peuvent exciter ces redites continuelles qu'on ne peut éviter, ce cercle uniforme d'éloges et de réprimandes, d'avis et d'encouragemens dans lequel il faut tourner sans cesse? Mais de quels sentimens pénibles n'est-on pas affecté si l'on vient à rencontrer de ces esprits inaccessibles à l'éclat du vrai, ou insensibles aux attraits du beau, chez qui le goût des Lettres ne peut jamais se faire jour? Or, je vous le demande, Messieurs, quelle ressource plus certaine contre ces désagrémens qu'une heureuse disposition à la gaîté? Ah! s'il convient à l'homme de Lettres d'en faire sa compagne assidue, c'est surtout à celui qui se consacre à l'Instruction de la Jeunesse!

Otez-lui la gaîté; et l'on conçoit comment bientôt tout pour lui n'est plus que peines, afflictions, tourmens. Bientôt, peut-être, dans le lieu de ses exercices il ne verra plus qu'une triste prison, dans ses livres que les instrumens de ses douleurs, dans ses études qu'une occupation sans attrait, un travail stérile et odieux. Avec la gaîté, au contraire, tout prend une forme nouvelle, tout s'anime, tout s'embellit; nouvelle Armide, elle lui prête cette baguette magique, qui multiplie autour de lui les doux prestiges et les enchantemens.

Mais quoi, me dira-t-on, comment cette disposition à la gaîté pourra-t-elle s'allier, dans un Maître, à cette gravité, à cette dignité imposante, à cette sollicitude soutenue, qui lui sont si nécessaires, soit pour contenir ses Élèves, soit pour les réveiller de leur engourdissement? Des faits, Messieurs, mieux que tous les raisonnemens, vous prouveront que jamais la gaîté ne fut incompatible avec les fonctions sérieuses, et l'exactitude à remplir ses devoirs. Le nom de ce Caton l'Ancien, la terreur des vices de son temps, ne semble-t-il pas rappeler celui de l'austérité elle-même? Et cependant ce censeur si sévère, ce citoyen si grave avec ceux de son âge, ne craignait pas de se montrer plaisant, enjoué, facétieux même avec les jeunes gens. On le voyait gouverneur assidu de son fils, vieillard déjà plus que sexagénaire, égayer ses travaux par des jeux aimables, se mêler à ses innocens plaisirs, et redevenir, en quelque sorte, enfant avec lui.

Remontez à des temps plus reculés; voyez dans la frivole Athènes celui que l'Oracle déclara le plus sage des mortels; il est environné d'une Jeunesse brillante toujours plus avide de ses leçons, toujours plus charmée de l'entendre. Cherche-t-il, sophiste ingénieux, à éveiller la curiosité de ses Disciples par une doctrine nouvelle, ou bien harmonieux discoureur, à captiver leur attention par les grâces de l'éloquence? Non, ce sont les austères leçons de la Morale qu'il fait sans cesse retentir aux oreilles de ces esprits vains et altiers. Mais, habile à donner à la vérité ces couleurs gracieuses dont la plaisanterie peut quelquefois la revêtir, à l'aide d'une fine ironie, il attaque leurs vices, il combat leurs passions, il dissipe leurs erreurs. Jamais il n'affecte, avec eux, la rigidité d'un censeur ou la roideur d'un Maître. Il leur épargne et les reproches amers et les plaintes importunes ; il ne leur fait entendre que le langage de la raison et de l'amitié émané de la bouche de la vertu, et toujours une aimable gaîté est le moyen qu'il emploie pour faire couler dans leur âme la douce persuasion.

Que dans la légère Athènes un Sage ait cru nécessaire cette alliance de la Gaîté et de la Philosophie, peut-être en sera-t-on peu surpris ? Mais quoi ? si j'entre dans la sévère Lacédémone, je retrouve la même attention. Quelle statue s'élève au milieu de cette place publique où s'agite un peuple entier de Philosophes austères ?... C'est la statue du Dieu du Rire ; et c'est Lycurgue qui l'a fait ériger en ce lieu !... O grave et sévère Législateur de Sparte ! je reconnais ici toute la profondeur de ta sagesse : tu savais que le Rire jamais n'a déparé le front du Sage, et tu voulais que tes Concitoyens vinssent aux pieds de cette statue, s'animer de l'heureuse disposition qu'ils devaient porter ensuite à leurs fameux Banquets.

Vous faut-il, Messieurs, des autorités d'un plus grand poids que toute cette vaine sagesse du Paganisme ? Il s'en présente en foule, parmi ces hommes qui ont étonné le Monde par des vertus sublimes et d'un ordre bien supérieur, et qui ont servi, par leurs talens, cette même Religion qu'ils ont fait aimer par leur caractère. Je vois les Ambroise, les Clément d'Alexandrie, les Lactance, les Grégoire de Naziance et tant d'autres, mettre à contribution, l'Éloquence, la Poésie, la Musique elle-même pour embellir les Vérités qu'ils enseignent; je vois François de Sales égayer, par les charmes de son esprit, les routes qui introduisent aux vertus évangéliques; et toi dont l'âme fut si tendre et si pure, les mœurs si chastes, la conduite si grave, ô aimable Fénélon! avec quel soin tu pares des grâces de la gaîté, tes leçons à ton royal Élève! Avec quel plaisir on t'entend lui adresser, par la bouche de Mentor, ces mots si doux et si touchans : « Réjouissez-vous, mon « Fils, réjouissez-vous, la Sagesse n'a rien d'austère ni « d'affecté, c'est elle qui donne les vrais plaisirs, elle « seule sait les assaisonner pour les rendre purs et « durables; elle sait mêler les ris et les jeux avec les « occupations graves et sérieuses; elle prépare le plai- « sir par le travail, et elle délasse du travail par le « plaisir. La Sagesse n'a point de honte de paraître « enjouée quand il le faut. » (*Télémaque*, L. VIII).

O! modèle accompli de toutes les vertus, que tes douces paroles retentissent sans cesse au fond de notre âme, qu'elles deviennent la règle de notre conduite, et que notre soin à nous pénétrer de tes aimables leçons, imprime à toutes les nôtres quelque chose de ce charme secret qui grave les tiennes dans tous les cœurs.

Ainsi nous n'avons fait que répéter les leçons des Sages, quand nous avons recommandé l'emploi de la gaîté. Mais si les Maîtres étaient les seuls à qui elle présentât les ressources que je viens d'indiquer, croit-on que nous fussions si ardens à en proclamer les avantages? Ah! c'est vous, jeunes Élèves, qui devez surtout en recueillir les fruits les plus précieux. Telle est la nature des relations qui existent entre nous, qu'il est bien difficile que nous puissions être heureux indépendamment les uns des autres. Une sorte de communauté de peines et de plaisirs s'établit naturellement entre vos Maîtres et vous. Combien donc il est important qu'une satisfaction toujours égale, qu'une joie toujours plus vive président à ces études dans lesquelles ils vous dirigent; c'est alors qu'il en émane, pour vous, des fruits bien plus assurés et bien plus abondans? Alors, règne, entre le Maître et ses Élèves, une disposition mutuelle, qui donne à toutes les leçons un attrait irrésistible ; saisies avec empressement, retenues avec fidélité, rapportées avec exactitude, elles laissent des traces profondes que rien ne peut effacer. Le plaisir, ce guide si sûr pour conduire les Hommes à ce qui peut leur être utile, anime-t-il une fois ces communications habituelles, plus d'aspérités alors qui ne disparaissent, plus d'obstacles qui ne soient surmontés, plus de ténèbres qu'il ne dissipe par sa douce lumière? Des succès rapidement obtenus, encouragent à en mériter de nouveaux encore, et bientôt on est étonné de l'espace immense qu'on a parcouru, parce que la gaîté en a dissimulé la longueur.

Quelle a donc été l'erreur de ceux qui ont pu craindre que la gaîté ne nuisît aux progrès des Élèves! Ne savaient-ils pas, qu'essentiellement ennemie de tout ce qui se présente sous des dehors austères, la Jeunesse repousse les leçons qui ne lui sont données qu'avec gravité et morosité? Distraite par le dégoût et l'ennui, elle ne les écoute qu'avec répugnance. La réflexion alors n'en conserve point les germes précieux; ou bien, ensevelis dans ces esprits que n'échauffa jamais un rayon de plaisir ou de gaîté, ils y restent appauvris et sans développement.

Savoir fixer la mobilité si naturelle de cet âge et le

rendre insensiblement susceptible d'une étude et d'une application suivies, sans flétrir toutefois cette sérénité native qui en fait le plus doux charme; savoir prendre sur ces jeunes cœurs un tel empire, que non-seulement on les amène sans effort à la pratique de tout ce qui est bon et honnête, mais même qu'on en dépose en eux et le goût et la volonté; enfin leur rendre si précieux l'accomplissement de leurs devoirs, qu'ils ne trouvent plus que bonheur dans la vertu, et que plaisir dans les sacrifices qu'elle impose; certes, ce ne sera point là l'ouvrage du Maître qui ne présente jamais à ses Élèves qu'un visage grave et sévère. Ce résultat si desirable dans l'Instruction, cette œuvre suprême est réservée à celui qui saura les maintenir dans cette liberté d'esprit qu'enfante une douce gaîté; à celui qui saura les captiver sans les attrister, les rendre attentifs sans les fatiguer, les amuser et les distraire sans les conduire à la dissipation.

Ah! si pour posséder bientôt ces qualités si précieuses, il suffisait pour ceux qui sont appelés à l'instruction de la Jeunesse, d'en avoir sans cesse le modèle sous les yeux, qui de nous, dans cet Établissement, aurait quelque chose à desirer? Ne sommes-nous pas à même d'en reconnaître chaque jour les heureux effets dans la personne du Chef respectable qui préside à nos Travaux?

Qui mieux que vous, jeunes Élèves, peut en rendre témoignage? Vous savez avec quel art, aplanissant les difficultés que présentent au premier abord les sciences auxquelles vous êtes appelés, vous vous trouvez initiés sans efforts dans leurs mystères les plus cachés, lorsque vous aviez cru ne suivre, en l'écoutant, que le seul attrait du plaisir.

Soit qu'il s'applique à éclairer votre intelligence par la connaissance des phénomènes de la nature; soit qu'il étende les bornes de votre esprit, en déroulant à vos yeux le tableau fidèle des événemens passés; soit qu'il fixe votre jugement par l'analyse de la pensée, et vous fasse pénétrer dans les profondeurs du Monde intellectuel et moral, vous savez comment, enrichissant chacune de ses leçons des connaissances amassées dans toutes les parties de l'Enseignement, il embellit les unes par les autres, et prête à toutes un agrément qu'il est plus aisé de sentir que de dépeindre. Mais ce que vous savez plus apprécier que tout le reste, ce que jamais, nous osons l'espérer, vous ne laisserez échapper de votre souvenir, c'est ce soin constant et soutenu avec lequel, chaque jour, sans apprêt, sans faste, dans de simples entretiens souvent animés par une aimable gaîté, toujours relevés par une urbanité délicate, et par un ton paternel et touchant, il dépose dans vos cœurs le germe des vertus qui font le bon Fils, le bon Père, le bon Époux, le Citoyen dévoué à son Prince et à sa Patrie.

Ces derniers exercices de l'année vont faire place aux jours consacrés au repos. Allez donc, jeunes Elèves, vous livrer sans réserve à cette douce joie, qui vous attend au sein de vos familles; jouissez pleinement de ces aimables distractions que vous prépare la tendresse de vos parens; mais que ce soit là pour vous un encouragement à reprendre, avec une ardeur nouvelle, ces travaux dont le résultat doit assurer leur bonheur et le vôtre. Quand l'instant du retour sera arrivé, ah! que chacun de vous sèche ces larmes que lui fait répandre le dernier adieu d'une tendre mère ; une autre vous attend en ces lieux (1) : elle puise sans cesse, dans son propre cœur, tout ce qui peut consoler le vôtre. Vous participez tous à sa vive sollicitude comme si un seul était l'objet de ses attentions. Je ne dirai point qu'elle vous fait oublier les soins de la maison paternelle ; car, près d'elle, vous les retrouvez tous. Revenez donc sans inquiétude et sans regrets vers un séjour où de nouvelles jouissances vous seront préparées. Rentrez avec allégresse dans les routes qui conduisent au temple des Muses. Les soins et le zèle de vos Maîtres en écarteront tout ce qui pourrait arrêter votre marche ou la rendre pénible. Vous pénétrerez sans crainte sous le vestibule. Là ne s'offriront point à vos regards, les travaux fatigans, les pâles veilles, les inquiétudes et les tristes ennuis ; mais vous y trouverez les douces joies de l'âme, les plaisirs purs de l'esprit, les ris, les jeux et surtout celle qu'ils entourent sans cesse, l'aimable Gaîté.

L. G. T.

Nota. Ce sujet a été traité en latin, par Louis Marin, un des plus célèbres Professeurs de l'ancienne Université de Paris. Ceux qui pourraient être curieux de le lire dans cette langue, le trouveront *dans le Recueil des Discours publics prononcés par quelques Professeurs,* etc... Ils reconnaîtront facilement pourquoi, tout en profitant de quelques idées, je me suis si fort écarté et du plan et du ton de mon modèle. Le temps, le lieu, les personnes m'en faisaient une obligation.

(1) Madame Lemoine.

FIN.